粤港澳大湾区
职业教育发展对策研究

YUEGANG'AO DAWANQU
ZHIYE JIAOYU FAZHAN DUICE YANJIU

陶 红／著

人民出版社

目　　录

绪　　论

第一节　粤港澳大湾区职业教育发展的背景

粤港澳大湾区具有强大的经济基础、强大的集聚外溢功能、高效的资源配置能力、高度发达的产业体系、丰富的海滨资源和高端创新要素,使湾区正形成拉动全球经济发展的核心增长点与增长极,发挥着技术创新引领、资源集聚辐射的功能。粤港澳大湾区不仅具备"9+2"城市群之间的网络式分布的产业链空间布局,同时还具备纽约、东京和旧金山湾区生态圈的共性,在未来建设世界一流湾区与国际自由贸易港方面拥有优越的发展条件。

职业教育作为国家教育事业的重要组成部分,是与社会经济发展联系最为紧密的教育类型,肩负着培育社会各类型技术技能人才的重任。2023年3月17日,由深圳职业技术学院和香港职业训练局合作共建的粤港澳大湾区特色职业教育园区开园,这是粤港澳大湾区建成的首个特色职业教育园区,标志着粤港澳大湾区职业教育融合发展按下"加速键"。

伴随着新经济、新技术、新业态的出现,加强产业链、教育链、人才链、创新链、技术链的有机融合,加快推进经济增长方式向效率创新转变成为经济发展的新常态。为此,研究粤港澳大湾区职业教育的发展、提出有效对策,对推进湾区经济发展及满足社会多元需求具有重要价值。从省域联通视角出发,粤港澳大湾区职业教育的发展不仅来自于本省的网络空间需求,同时也受国家乃至国际整体网络需求的影响①。粤港澳大湾区的职业教育发展需求分析，应秉承"立足本省、辐射全国、放眼世界"的原则，从外部社会需求、中间人的需求、内部自身需求三个方面予以综合分析，才能从教育、社会与人才方面揭示三者的立体关系与多元需求。以下将从政治、文化、科技、人口、区位五个维度阐释粤港澳大湾区职业教育发展的背景。

一、政治背景

（一）国家政策层面

"粤港澳大湾区"的概念最早出现于国家顶层设计的文件中，是国家发展改革委、外交部、商务部 2015 年 3 月联合发布的《推动共建丝绸之路经济带和 21 世纪海上丝绸之路的愿景与行动》。2016 年 3 月，国家"十三五"规划再次提出"推动粤港澳大湾区和跨省区重大合作平台建设"。同月，国务院出台《关于深化泛珠三角区域合作的指导意见》，提出"充分发挥广州、深圳在管理创新、科技进步、产业升级、绿色发展等方面的辐射带动和示范作用，携手港澳共同打造粤港澳大湾区，建设世界级城市群"。2017 年 3 月，政府工作报告中正式提及"粤港澳大湾区"规划理念，并正式上升为国家战略层面规划。同年 7 月，《深化粤港澳合作 推进大湾区建设框架协议》正式发布，在教育方面提出"打造国际化教育高地，完善就业创业服务体系，加强人文交流，促进文化繁荣发展"的目标。同年 10 月，党的十九大报告提出"要支持香港、澳门融入国家发展大局，以粤港澳大湾区建设、粤港澳合作、泛珠三角区域合作等为重点，全面推进内地同香港、澳门互利合作"。2019 年 2 月，中共中央、国务院印发《粤港澳大湾区发展规划纲要》，纲要对粤港澳大湾区教育联合发展、课程互认、科研交流等多方面予以支持，对粤港澳大湾区职业教育发展过程中的招生就业、师生交流、培养培训、实习实训和技能竞赛等多方面的创新

---

① 参见吴世勇、王锐娇：《粤港澳大湾区职业教育的需求分析及整合策略》，《广东技术师范大学学报》2020 年第 1 期。

合作方式予以改进,共建一批特色职业教育园区,粤港澳大湾区职业教育各有优势,在国家政策背景下粤港澳大湾区为粤港澳三地职业教育资源整合和协同发展提供重大机遇,形成三地间职业教育的协同发展与相互竞争的创新驱动机制,在融合与发展中彰显粤港澳大湾区职业教育的发展特色与价值。

（二）地方政策层面

2018年5月,为了贯彻落实《中华人民共和国职业教育法》《国务院关于加快发展现代职业教育的决定》《中共中央关于全面深化改革若干重大问题的决定》《教育部等五部门关于深化高等教育领域简政放权放管结合优化服务改革的若干意见》等法律法规和政策文件,适应广东省经济社会发展及粤港澳大湾区建设的新要求,《广东省职业教育条例》于2018年5月31日经广东省第十三届人大常务委员会第三次会议通过。该《条例》对政府、行业组织、企业、学校等各方权利义务都作了详细规定,并提出"鼓励职业学校针对粤港澳大湾区产业特点,建立跨校、跨境技能型人才培养机制,促进资源共享、优势互补,加强粤港澳大湾区职业教育合作"的发展目标。2019年2月,广东省人民政府办公厅发布《关于印发广东省职业教育"扩容、提质、强服务"三年行动计划(2019—2021年)的通知》。《通知》以"扩容"为重点,以"提质"为核心,以"强服务"为目标,按照"突出重点、强化统筹、绩效优先"的原则发展广东省职业教育,提出"建立粤港澳职业教育定期会商机制,打造粤港澳职业教育交流平台,开展高水平合作项目。推动建立粤港澳职业教育学分银行和学分互认机制,探索粤港澳相互承认高等教育专科学历的办法。推进粤港澳职业院校联合办学,推动粤港澳职业教育院校深入开展教师互动交流、学生互换访学等多种形式合作"的职业教育对外交流合作计划。一方面为广东省大力发展职业教育提供良好平台,另一方面也为加强粤港澳合作提供机会。

二、文化背景

（一）岭南文化同源

岭南文明始于秦统一岭南,中原移民大规模迁入推动了岭南一带的开发。岭南文化,源远流长。近代时期,岭南成为中国民主革命的策源地,孕育出以梁启超、孙中山、郑观应、康有为等为代表的近代中国的一批先进人物,并引领岭南地区的教育活动趋于井喷式发展。港澳由于地理位置与之毗邻,也深受岭南文化影响。20世纪六七十年代,香港文化重"实"、注重享受、突出经济的特点深深影响着广东。16世纪中叶澳门被葡萄牙人强占,但澳门仍根植于中华文化,使得岭南文化的特色长期在澳门得到保留和发挥。20世纪七八十年代,我国内地实行改革开放,广东起飞的经济与岭南风格的粤语文化、粤式生活方式结合在一起,形成了岭南文化的现代阶段。进入中国特色社会主义新时代,岭南文化已不是抽象的文化遗产,而是涵盖工艺、建筑、园林、民俗、宗教、学术、文学、绘画、书法、音乐、戏曲、饮食、语言、侨乡文化等多方面内容,鲜活地影响着粤港澳地区人民的生活。① 粤港澳大湾区文化同根同源,岭南文化是建设大湾区文化共同体的最好纽带,也是最具有认同感的载体,在不断地吸收、融会、蜕变过程中最终形成独具一格的文化,是区域内城市对人的亲和力、人对城市的归属感的一种双向驱动。粤港澳三地散发着开放包容的文化氛围,不同文化的碰撞,三方文化的同质性与融合性为粤港澳职业教育的发展提供了文化基础与精神动力。

（二）教育历史渊源

香港职业教育的历史,最早可追溯至16世纪英国伊丽莎白一世时的徒工制度。随后18世纪工业革命爆发,工人劳动力需求加大,政府开始兴办职业训练学校培养职业技术工人。而后香港职业教育史可分为四个阶段:第一阶

---

① 参见周全华:《岭南文化的"变"与"不变"》,《人民论坛》2019年第19期。

段为香港开埠初期,以工商业及海员训练为主,此期间首所工商学校于1864年由教会成立;第二阶段为抗战结束,职业院校林立,工商业教育发展旺盛;第三阶段为20世纪90年代初期,当时工业式微,很多职校转型为文华中学,职业学校大减;第四阶段为进入21世纪,职校重振旗鼓,推行资历课程,并积极与企业合作,培育各行各业的专才,受到社会肯定,①但也存在较大发展局限。内地改革开放之后,一些香港工业家将生产线迁至内地,据2021年数据,香港制造业增加值仅占GDP比重0.98%(见图0-1)。经济过度依赖地产与金融等服务行业,这对职业教育产教融合的发展带来严重挑战,如今香港特区政府提及"再工业化"也为香港职业教育重唤希望。

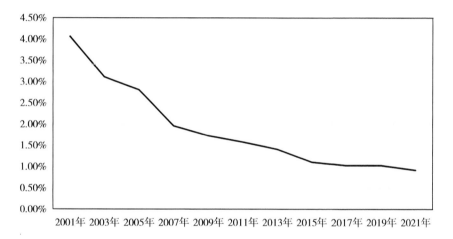

图 0-1　香港制造业增加值占 GDP 比重

而澳门自开埠四百多年来,由于经济上长期处于落后状态,政府不参与协调规划与管理,澳门的教育事业发展较为缓慢。1878年澳门创办第一所职业技术中学,是由"振兴学会"创办的"商业学校",但是并没有得到持续的健康发展。直到20世纪70年代,澳门经济的发展和腾飞,开始重视教育,起步有些迟晚。自1999年澳门回归祖国至今,职业教育虽取得了一些较好的

---

① 参见梁勇、谢惠芝:《香港职业教育的历史变革初探》,《职业教育研究》2017年第10期。

发展成效,但随着经济发展对技术技能型人才的需求愈发明显,加快职业教育的发展步伐,已成为澳门特区经济社会可持续发展和多元化发展的迫切需要。①

　　广东省职业教育发展主要经历了四个重要阶段:第一阶段是20世纪80年代初至90年代初的起步阶段。这一时期的发展规模较小,但开端良好,办学形式不仅有专门学校的支持还有大量的中心城市大学的支持,开创了职业教育发展的新路,呈现了广东省职业教育发展的新气象。第二阶段是20世纪90年代初至90年代中后期的徘徊阶段。由于当时广东经济发展对高级技术人才的需求并不急迫,经济发展主要依靠"三来一补"的劳动密集型企业来支撑,因此出现了职业教育发展徘徊的情况。这一时期广东省政府将重心放在了高等教育的发展规模上,其次才关注专科与成人教育,关注的是教育的层次而非教育的类型问题。1992年邓小平南方谈话为广东省职业教育重新带来活力,人们对职业教育的认识开始出现改变,广东省决定在成人高等教育方面实行高等职业技术教育的试点工作。对学校布局、专业设置、教学计划、教学内容等各项进行改革,为后续广东省职业教育转轨打下良好基础。第三阶段是20世纪90年代后期至21世纪初期的发展阶段。进入21世纪,教育发生重大变革,联合国教科文组织发布的《学习:内在的财富》、我国教育部发布的《面向21世纪教育振兴行动计划》以及我国香港地区发布的《21世纪教育蓝图》将职业教育作为发展的重要方向。② 第四阶段是2017年至今的创新阶段。近年来,随着职业教育不断被纳入国家政策文件中,广东省教育部门也颁布了相关措施以落实职业教育发展方略,并将粤港澳地区发展紧密融合,在保持港澳教育繁荣发展的基础上,与广东资源共享,促进粤港澳三地在职业教育合作办学上进行深入交流。港澳地区职业教育虽有较好的发展势头,但仍然

---

　　① 参见黄璞:《澳门职业技术教育发展现状与政策建议》,《中国职业技术教育》2017年第24期。
　　② 参见孙朝霞:《改革开放以来广东高等职业技术教育发展历史述评》,华南师范大学硕士学位论文,2004年。

有较大的发展空间,同时,由于粤港澳大湾区处于"一个国家、两种制度、三个关税区、三种货币、四个核心城市"的条件下建设,在职业教育发展方面存在着制度、法规、政策等方面的差异与矛盾,粤港澳职业教育的融合发展仍面临较大挑战。

三、科技背景

(一) 科技实力

相较于内陆经济与流域经济,粤港澳大湾区经济的开放程度高、集聚效应强,目前已成为继旧金山湾区、纽约湾区、东京湾区的第四大湾区,并将成为全球经济增长的重要引擎。2022年,广东已在国内综合科技创新综合排名中位列第一(见表0-1)。并有国家级创新型城市3座,国家大科学装置8个,国家级自主创新示范区1个,国家级工程研究中心25个,国家工程实验室等国家级创新平台达177家,省新型研发机构191个,科技企业孵化器608家。

表 0-1　2022 年全国区域创新能力综合情况(前三名)

地区	综合排名	综合效用值	知识创造排名	知识获取排名	企业创新排名	创新环境排名	创新绩效排名
广东	1	64.04	2	2	1	1	1
北京	2	54.89	1	4	4	2	3
江苏	3	50.78	2	6	2	3	2

数据来源:2022 年广东省科技统计数据。

粤港澳大湾区城市群中深圳—香港地区创新表现尤为突出。2022 年 9 月 29 日,世界知识产权组织发布《2022 全球创新指数报告》显示,深圳—香港—广州科技集群居全球第二,其中科技基础能力、科技创新策源能力、科技成果转化能力、产业技术创新能力及自主创新能力优势明显。此外,《全球科技创新中心发展指数 2022》指出,深圳在全球科创中心综合排名跃居第 12

位,技术创新全球策源力位居第 5 位,其中 R&D 经费占 GDP 的比重为 5.49%,稳居全国第二位。2022 年深圳市出台《深圳市培育发展未来产业行动计划(2022—2025 年)》指出,需持续完善"六个一"工作体系,统筹布局打造"6+5"核心承载区,实施"强基""突破""加速""融合""汇聚"五大工程,推动脑科学与类脑智能、深地深海、可见光通信与光计算成长为战略性新兴产业。随着粤港澳大湾区国际科技创新中心的加速建设,广东省开放创新生态链联系日益紧密。依托横琴、前海、南沙等合作区积极布局创新平台。依据《粤港澳大湾区协同创新发展报告(2022)》显示,粤港澳大湾区珠江东岸、珠江西岸和港澳地区科技创新、战略性新兴产业创新提升成效明显,创新机构和行业集聚优势逐渐显现,从发明专利来看,2017—2021 年粤港澳大湾区发明专利总量高达 176.90 万件,年复合增长率为 14.46%,位列四大湾区首位,创新增长势头强劲。其中 2021 年粤港澳大湾区公开发明专利为 44.96 万件,为东京湾区的 3.11 倍,旧金山湾区的 7.07 倍,纽约湾区的 9.66 倍。

粤港澳大湾区的产业分工较为完善,现代服务业与先进制造业"双轮"驱动的产业体系已基本形成,科技创新的发展主体完备,在研发投入上也不断增强。R&D 经费规模是一个地区科研创新体量的直观指标,2015—2021 年,广东省 R&D 经费投入逐年提高。2015 年及以前,R&D 经费总体保持在 2000 亿元,且尚未突破 2000 亿元。2016—2018 年 R&D 经费首次突破 2000 亿元大关,2017 年高达 2343.63 亿元,增幅为 15.16%,到 2018 年则增至 2704.7 亿元。2019—2021 年,R&D 经费投入突破 3000 亿大关,其中 2019 年达 3098.49 亿元、2020 年达 3479.88 亿元、2021 年达 3800 亿元,逐步迈向 4000 亿元大关。具体如图 0-2 所示,R&D 经费投入逐年增加为粤港澳大湾区打造具有全球影响力的国际科技创新中心创造了良好的科技环境。

(二) 科技需求

在《粤港澳大湾区发展规划纲要》中提出建设"具有全球影响力的国际科技创新中心"。这一目标的提出对三地科技创新研发、转化能力提出了更高

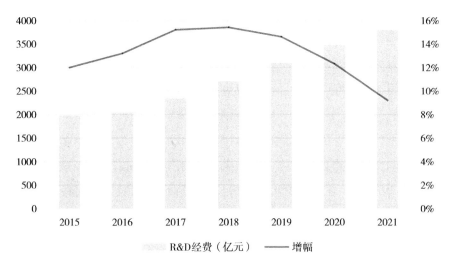

图 0-2　2015—2021 年粤港澳大湾区 R&D 经费投入情况

数据来源:广东省统计年鉴。

的要求,同时也对大湾区产业结构从技术密集型向知识密集型转换,对人才培养的科技知识储备、工程实践能力和综合素质提出了更高的期待。职业教育作为大湾区内重要的教育类型之一,肩负着培养高素质高质量工程科技人才的使命。

粤港澳大湾区科技创新的需求可分为三个范畴:一是全球范围内,致力于打造全球范围内少数能级最高的科技创新城市或区域集群,它是全球创新要素的集聚地和全球创新网络中的枢纽型节点,是世界新知识、新技术和新产品的创新源地和产生中心之一,这种创新的集聚特性与知识类型及传播、技术复杂系统、累积性学习、规模经济及社会网络机制等紧密相关,也与地理临近促进创新网络发展的文化认同、教育体系、制度环境、信任机制、劳动市场等多种因素有关。① 二是国际竞争层面,粤港澳大湾区科技创新中心的建设目标,致力于强化战略科技力量,加快孕育全球性科技创新高地。世界政治经济格局正发生剧烈变化与调整,全球创新空间和分工体系处于“大洗牌”进程中,在

---

① 参见熊鸿儒:《全球科技创新中心的形成与发展》,《学习与探索》2015 年第 9 期。

当前以人工智能、物联网、大数据、新能源、区块链等为代表的新一轮科技革命风起云涌之际,各主要发达国家包括新型工业化国家均加强了在相关领域的争夺与部署。由于科技创新领域的驱动,全球经济也随之波动,这是因为创新领域强的国家在世界政治经济格局中会赢得相对竞争优势,因此各国仍不断通过加大科学技术创新投入,以开发新的技术和组织类型来推动经济的持续发展。三是国内改革层面,打造国际科技创新中心能够为供给侧结构性改革与创新驱动发展战略提供载体支撑。激发和利用知识创造与创新成为经济增长与发展的引擎,是我国经济从高速增长阶段转向高质量发展阶段的必然要求。中央一直加大力度推进供给侧结构性改革,深化创新驱动发展战略。而职业教育正是推动粤港澳大湾区供给侧结构性改革的重要推手,尤其是粤港澳大湾区的高等职业教育在当前新知识、新技术和新产品的开发过程中扮演着重要角色,为创新源地和产业中心提供空间载体的引领性驱动。①

四、人口背景

(一) 基本情况

人是社会生产力发展的第一要素,且与地区的繁荣富裕程度紧密相关。2022 年,粤港澳大湾区城市群常住人口达 8617. 19 万人,而长三角与京津冀城市群分别为 23695. 9 万人和 5825. 79 万人。在代表发展水平人均 GDP、地均 GDP 以及城镇化率上,粤港澳大湾区更具碾压式的优势。粤港澳大湾区以仅占全国 0.6% 的土地面积,以及 4.9% 的常住人口比例,创造了全国 13% 的经济总量(见表 0—2)。广东省常住人口总量继续保持惯性增长,全省常住人口 12656.8 万人,继续居全国首位,占全国人口总量的 8.26%。受户籍人口基数较大以及规模庞大的外来人口影响,广东常住人口总量在未来一段时间内仍将继续保持增长态势,且人口空间分布进一步向珠三角都市圈集聚。

---

① 参见曾志敏:《粤港澳大湾区论纲》,华南理工大学出版社 2021 年版,第 83—84 页。

表 0-2　中国三大城市群经济指标对比

指标	粤港澳	长三角	京津冀
面积(万平方公里)	5.6	21.2	21.5
城市数量	11	26	13
常住人口(万人)	8617.19	23695.9	5825.79
GDP 总量(万亿)	13.5	29.1	10
地均 GDP(万)	1.5	0.83	0.43
人均 GDP(万)	16.15	13.01	8.8
城镇化率	90.00%	86.90%	85.11%
资金总量(万亿)	30.35	37.28	21.7

　　2022 年,珠三角九市常住人口占粤港澳大湾区人口总量的 90.75%,香港和澳门两个特别行政区分别占 8.47% 和 0.79%,大湾区的人口密度为每平方公里 1549.56 人(见表 0-3)。但粤港澳人口年龄结构呈现出"中间高、两头低"的明显特征,即少儿人口(0~14 周岁)和老年人口(65 周岁及以上)占比相对较低,而成年人口(15~64 周岁)的比例较高。由于粤港澳地区人口出生率以及人口流动与迁移的缘由,尤其是外来人口规模较大,使得粤港澳地区人口老龄化相对有所减缓,这也意味着粤港澳地区面临着较大的劳动力就业市场需求。

表 0-3　2018—2022 年粤港澳大湾区人口基本情况

指标	2018 年	2019 年	2020 年	2021 年	2022 年
年末人口(万人)	7115.98	7264.92	8636.18	8670.57	8662.09
珠三角九市(万人)	6300.99	6446.89	7820.54	7860.6	7860.6
香港(万人)	748.25	750.07	748.01	741.31	733.32
澳门(万人)	66.74	67.96	67.63	68.66	68.17
人口密度(人/平方公里)	1273	1299	1549	1551.08	1549.56

数据来源:港澳有关数据参考香港特别行政区政府统计处、澳门特别行政区政府统计暨普查局提供的数据。

粤港澳大湾区位于我国南部地区,气候温和、空气环境好,自然条件宜居,近年来伴随着产业升级,更吸引了大量就业人口,尤其是深圳、广州人口虹吸效应较为明显。2021年5月,广东省发布《广东省第七次全国人口普查公告》,全省常住人口为1.26亿,其中粤港澳大湾区呈现强大的虹吸效应,在众多的湾区城市里,广州、深圳、东莞三座城市的常住人口均超过1000万,深圳人口相比2010年增加了近714万,相当于全省同期增量2171万人口的1/3。此外,除了广州、深圳、东莞人口超千万的城市外,大湾区其他城市也具有相当大的人口吸引力,佛山常住人口近950万,惠州常住人口总数超过600万,江门以480万人口迈向特大城市,中山实现300万到400万人口的跨越,珠海虽然10年新增人口数88万人,和广深等市存在差距,但其人口规模小,人口增长率高达56.36%,仅次于深圳。

广州、深圳两个超级城市的人口占同期粤港澳大湾区常住人口增量的55.73%。从跨市流入度与跨市流出度对比来看,2021年广州市规划和自然资源局发布了《2021年广州市交通发展年度报告》,指出2021年粤港澳大湾区内地9市间跨城通勤人口总量达121万人。从同城化层面来看,广佛间的平均出行量达到174万人次,是粤港澳大湾区联系度最高的城市,占珠三角9市间出行总量的26%;深圳和东莞两大城市每日出行量达到128万人次,占湾区9市出行量的20%;深圳的跨市流出度较高,为大湾区其他城市贡献较多的净出行人口。从粤港澳大湾区常住人口情况分析,广州、深圳与其他城市人口联系最紧密,作为粤港澳大湾区的核心城市,也起到联结整个大湾区发展的中心作用。近年来粤港澳致力于发展交通网络基础设施,加强城市间的互联互通效率,开通了广深港高铁、港珠澳大桥、深中通道以及珠三角城际。其中广深港高铁通车后,广州至香港的时间可缩短至48分钟;港珠澳大桥通车后,珠海至香港只需30分钟;深中通道建成后,中山到深圳亦只需30分钟;2020年规划中,珠三角城际可将大湾区的9市规划在1小时生活圈内。当前重要的问题是在人口数量红利逐渐消退的大环境下,充分利用人口质量红利才能为粤港澳集聚优质、充足的人力资源,集聚国际高端人才,这既是粤港澳大湾区持续发展的必然要求,更是粤港澳大湾区的重要特质所在。

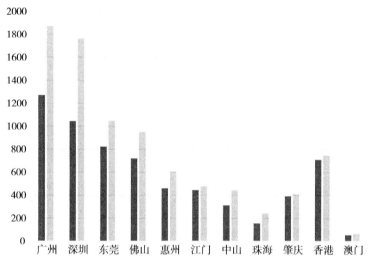

图 0-3　粤港澳大湾区常住人口情况

数据来源:2021 年统计年鉴及第六、七次人口普查数据。

（二）劳动就业

广东省不仅是人口大省,还是就业大省。2022 年全省城镇新增就业 132.06 万人,全省专技人才和技能人才总量分别达 891 万人和 1850 万人,其中高层次和高技能人才分别达 88 万人和 631 万人,均居全国前列。自 2020 年广东省将高质量发展作为人力资源社会保障事业的首要任务和重要抓手,近年来连续实现全年新增就业人口 110 万以上,失业率控制在 5.5%以内,制定实施就业民生工程五年行动计划,不断完善重点企业联系服务体系和余缺调剂等用工保障机制,强化就业工作目标责任制考核。从区域整体发展来看,粤港澳大湾区呈现典型的"三二一"产业发展格局。依据 2022 年《广东省统计年鉴》《香港统计年鉴》《澳门统计年鉴》可知,2021 年粤港澳大湾区

GDP 为 12.6 万亿元人民币,比 2017 年增长约为 2.4 万亿人民币。粤港澳大湾区产业结构的变动必会对就业结构产生影响,同时产业结构也是劳动就业的重要影响因素。然而,受疫情和劳动力供求的结构性影响,2022 年全省实有登记失业人员 37.87 万人,城镇登记失业率 2.25%,同比回落 0.16 个百分点;一至四季度城镇调查失业率分别为 4.7%、4.5%、4.6%、4.4%。随着 2022 年年底疫情防控工作的逐步放开,粤港澳大湾区经济逐渐复苏。

职业教育在粤港澳大湾区内承担着为大湾区制造业、服务业、高新技术产业以及新型产业培养高技术技能型人才的重要作用。[①] 2021 年,粤港澳大湾区(除港澳)中等职业学校毕业生共 27.39 万人,其中直接就业人数 17.2 万人,对口就业人数 15.4 万人,对口就业率 89.54%;高等职业技术学校毕业生 26.17 万人,其中理工农医类专业相关度高达 71.63%。但当前粤港澳大湾区就业结构整体来说仍有较大调整空间,从粤港澳大湾区整体维度来分析(见表 0-4),通过产业结构偏离度来分析就业结构与产业结构的差异程度(产业结构偏离度 = 各产业的增加值比重/各产业的就业比重-1,其绝对值越大,说明就业结构与产业结构二者之间的偏差越大,关系越不协调,经济效益也越差),可判断出粤港澳大湾区正处于工业化后期加速发展阶段,其产业结构呈现出"三二一"的高级发展态势。尽管 2021 年粤港澳三大产业结构的就业结构与产值结构总趋势相似,但各产业仍存在较大偏差,人口吸纳能力有限;而第二、三产业均是正偏离,就业吸纳空间较大,这部分劳动力需要从第一产业向第二、三产业进行转移。[②]

---

① 参见石岩凤:《粤港澳大湾区背景下的广东职业教育的发展及创新》,《智库时代》2020 年第 9 期。

② 参见陈基纯:《供给侧改革下高职专业设置与产业发展匹配研究——基于广东地市面板数据的实证分析》,《中国职业技术教育》2020 年第 5 期。

表 0-4　2021 年粤港澳 9 市三次产业结构与就业结构比重

城市	三次产业比重（%）	三大产业就业结构（%）	偏离度（%）		
			一产	二产	三产
广州	1.0∶28.0∶71.0	7.2∶33.2∶59.6	-0.9	-0.2	0.2
深圳	0.1∶41.4∶58.5	0.2∶44.4∶55.4	-0.5	-0.1	0.1
珠海	1.8∶48.1∶50.1	5.5∶48.8∶45.8	-0.7	0.0	0.1
佛山	4.3∶52.7∶40.9	4.9∶56.7∶38.4	-0.7	0.0	0.1
惠州	4.3∶52.7∶43.0	17.0∶49.8∶33.2	-0.7	0.1	0.3
东莞	0.3∶48.3∶51.4	0.9∶68.2∶30.9	-0.7	-0.3	0.7
中山	1.6∶50.3∶48.1	1.6∶50.3∶48.1	-0.7	-0.2	0.6
江门	7.0∶49.2∶43.8	7.0∶49.2∶43.8	-0.8	0.2	0.6
肇庆	15.5∶36.6∶47.9	15.5∶36.6∶47.9	-0.7	0.4	0.8

数据来源：2021 年广东省统计年鉴。

职业教育高地建设是我国职业教育进入高质量发展阶段迎来重大"破局"的必经阶段,粤港澳大湾区职业教育对促进区域经济社会发展起着重要的推动作用。2022 年 5 月教育部举行"教育这十年""1+1"系列采访活动第三场新闻发布广东分会,指出广东统筹推进普通教育与职业教育协调发展,建成契合广东经济社会发展所需要的职业教育体系。现阶段全省共有 625 所职业院校,在校生达到 280.5 万人,其中高等职业院校 93 所,在校生为 125.4 万人。中等职业教育注重升学与就业并重,本科层次职业教育从无到有,2 所本科层次职业院校在校生为 1.9 万人。当前社会对职业教育的认可度越来越高,就业结构失衡也将倒逼高校改革。2021 年为构建产教融合新格局,广东省发改委颁布《广东省产教融合建设试点实施方案》,建设 10 个产教融合试点市,成立粤港澳大湾区职业教育产教联盟、广东省产教融合促进会、华南"一带一路"轨道交通、产教融合联盟等产教融合合作平台,产学合作企业 8万家,培育 1223 家产教融合型企业,目的在于构建以城市为节点、行业为支点、企业为重点、学校为基点的产教融合发展新格局,创新校企合作命运共同体。

此外,在本科层次职业教育发展层面,中共中央办公厅、国务院办公厅印发《关于推动现代职业教育高质量发展的意见》。该意见指出,到 2025 年,职业本科教育招生规模不低于高等职业教育招生规模的 10%,职业教育吸引力和培养质量显著提高。到 2035 年职业教育整体水平进入世界前列,技能型社会基本建成。此外,广东省"十四五"规划关于职业教育的目标规划指出,支持条件成熟的高职院校开展本科层次职业教育试点,大力发展本科层次职业教育。在坚持内涵式发展层面,粤港澳大湾区厚植内涵底蕴,全面提升育人质量,近 10 年来为社会各行各业输送技术技能型人才 769 万人,毕业生就业率保持在 95% 以上。加强粤港澳大湾区高水平职业院校建设,在"双高"计划背景下,建设 14 所双高院校,29 所省级以上示范性高职院校、62 所国家示范中职学校、10 所高水平技术学院,发展高水平高职学校的示范和引领作用,全面提升优质职业教育的供给,深化"岗课赛证"融合,对接岗位标准深化专业课程改革,推进以赛促教、以赛促学,将职业院校技能等级证书融入人才培养全过程,提高职业院校双师型教师比例达 70% 以上,打造高水平"工匠之师",为粤港澳职业教育发展提供有力的师资保障。

五、区位背景

(一) 空间布局

在发展空间上,粤港澳大湾区形成了广佛肇(广州、佛山、肇庆)、深莞惠(深圳、东莞、惠州)、珠中江(珠海、中山、江门)"3+3+3"的空间结构三个经济圈。广佛肇经济圈是一体化"巨鸟"的头部,而深莞惠经济圈和珠中江经济圈分别是这只"巨鸟"的"左翅"和"右翅"。在发展内核上,粤港澳大湾区拥有深港、广佛和珠澳三大引擎。同时,还环绕珠江形成了"广佛肇清""深港莞惠""珠澳中江"三个城市带。此外,"二区九市"还不断推进与韶关、河源、汕尾、阳江、清远、云浮等环珠三角六市的区域融合(见表 0-5)。在经济地理的辐射能力上,粤港澳大湾区拥有得天独厚的区位优势,与东南亚隔海相望,与南海依湾相连,作为世界贸易的重要海运通道,亚欧经济贸易衔接的核心点,居国际金融和贸易的核心地位,也是海上丝绸之路的必经之所、"一带一路"的咽喉重地,东向可联通海西经济区、西拓可携手广西—东盟合作区,北进可与中部城市群实现产业对接,是最具发展空间和增长潜力的世界级经济区域。

表 0-5　粤港澳大湾区空间结构关键数据

类型	数量	主体
空间结构	3+3+3	广佛肇、深莞惠、珠中江
发展内核	3	深港、广佛、珠澳
城市带	3	广佛肇庆、深港莞惠、珠澳中江
区域融合	9+6	珠三角九市与环珠三角六市

数据来源:粤港澳大湾区建设报告 2021。

(二) 交通互联

截至 2022 年,粤港澳大湾区已建成运营或在建的铁路共有 20 条,高速公路 38 条,机场 7 个,港口 16 个,大型桥梁 26 座,城市轨道交通 16 条。高速铁路中广深港高铁、广汕高铁、赣深高铁作为粤港澳大湾区的重要高速铁路,极大地便捷粤港澳陆路交通。机场航空方面,粤港澳大湾区是以 7 个空港成为拥有全球最大机场群的湾区(见图 0-4),核心区内拥有以香港国际机场、广州白云机场、深圳宝安机场为中心的国际化大机场。海关总署广东分署数据显示,2022 年粤港澳大湾区内地 9 市进出口总值达到 7.94 万亿元,占广东省进出口总值的 95.6%,占全国进出口总值的 18.9%。结合粤港澳大湾区拥有 7 座运输机场及 11 个综合保税区的优越条件,创新海关监管方式,充分发挥综保区的保税加工、保税物流、货物贸易、服务贸易等功能优势,助力航空货运便捷通关。此外,还有澳门机场、珠海机场、惠州机场成为三大辅助空港,承担起了华南地区的航空运输需求。公路交通方面,通车多年的广珠东线、广珠西线、广深高速等几条高速干线构成了纵向骨架,虎门大桥、虎门二桥、港珠澳大桥、深中通道以及规划中的莲花山通道,则跨越珠江架起了横向动脉。交通的便利有利于粤港澳大湾区中校校合作、校企合作、校地合作往更深层发展,加快粤港澳大湾区职业教育互联互通、融合发展。[①]

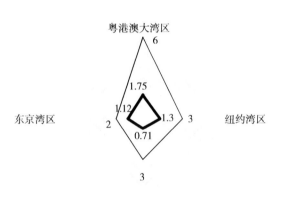

图 0-4　四大湾区空港实力对比分析(2021)

(三) 区位优势

粤港澳大湾区位于我国东南部沿海地区,南部与我国的南海相邻,靠近东盟、南亚和南太平洋,泛珠三角区域为广阔发展腹地。同时,交通条件便利,拥有目前世界上最大的海港群、空港群和具有国际影响力的航运及航空枢纽。

---

① 参见广东省社会科学院:《粤港澳大湾区建设报告(2018)》,社会科学文献出版社 2018 年版。

粤港澳大湾区基础设施互联互通格局初步形成,凭借优越的高铁、轨道交通和高速公路网络,密度集聚的公共基础设施等条件,构建粤港澳大湾区"9+2"市一小时优质生活圈,并且随着港珠澳大桥、深中通道和虎门二桥的通车,粤港澳大湾区交通群已形成"A"字形网络结构,促进湾区核心动脉系统与区域教育经济的整体联动。因此,粤港澳大湾区职业教育的发展应积极利用湾区的区位优势,积极促进教育资源要素的流动,加大资源的规模与聚集效应,促进粤港澳大湾区职业教育实现融合发展。

第二节　粤港澳大湾区职业教育发展的意义

一、为大湾区培育与输送高技能人才

教育是社会性生产实践活动,更是精神生产实践活动。一方面,教育的产生、存在和发展受到经济的制约;另一方面,教育也可以增加劳动者的专业知识,提高劳动者的创新能力,提高工作效率,推动生产力发展,从而加快经济发展的功能。粤港澳大湾区建设的重点是湾区内人才、资金、信息、物流等方面的互联互通,实现区域产业间的深度融合和经济的共同高速发展,职业教育则为大湾区培育和输送高技能型劳动力,解决湾区目前存在的摩擦性失业与结构性失业的现象。① 职业教育要求必须掌握必备的专业技能,取得相应的资格证书才有资格上岗就业,同时也注重文化课程的教育,能够全方位地提高劳动者素质。粤港澳大湾区实际上是一个"智力资本仓",智力资本包括人力资本、结构资本和关系资本。人力资本可以是院校教师、企业高管、政府人员,在职业教育不断推向深度产教融合的阶段,人力资本将在培养人才阶段发挥关键作用。结构资本包括院校的定位、发展路径、价值与文化、组织结构与治理结构等,从顶层设计上为粤港澳大湾区职业教育人才培养提供思路。关系资

---

① 参见李海东、欧阳翠婷:《粤港澳大湾区职业教育发展的机遇挑战及策略研究》,《广东教育:职教》2021 年第 7 期。

本是指院校关系管理、校企关系管理、内地与港澳的联动管理等方面。粤港澳大湾区高技能型人才培养需突破"智力资本仓"的三大资本,从而创造社会价值。

二、促进粤港澳大湾区经济发展转型

从整体发展的角度来看,粤港澳大湾区建设应是全方位的,需要经济、文化与教育等各方面的协同推进,但目前粤港澳大湾区建设更多地聚焦于经贸、交通、技术、产业等领域,在职业教育的交流与合作方面,缺乏对经济领域的宏观视野。人们对职业教育的发展能否满足粤港澳大湾区建设发展有着更高的期待。因此,粤港澳大湾区职业教育的发展,能够充实和完善湾区的建设范围,使得粤港澳大湾区职业教育的发展成为探索粤港澳全方位合作的新路径,助推粤港澳大湾区建设的深广发展。一方面,促进多城市合作融合,大湾区内交通发达、产业链相对完整、科技创新要素丰富、人才汇聚,对外开放程度高,推动职业教育发展的相关政策会促进港澳进一步融入内地发展的大格局中,促进大湾区整体发展,提高粤港澳整体经济竞争能力与公共服务能力。另一方面,职业教育的发展也会反推粤港澳大湾区实现先进制造业的未来发展定位,充分发挥各地优势,打造一批适应粤港澳产业集群发展的专业群。

从外部环境来看,当今世界经济形势发生深刻的变化,湾区越来越成为能够牵动整个国家经济发展转型的新引擎,也是加快我国在世界经济体系中掌握核心话语权的重要推手。科技革命的深入发展,既冲击着我国传统的经济产业和发展方式,也为我国抢占新一轮科技和产业发展先机提供了有利条件。[1] 职业教育领域应不断提高发展质量,打造创新驱动的先进制造业。当前中国经济面临的竞争压力持续增大。一方面,西方国家的"再工业化"战略意在推动全球制造业格局重组,巩固西方在高端制造业方面的优

---

① 参见邓向荣、郭孝纯:《新科技革命视角下中国产业升级与创新跨越》,《理论与现代化》2021 年第 1 期。

势地位,对我国朝着价值链上游攀登可能造成新的阻力。另一方面,全球制造业领域中逐渐萌芽的"逆转移"对"中国制造"可能造成负面影响。①当前我国的制造业产能仍然以中低端、高耗能为主,在技术含量、产品附加值等方面不具有优势。因此职业教育不断被政府工作报告提及实属粤港澳经济发展的应有之策。

从内部需求来看,中国经济原来的粗放发展的模式已经难以为继,迫切需要由高速增长阶段转为高质量发展阶段。改革开放以来,中国突飞猛进的经济增长虽然取得了举世瞩目的成绩,但也造成了资源短缺、环境污染、生态恶化等日益突出的经济社会矛盾。进入新时代,优化经济结构、转换增长动力是中国经济发展所面临的最关键难题。以珠三角为例,内地改革开放的初期至后期,香港的制造业向珠三角大量转移,出现了"前店后厂"的加工贸易模式。在这基础上,珠三角迅速发展起来,并与西方发达资本主义国家紧密地保持经济联系,成为全球制造业中心。但是珠三角地区的劳动力结构转变、土地高度开发、自然环境承载压力等因素使得低端产业难以为继,促使珠三角各地政府大力探索珠三角与港澳地区职业教育新的融合发展模式,完成粤港澳地区经济的升级,保证职业院校专业结构布局与产业结构布局相适应,从而保障粤港澳大湾区劳动力高质量就业,促进粤港澳大湾区经济发展转型。

三、对湾区职教发展起示范引领作用

资源依赖理论指出,任何组织的生存发展都需要从周边环境中吸取资源,需要与周围环境相互依存、相互作用才能达到目的。在粤港澳大湾区建设背景下,三地职业院校应有效利用各自优势,进行资源整合,寻求最佳发展机会。首先,对职业教育合作体制机制创新发展具有示范引领作用。粤港澳大湾区职业教育发展涉及一个国家、两种制度、三个关税区、四个核心城市,既具有现

---

① 参见张茉楠:《欧美"再工业化"与中国突围》,《社会科学文摘》2013 年第 2 期。

实的特殊性,也具有未来的可塑性。在国家大力推进粤港澳大湾区建设的时代背景下,粤港澳大湾区职业教育发展的成功经验将成为京津冀、长三角等湾区职业教育发展的标杆和借鉴。其次,对区域职业教育聚集发展具有引领与示范意义。粤港澳大湾区职业教育实力较强,各自具备了较好的发展基础。通过研究粤港澳大湾区职业教育校企合作、产教融合的上升通道,结合湾区内优秀产业集群与专业集群,发挥集聚效应,产生 1+1+1>3 的效果,有利于粤港澳大湾区高水平发展,进一步提升粤港澳大湾区职业教育集群的社会声誉和地位。最后,对我国职业教育国际化起示范引领作用,成为全球四大湾区职业教育未来发展的方向标。[①] 粤港澳大湾区职业教育的发展不仅包括合作发展,同时还包括职业教育管理体制、资格认证互认、保障机制、利益格局、发展战略等方面,能为我国职业教育国际化提供新思路、新经验和新启示,有利于我国职业教育做大做强,同时在国际职业教育领域获取更高站位。

四、助力国家参与国际竞争的新枢纽

粤港澳大湾区职业教育发展肩负着协同培养人才与先进制造业对接的需要,满足职业教育区域化要求,制度的多样性和互补性同样为粤港澳大湾区职业教育的联合培养与人才流动共享提供了无限可能。目前,中国正处于由经济大国转变为经济强国的关键时期,要求中国在发展理念、开放程度、生产技术、产业形式等各个维度都发生转变。要实现国家在国际经济新一轮竞争中胜出,在区域经济层面就需要构造新的空间引擎。粤港澳大湾区巨大的经济总量、广袤的腹地空间、外向的经济结构、完备的产业体系、成熟的门户城市以及独特的人文枢纽将成为实现"一带一路"倡议的坚实后盾。粤港澳大湾区已成为 21 世纪海上丝绸之路的地理要冲,通往东南亚、南亚、中东、欧洲"一

---

① 参见唐高华:《粤港澳大湾区职业教育合作的价值、基础与推进方略》,《职业教育研究》2019 年第 11 期。

带一路"沿线国家的必经之路和国家经略南海战略支点三位一体的重要平台。争取不仅在经济总量上赶超东京、纽约、旧金山等世界级湾区,更要在核心竞争力、对周边的辐射力、职业教育影响力以及话语权等方面超越其他湾区,力争成为中国参与全球经济竞争发展的"领头羊"。①

---

① 参见覃成林、刘丽玲、覃文昊:《粤港澳大湾区城市群发展战略思考》,《区域经济评论》2017 年第 5 期。

第一章　粤港澳大湾区的概况

第一节　基本内涵

辞海大字典对"湾"有详细的解释,意为"海岸深曲可以停泊船只的地方"。1982年,联合国第三次海洋法会议通过了《联合国海洋法公约》,该文件明确指出,海湾不仅仅是海岸的弯曲,还包括一些被陆地环绕的水域,这与其曲口的宽度和海湾凹入的程度是分不开的,可以说海湾是明显的水曲。我国著名的清代诗人唐孙华曾在《文信国祠》里表达海湾之大,他写道:犀甲逃荒谷,龙舆落海湾。

海湾促进了湾区的形成。湾区是海洋经济建设中的一个重要的地理名词。陈伟认为湾区实际上是指海湾及其相连的陆地区域,通常指港口及港口所在城镇区域。[①] 钟佳宜等认为湾区是三面内海、一面内陆的沿海地理区域,区域内存在相互联系的港口群和城市群。李政道也对湾区有自己的见解,他认为湾区不仅由海港构成,还包括了海港附近众多的城镇,这就说明了组成湾区的区域是多样化的,涉及一个或者多个相互关联的海港及其周边的岛屿。[②] 樊纲和许永发在其著作《改革开放四十年与粤港澳大湾区发展》[③]中提到湾区

---

① 参见陈伟:《粤港澳大湾区背景下广州港集装箱业务发展战略研究》,华南理工大学硕士学位论文,2021年。

② 参见李政道:《粤港澳大湾区海陆经济一体化发展研究》,辽宁大学博士学位论文,2019年。

③ 参见樊纲、许永发:《改革开放四十年与粤港澳大湾区发展》,中国经济出版社2020年版。

是滨海区域,并且是具有一定曲率半径的滨海区域,这些滨海区域的形成主要是因为海岸线向内陆地区凹进形成的。构成湾区的要素既包括海湾、港口、滩涂、湾区平原和岛屿等,也包括在湾区范围内的矿产等自然资源以及各种城市景观资源。他们还认为湾区具有拥海、抱湾以及合群三大特征。"拥海"即是指湾区的海岸线比较长,靠近的内陆地区比较广,具有良好的避风功能,是陆海联系的重要开放性枢纽;"抱湾",顾名思义是环抱海湾的意思,从生态学的角度来说,湾区属于"环形"的内海陆共生的自然生态系统,系统内的陆地和海洋之间会共享水体;"合群"是指湾区的社会性效应,合群的力量实际上是一种推动城市群深度融合与发展的向心力,这也是一般城市群难以获得的天然优势,而湾区向心力的形成主要是依托共享水体在较小空间内形成非常狭长的圆形海岸线,所以说湾区"合群"不仅是地理位置方面的聚集,更是由于地理位置聚集而形成的强大的汇集效应。

　　总体来说,对湾区进行定义时可抓住三个关键点。第一,湾区具有很强的区域整体性,湾区是由多个小区域组成的整体大区域。第二,湾区具有要素多样性,湾区不仅包括了海湾,还包括海港、城镇等。如果只有一个区域或者只有一个城市组成的区域不能称之为湾区。第三,湾区能促进内部区域联系密切。湾区的地理结构决定了构成湾区的城市群之间密切联系,所属同一个湾区的海港和城镇都需要进行密切的联系。如果一个区域满足以上两个条件,但是区域与区域之间缺乏密切的联系,那这片区域难以聚集成湾区。因此,湾区内部的区域一定是紧密联系的。

第二节　基本概况

一、粤港澳大湾区发展历程

　　《粤港澳大湾区发展规划纲要》的出台标志着粤港澳大湾区建设正式进入发展初期,但是关于粤港澳大湾区的规划却是经历了将近 25 年。在 25 年期间,粤港澳大湾区的发展主要经历四个重要的时期,分别是湾区萌芽期、初步构想期、政策推动期以及规划发展期。

（一）萌芽期

最初提出建设湾区的想法来自香港科技大学校长吴家玮。1994年,吴家玮诞生了一个想法:对标旧金山,建设深港湾区。然而,他这一想法在当时并未得到许多人的认同,人们反倒认为这是一个不合时宜的想法。1994年香港尚未回归祖国的怀抱,两地政治制度存在差异,这给建设深港湾区制造了许多制度障碍。即使深港处于较为优越的地理位置,但是经济发展水平远远比不过旧金山湾区,将深港湾区对标旧金山毫无疑问是一个不合时宜、尚不成熟的举措。因此可以说,在当时,深港湾区建设的提议只能是粤港澳大湾区构想的萌芽。但是从后来粤港澳大湾区的顺利建设经验来看,吴家玮校长最初的想法得到了充分的印证,他也被人们尊称为"湾区之父"。

（二）初步构想期

1997年7月1日对中国来说是难以忘怀的日子,香港回到了祖国的怀抱。1999年12月20日,澳门也回到了祖国的怀抱。香港和澳门的回归给内地经济建设带来了强劲的动力,尤其是"一国两制"方针的实施为粤港澳三地政治建设扫清了障碍。21世纪初,广州率先提出依托南沙港对标东京湾区进行湾区建设。2014年,深圳市在其《政府工作报告》中明确指出开始聚焦湾区经济,构建区域协同发展新优势。① 广州和深圳对湾区建设的构想推动了粤港澳大湾区的规划,粤港澳大湾区建设逐渐进入初步构想期。

---

① 参见《2014年深圳市政府工作报告》,http://sz.people.com.cn/n/2014/0207/c202846-20519140.html,访问日期为2020年5月23日。

（三）政策推动期

为引导粤港澳大湾区的发展,提前做好构建粤港澳大湾区的准备,国家颁布了一系列相关政策。2015 年 3 月,国家发展改革委联合多部门发布了《推动共建丝绸之路经济带和 21 世纪海上丝绸之路的愿景与行动》,文件指出要充分发挥深圳前海、广州南沙、珠海横琴、福建平潭等开放合作区作用,深化与港澳台的合作,打造粤港澳大湾区。① 粤港澳大湾区建设成为"一带一路"计划中的重要部分。在同年的 11 月,广东省人民政府办公厅印发了《广东省战略性新兴产业发展"十三五"规划》的通知,文件表明广东深化粤港澳新兴产业合作规划。发挥毗邻港澳的优势,探索更加开放的创新政策、更加灵活的合作模式,深入推进建设粤港澳创新圈,打造粤港澳大湾区。积极承接和孵化港澳新兴产业科技项目,推动粤港澳合作共建科技成果转化和国际技术转让平台,推进粤港科技创新走廊、深港创新圈建设,联合港澳设立产学研创新联盟,在生物医药、智能制造、高端电子信息等领域加强产业技术合作。②《广东省战略性新兴产业发展"十三五"规划》文件明确了粤港澳大湾区科技引领、创新引领的重要地位。

2016 年 3 月,国务院发布了《关于深化泛珠三角区域合作的指导意见》,指出充分发挥广州、深圳在管理创新、科技进步、产业升级、绿色发展等方面的辐射带动和示范作用,携手港澳共同打造粤港澳大湾区,建设世界级城市群。构建以粤港澳大湾区为龙头,以珠江—西江经济带为腹地,带动中南、西南地区发展,辐射东南亚、南亚的重要经济支撑带。③ 此文件再次强调了粤港澳大

---

① 参见《三部门发布推动共建"一带一路"的愿景与行动》,http://www.xinhuanet.com//world/2015-03/28/c_1114794876.htm,访问日期为 2020 年 7 月 23 日。

② 参见广东省人民政府:《广东省人民政府办公厅关于印发〈广东省战略性新兴产业发展"十三五"规划〉的通知》,http://zwgk.gd.gov.cn/006939748/201709/t20170906_721337.html,访问日期为 2020 年 7 月 23 日。

③ 参见《国务院关于深化泛珠三角区域合作的指导意见》,http://www.gov.cn/zhengce/content/2016-03/15/content_5053647.htm,访问日期为 2020 年 5 月 13 日。

湾区在管理创新、科技进步、产业升级、绿色发展等方面在泛珠三角区域的辐射与示范作用。同年 9 月 18 日,《中华人民共和国国民经济和社会发展第十三个五年规划纲要》出台,文件明确指出:支持内地与港澳开展创新及科技合作,支持港澳中小微企业和青年人在内地发展创业。支持共建大珠三角优质生活圈,加快前海、南沙、横琴等粤港澳合作平台建设。支持港澳在泛珠三角区域合作中发挥重要作用,推动粤港澳大湾区和跨省区重大合作平台建设。① 此文件说明了粤港澳大湾区在科技创新、创业就业、平台建设等方面的初步规划。

2017 年 3 月,李克强总理在《政府工作报告》中明确提出要推动内地与港澳深化合作,研究制定粤港澳大湾区城市群发展规划,发挥港澳独特优势,提升在国家经济发展和对外开放中的地位与功能。② 文件首次提出要研究制定粤港澳大湾区发展规划,也预示着粤港澳大湾区将要进入规划发展期。同年 7 月《深化粤港澳合作 推进大湾区建设框架协议》在香港签订,粤港澳大湾区建设正式进入启动阶段。在 2018 年 11 月,中共中央、国务院发布了《关于建立更加有效的区域协调发展新机制的意见》,提出要以香港、澳门、广州、深圳为中心引领粤港澳大湾区建设,带动珠江—西江经济带创新绿色发展。③ 此文件明确了香港、澳门、广州、深圳在粤港澳大湾区的中心城市地位,也预示着粤港澳大湾区正式规划拉开序幕。

(四) 规划发展期

2019 年 2 月,中共中央、国务院印发了《粤港澳大湾区发展规划纲要》,标

---

① 参见《中华人民共和国国民经济和社会发展第十三个五年规划纲要》,http://www.xin-huanet.com/politics/2016lh/2016-03/17/c_1118366322.htm,访问日期为 2019 年 9 月 13 日。

② 参见《政府工作报告——2017 年 3 月 5 日在第十二届全国人民代表大会第五次会议上》,http://www.gov.cn/premier/2017-03/16/content_5177940.htm,访问日期为 2019 年 9 月 13 日。

③ 参见《中共中央、国务院关于建立更加有效的区域协调发展新机制的意见》,http://www.gov.cn/xinwen/2021-11/29/content_5344537.htm,访问日期为 2021 年 11 月 29 日。

志着粤港澳大湾区建设正式进入规划发展期。该文件对粤港澳大湾区规划背景、总体要求、空间布局、建设国际科技创新中心、加快基础设施互联互通、构建具有国际竞争力的现代产业体系、推进生态文明建设、建设宜居宜业宜游的优质生活圈、紧密合作共同参与"一带一路"建设、共建粤港澳合作发展平台、规划实施十一部分进行了详细的描述,为粤港澳大湾区建设指明了方向。

为深入贯彻落实《粤港澳大湾区发展规划纲要》,2019 年 7 月,广东省委和省政府印发《关于贯彻落实〈粤港澳大湾区发展规划纲要〉的实施意见》,提出了携手港澳有力有序推进粤港澳大湾区建设的"三步走"安排。与此同时,广东省推进粤港澳大湾区建设领导小组印发了《广东省推进粤港澳大湾区建设三年行动计划(2018—2020 年)》。该文件在《粤港澳大湾区发展规划纲要》的指导下,从优化提升空间发展格局、建设国际科技创新中心、构建现代化基础设施体系、协同构建具有国际竞争力的现代产业体系、推进生态文明建设、建设宜居宜业宜游的优质生活圈、加快形成全面开放新格局、共建粤港澳合作发展平台、保障措施等九大方面出发,提出了一百条计划,进一步明确广东省今后三年粤港澳大湾区建设重点任务和责任分工,以确保到 2020 年粤港澳大湾区建设更上一层台阶。

2021 年 3 月,十三届全国人大四次会议通过了《中华人民共和国国民经济和社会发展第十四个五年规划和 2035 年远景目标纲要》的决议,明确提出要积极稳妥推进粤港澳大湾区建设,加强粤港澳产学研协同发展,完善广深港、广珠澳科技创新走廊和深港河套、粤澳横琴科技创新极点"两廊两点"架构体系,推进综合性国家科学中心建设,便利创新要素跨境流动。加快城际铁路建设,统筹港口和机场功能布局,优化航运和航空资源配置。深化通关模式改革,促进人员、货物、车辆便捷高效流动。扩大内地与港澳专业资格互认范围,深入推进重点领域规则衔接、机制对接。便利港澳青年到大湾区内地城市就学就业创业,打造粤港澳青少年交流精品品牌。文件第六十一章还指出,要保持香港、澳门长期繁荣稳定。全面准确贯彻"一国两制"、"爱国者治港"、"爱国者治澳"、高度自治的方针,坚持依法治港治澳,维护宪法和基本法确定的特别行政区宪制秩序,落实中央对特别行政区全面管治权,落实特别行政区维护国家安全的法律制度和执行机制,维护国家主权、安全、发展利益和特别行政区社会大局稳定,坚决防范和遏制外部势力干预港澳事务,支持港澳巩固提升竞争优势,更好融入国家发展大局。由此可见,"十四五"规划和2035年远景目标纲要对粤港澳大湾区的建设规划主要体现在"积极稳妥推进粤港澳大湾区建设"和"保持香港、澳门长期繁荣稳定"两方面。

2021年5月,广州市人民政府新闻办公室举办广州市"十四五"规划纲要新闻发布会,重点介绍了《广州市国民经济和社会发展第十四个五年规划和2035年远景目标纲要》,并明确提出广州立下了2025年和2035年两阶段的发展目标,并以"六个之城"和"八个新"将目标进行"分解",即广州从六方面提出建设创新之城、实力之城、枢纽之城、机遇之城、智慧之城、品质之城。在此基础上,以"八个新"制定出具体目标:经济发展迈上新台阶,创新驱动取得新成效,改革开放实现新突破,城市文明实现新提升,生态环境得到新改善,民生福祉取得新进步,乡村振兴实现新跨越,城市治理达到新水平,为粤港澳大湾区中心枢纽城市的建设指明了方向。

二、粤港澳大湾区范围界定

《粤港澳大湾区发展规划纲要》对粤港澳大湾区的范围有了清晰的界定,广东省广州市、深圳市、珠海市、佛山市、惠州市、东莞市、中山市、江门市、肇庆市和香港特别行政区、澳门特别行政区(简称为"9+2"城市)共同组成了粤港澳大湾区,其总面积达到5.6万平方公里。

从地理面积及其政治制度上看,粤港澳大湾区相比世界其他三大湾区具有较大优越性与特殊性。主要表现在两个方面。一方面,粤港澳大湾区是世界四大湾区中面积最大的湾区。美国的纽约湾区总面积约3.3万平方公里,美国旧金山湾区总面积约1.8万平方公里,而日本东京湾区总面积约1.0万平方公里,而粤港澳大湾区的面积达到5.6万平方公里,比美国的纽约湾区、旧金山湾区以及日本的东京湾区分别多出2.3万平方公里、3.8万平方公里、

4.6 万平方公里,可见粤港澳大湾区具有较强的地域优势。另一方面,粤港澳大湾区是唯一一个存在两种政治制度的湾区,在广东省广州市、深圳市、珠海市、佛山市、惠州市、东莞市、中山市、江门市、肇庆市区域内实行社会主义制度,而在香港特别行政区和澳门特别行政区范围内保持原有的资本主义制度不变,具有"一个湾区、两种制度"的政治特点。

三、粤港澳大湾区各大城市基本情况

(一) 广州的基本情况

广州,简称"穗",是一座具有 2200 多年历史的城市,别称"羊城"。作为广东省的省会,广州是广东的政治、经济、科技、教育和文化中心。《粤港澳大湾区发展规划纲要》指明广州是粤港澳大湾区的中心城市,这也是对广州作为国家重要的中心城市的重要肯定。除此之外,广州还是一座历史悠久的商都,从古至今都洋溢着商业的气息,沿海经济发达,古代海上丝绸之路便始发于广州。此外,广州是中国的对外通商口岸,对中国的商业繁荣具有重大的影响,因为它历史最为悠久且从未关闭。广州市位于广东省中南部,珠三角北部,处于整个粤港澳大湾区的北岸,由越秀、海珠、荔湾、天河、白云、黄埔、花都、番禺、南沙、从化、增城 11 个区组成,总面积 7434.40 平方公里。2021 年末,广州市常住人口 1881.06 万人。

在经济发展方面,根据广东省地区生产总值统一核算结果,2021 年,广州市实现地区生产总值(初步核算数)28231.97 亿元,按可比价格计算,比上年(下同)增长 8.1%。其中,第一产业增加值 306.41 亿元,增长 5.5%;第二产业增加值 7722.67 亿元,增长 8.5%;第三产业增加值 20202.89 亿元,增长 8.0%。第一、二、三次产业增加值的比例为 1.09∶27.35∶71.56。第一、二、三产业对经济增长的贡献率分别为 0.8%、28.1% 和 71.1%。农业生产形势稳定,全市规模以上工业增加值同比增长 7.8%,主导产业汽车制造业发挥重要支撑作用,高技术制造业保持较好增势,医药制造业释放强劲动能,传统优势行业电气机械及器材制造业增势稳定,新一代信息技术产品释放潜力。经过多年的发展,广州已形成了较为稳固的产业体系,其中制造业是广州市的支柱产业。随着科学技术的进步与发展,传统的产业发展水平与广州市现代化发展水平不相匹配,因此广州市开始积极与国际接轨,开拓新兴产业,主动向高端产业迈进。在科学技术的推动下,有学者认为,广州可在五大领域取得新的突破,建立新的优势,这五个领域分别是人工智能、新一代信息技术、新材料、生物医药、新能源,[1]未来广州有望以五大主导产业为引领,构建广州产业发展新格局。在教育方面,截至 2021 年 12 月,广州市目前有高等学校 83 所,本科层次与专科层次的高等学校的比例为 37∶46,是粤港澳大湾区高等学校数量最多的城市,拥有发达的高等教育资源,培养了多层次、多类别的社会人才,其中包括研究生、普通高等教育本专科生、中等职业学生、普通中学生、普通小学生以及幼儿园学生。在科学技术方面,广州市发明专利申请量位于粤港澳大湾区"9+2"城市前列。在旅游文化方面,广州塔("小蛮腰")作为广州市的地标建筑,高达 600 米,是中国第一高塔,世界第三高塔。广州白云山被称为"羊城第一秀",是人们登高、野餐、游玩的首选胜地。除此之外,广州图书馆、广东省博物馆、广州大剧院、黄埔古港、广州长隆度假区、花城广场、陈家祠、越秀公园、百万葵园、圣心大教堂、体育中心、番禺莲花山等都以其独特的魅力吸引来自世界各地的游客。

表 1-1　2021 年广州市经济发展情况相关数据

项目类别	数值
地区生产总值	28231.97 亿元
第一产业增加值	306.41 亿元
第二产业增加值	7722.67 亿元

---

① 参见《代表委员说》,http://www.gz.gov.cn/zt/2021gzlh/dbwys/content/post_2858489.html,访问日期为 2021 年 1 月 12 日。

续表

项目类别	数值
第三产业增加值	20202.89 亿元
第二产业对经济增长的贡献率	28.1%
第三产业对经济增长的贡献率	71.1%

数据来源:广州市统计局 2021 年广州市经济运行数据。

表 1-2 广州市产业体系基本情况

产业类型	支柱产业	未来关注产业
产业名称	电子产品制造业 汽车制造业 石油化工制造业	新材料 新能源 人工智能 生物医药 新一代信息技术

表 1-3 2021 年广州市教育与科技方面相关数据

项目类别	数值
高等学校	83 所
本科层次的高等学校	37 所
专科层次的高等学校	46 所
全年在校研究生	14.57 万
普通高等教育本专科在校生	141.26 万
技工学校在校生	26.92 万
中等职业学校在校生	17.14 万
普通中学在校生	56.96 万
普通小学在校生	116.44 万
幼儿园在园幼儿	63.32 万

项目类别	数值
专利授权	18.9 万件
发明专利授权	1.5 万件
在穗院士人数	57 人
中国科学院院士	25 人
中国工程院院士	25 人

数据来源:2021 年广州市国民经济和社会发展统计公报。

（二）深圳的基本情况

深圳,简称"深",别称"鹏城",是一座典型的国际化、现代化大都市。众所周知,中国第一个经济特区便坐落在深圳。作为中国改革开放的窗口,深圳乘着改革开放的东风,以斗志昂扬的姿态,从一个小渔村发展成了全部城镇化的大都市。科技创新是深圳走向世界前列的重要因素,依靠着科技的力量,深圳成为中国乃至世界重要的高新技术研发和制造基地。深圳市位于广东省南部沿海,珠江口东岸,处于粤港澳大湾区的东南岸,由福田区、罗湖区、盐田区、南山区、宝安区、龙岗区、龙华区、坪山区、光明区、大鹏新区以及深汕特别合作区 11 个区组成,占地面积 1997.47 平方公里(不含深汕特别合作区)。2021年末,全市常住人口有 1768.16 万人。

在经济发展方面,2021 年全市地区生产总值为 30664.85 亿元,比上年增长 6.7%,两年平均增长 4.9%。其中,第一产业增加值为 26.59 亿元,同比增长 5.1%,两年平均增长 0.9%;第二产业增加值为 11338.59 亿元,同比增长 4.9%,两年平均增长 3.4%;第三产业增加值为 19299.67 亿元,同比增长 7.8%,两年平均增长 5.8%。在产业体系方面,深圳市有四大支柱产业,八大战略新兴产业,未来深圳将关注生命健康、航空航天、机器人、可穿戴设备、智能装备等产业的发展;在教育方面,截至 2020 年 6 月 30 日,深圳市目前有高等学校 18 所,本科层次的高等学校与专科层次的高等学校的比例为 15∶3。从各项数据来看,深圳市的高等学校数量位于粤港澳大湾区城市、广东省内城市第二,仅次于广州市。在科技发展方面,深圳市的科技水平位于粤港澳大湾区城市前列,专利申请量超过广州市的专利申请量。在旅游文化方面,深圳被列为全球十大热门旅游目的地城市,世界之窗、深圳红树林、欢乐谷、东部华侨城、莲花山、梧桐山、大小梅沙、东门老街、大鹏湾、仙湖植物园、大鹏所城、中英街、欢乐海岸等吸引着来自世界各地的游客。大鹏所城、侨城锦绣、莲山春早、梧桐烟云、深南溢彩、梅沙踏浪、一街两制和羊台叠翠被列为"深圳八景"。

表 1-4 2021 年深圳市经济发展情况相关数据

项目类别	数值
地区生产总值	30664.85 亿元
第一产业增加值	26.59 亿元
第二产业增加值	11338.59 亿元
第三产业增加值	19299.67 亿元
战略性新兴产业增加值	12146.37 亿元
新一代信息技术产业增加值	5641.66 亿元
数字与时尚产业增加值	3103.66 亿元
绿色低碳产业增加值	1386.78 亿元
高端装备制造产业增加值	506.53 亿元
海洋经济产业增加值	593.80 亿元
新材料产业增加值	324.34 亿元
生物医药产业增加值	589.60 亿元

数据来源:2021 年深圳市国民经济和社会发展统计公报。

表 1-5 深圳市产业体系基本情况

产业类型	支柱产业	战略新兴产业	未来关注产业
产业名称	高新技术产业 金融业 现代物流业 文化创意产业	新一代信息技术产业 高端装备制造产业 绿色低碳产业 生物未来产业 新材料产业 医药产业 数字经济产业 海洋经济产业	生命健康产业 航空航天产业 机器人产业 可穿戴设备产业 智能装备产业

表 1-6 2021 年深圳市教育与科技方面相关数据

项目类别	数值
高等学校	18 所
本科层次的高等学校	15 所
专科层次的高等学校	3 所
全市各级各类学校总数	2766 所
全市各级各类学校在校学生	256.21 万
在园幼儿	59.76 万
在校小学生	113.30 万
在校普通中学生	56.32 万
在校高等学校学生	14.52 万
在校成人本专科生	11.65 万
在校普通高等学校研究生	2.87 万

数据来源:2021 年深圳市国民经济和社会发展统计公报。

（三）珠海的基本情况

珠海与深圳有较多的相似之处,这两个城市都属于中国最早设立的经济特区。此外,珠海目前还是中国第二大的口岸,其繁荣程度仅次于深圳。珠海市位于珠江三角洲西南部,处于粤港澳大湾区的南岸,东与香港隔海相望,南与澳门相连,下辖区包括香洲区、斗门区、金湾区,并设立珠海市横琴新区、珠海高新技术产业开发区、珠海保税区、珠海高栏港经济区、珠海万山海洋开发试验区 5 个经济功能区,总面积 1736.46 平方公里,2021 年末,全市常住人口总数为 246.67 万。未来,珠海将积极融入粤港澳大湾区世界级城市群的建设当中,努力建成具有"珠海文化""珠海特色"的幸福珠海魅力之城。

在经济发展方面,2021 年全市实现地区生产总值 3881.75 亿元,同比增长 6.9%。其中,第一产业增加值 55.02 亿元,增长 7.1%,对地区生产总值增长的贡献率为 1.49%;第二产业增加值 1627.47 亿元,增长 6.5%,对地区生产总值增长的贡献率为 38.86%;第三产业增加值 2199.27 亿元,增长 7.2%,对地区生产总值增长的贡献率为 59.65%。在产业发展方面,珠海市有六大工业支柱产业,六大工业支柱产业增加值同比增长 11.1%,其中,电力能源业、生物医药业、石油化工业、家电电气业、精密机械制造业和电子信息业分别同比增长 21.7%、19.5%、15.2%、9.7%、7.8% 和 5.6%。在教育与科技方面,珠海市共有高等学校 11 所,本科层次的高等学校与专科层次的高等学校的数量比例为 8∶3。根据珠海市人民的教育需求以及社会发展的需求,珠海市全方位、多层次培养了大批的人才,2021 年全年专利授权量 27201 件。在旅游文化方面,珠海是一个临海城市,有着得天独厚的海洋资源,也是珠三角地区海洋面积和海岛面积最大、海岸线最长、岛屿最多的城市,海滩旅游成为了珠海的特色名片。南沙湾海滩、金海滩、银坑海滩浴场每年都吸引着来自世界各地的游客。珠海市开展的"珠海十景"评选活动,已评选出圆明新园、东澳岛、共乐园、珠海渔女、梅溪牌坊、农科中心、飞沙滩、珠海烈士陵园、黄杨山景区、淇澳岛十个景点为"珠海十景"。①

---

① 参见《"珠海十景"出炉》,http://www.people.com.cn/GB/shenghuo/80/103/20010828/545687.html,访问日期为 2020 年 6 月 12 日。

表 1-7   2021 年珠海市经济发展情况相关数据

项目类别	数值
地区生产总值	3881.75 亿元
第一产业增加值	55.02 亿元
第二产业增加值	1627.47 亿元
第三产业增加值	2199.27 亿元

数据来源:2021 年珠海市国民经济和社会发展统计公报。

表 1-8   珠海市产业体系基本情况

产业类型	支柱产业
产业名称	生物医药业 家电电气业 石油化工业 电力能源业 电子信息业 精密机械制造业

表 1-9   2021 年珠海市教育与科技方面相关数据

项目类别	数值
全国高等学校	11 所
本科层次的高等学校	8 所
专科层次的高等学校	3 所
普通高等学校全日制在校生	13.74 万
各级各类普通学校	661 所
各类中等职业学校(含技工学校)在校生	3.49 万
普通中学(含初中和高中)在校生	11.38 万
小学在校生	19.50 万

项目类别	数值
特殊教育学校在校生	0.71 万
学前教育在园幼儿	10.05 万
专利授权量	27201 件
发明专利授权量	5402 件

数据来源:2021 年珠海市国民经济和社会发展统计公报。

(四) 佛山的基本情况

佛山是中国重要的制造业基地、国家历史文化名城、珠三角地区西翼经贸中心和综合交通枢纽,著名的侨乡,素有"鱼米之乡"美誉。佛山市位于广东省中部,处于粤港澳大湾区的北岸,与广州相近,与广州共同构成"广佛都市圈",是"广佛肇经济圈""珠江—西江经济带"的重要组成部分,下辖区有禅城、南海、顺德、高明、三水五个区,总面积 3875 平方公里。2021 年末,全市常住人口 961.26 万人,比上年末增加 9.38 万人,增长 0.99%。

在经济发展方面,2021 年全市地区生产总值(初步核算数)为 12156.54 亿元,比上年增长 8.3%。其中第一产业增加值 210.55 亿元,增长 9.5%;第二产业增加值 6806.95 亿元,增长 9.3%;第三产业增加值 5139.04 亿元,增长 7.0%。佛山市是制造业强市,是中财办和国家发改委确定的全国唯一的制造业转型升级综合改革试点城市。佛山的工业较为发达,其几乎涵盖了所有的制造业行业,具备较为健全的制造业体系。其中有五大传统行业优势突出,五大新兴产业蓬勃发展。随着科学技术的发展与进步,佛山市正瞄准先进制造业市场,大力发展现代优势产业集群,把智能装备及机器人、智能家电、新能源汽车等产业打造成世界级的先进制造业集群。在教育与科技方面,截至 2021 年末,佛山市共有普通高等学校 13 所,本科层次的高等学校与专科层次的高等学校数量比例为 6∶7。佛山市是制造业大市,市内建立了大批工程中心,包括省级、市级工程中心,2021 年新增省级工程中心 57 家。在旅游文化方面,佛山是岭南文化的发源地之一,素有陶艺之乡、武术之乡、美食之乡、粤剧之乡、岭南成药之乡、狮艺之乡等美誉,形成了行通济、佛山秋色、扒龙舟等独具特色的民俗文化。国务院于 1994 年公布佛山为国家历史文化名城。[①]

表 1-10　2021 年佛山市经济发展情况相关数据

项目类别	数值
地区生产总值	12156.54 亿元
第一产业增加值	210.55 亿元
第二产业增加值	6806.95 亿元
第三产业增加值	5139.04 亿元

数据来源:2021 年佛山市国民经济和社会发展统计公报。

表 1-11　佛山市产业体系基本情况

产业类型	支柱产业	新兴产业	未来关注产业
产业名称	家电制造业 家具制造业 陶瓷制造业 机械装备制造业 金属加工业	光电 新材料 生物制药 机器人 新能源汽车	智能装备及机器人 智能家电 新能源汽车

表 1-12　2021 年佛山市教育与科技方面相关数据

项目类别	数值
普通高等学校	13 所
本科层次的高等学校	6 所

---

① 参见《城市概况》,http://www.foshan.gov.cn/zjfs/fsgl/csgk/,访问日期为 2021 年 6 月 23 日。

续表

项目类别	数值
专科层次的高等学校	7 所
普通高校在校学生	15.32 万
普通高中学校	66 所
普通高中在校学生	13.38 万
初中学校	162 所
初中在校学生	26.02 万
小学学校数量	417 所
小学在校学生	66.43 万
幼儿园	1058 所
在园幼儿	35.85 万
各级工程中心	2290 家
高新技术企业	7100 家
专利授权量	96487 件
发明专利授权量	8306 件

数据来源:2021 年佛山市国民经济和社会发展统计公报。

(五) 东莞的基本情况

东莞,别称"莞城",是一座集"科技""音乐""历史""绿色""安全""会展"为一体的全国文明城市。"安全"是东莞建设的一大特色,属于全国首个安全无线城市,还是广东省首个同时成功创建两个国家级质量安全示范区的城市。东莞市位于广东省南部,珠江口东岸,处于粤港澳大湾区的东北岸,为全国 5 个不设区的地级市之一,总面积 2460.1 平方公里。2020 年末,全市常住人口 1053.68 万人。虽然东莞不属于粤港澳大湾区的中心城市,但它是我国较具竞争力的城市,因此东莞在粤港澳大湾区的建设发展中具有重要地位。

在经济发展方面,2021 年东莞实现地区生产总值(初步核算数)10855.35 亿元,比上年增长 8.2%。其中,第一产业增加值 34.66 亿元,增长 11.8%,对地区生产总值增长的贡献率为 0.4%;第二产业增加值 6319.41 亿元,增长 10.5%,对地区生产总值增长的贡献率为 73.0%;第三产业增加值 4501.28 亿元,增长 5.1%,对地区生产总值增长的贡献率为 26.6%。三次产业比例为 0.3∶58.2∶41.5。与佛山一样,东莞也是制造名城,有五大支柱产业以及四大特色产业,全市规模以上工业五大支柱产业增加值比上年增长 9.1%;工业四大特色产业增加值增长 16.6%。未来,东莞市在动态调整和扩容的同时实施协同倍增,纵深推进智能制造全生态链战略,推动制造业向中高端迈进。在教育方面,截至 2021 年,东莞市高等学校共有 9 所,本科层次的高等学校与专科层次的高等学校数量比例为 5∶4。近几年来,东莞市电子科学技术发展较快,科技创新能力有了极大提升,2021 年全市国家高新技术企业达 7387 家。全市国内专利授权量 94573 件,比上年增长 27.3%;其中,发明专利授权量为 11690 件,增长 34.1%,数量排全省第 3 位。在旅游文化方面,东莞市是岭南文明的重要发源地,中国近代史的开篇地和改革开放的先行地,既有滨海、水乡、森林、湿地等自然风光,也有林则徐销烟池旧址、虎门炮台旧址和蚝岗贝丘遗址等历史人文景观。

表 1-13　2021 年东莞市经济发展情况相关数据

项目类比	数值
地区生产总值	10855.35 亿元
第一产业增加值	34.66 亿元
第二产业增加值	6319.41 亿元
第三产业增加值	4501.28 亿元

数据来源:2021 年东莞市国民经济和社会发展统计公报。

表 1-14　东莞市产业体系基本情况

产业类型	支柱产业	特色产业	未来关注产业
产业名称	电子信息制造业 电气机械及设备制造业 纺织服装鞋帽制造业 食品饮料加工制造业 造纸及纸制品业	玩具及文体用品制造业 家具制造业 化工制造业 包装印刷业	智能制造业

表 1-15　2021 年东莞市教育与科技方面相关数据

项目类别	数值
高等学校	9 所
本科层次的高等学校	5 所
专科层次的高等学校	4 所
中职学校(含技工学校)	28 所
中职学校在校生	8.44 万
普通高中	53 所
普通高中在校生	10.72 万
初中	205 所
初中在校学生	27.61 万
小学	337 所
小学在校学生	84.85 万
幼儿园	1244 所
国家高新技术企业	7387 家
专利授权量	94573 件
发明专利授权量	11690 件

数据来源:2021 年东莞市国民经济和社会发展统计公报。

(六) 惠州的基本情况

惠州是粤港澳大湾区城市之一,位于广东省东南部,珠江三角洲东端,处于粤港澳大湾区的最东端,现辖惠城区、惠阳区、惠东县、博罗县、龙门县,设有大亚湾经济技术开发和仲恺高新技术产业开发区两个国家级开发区,总面积1.13万平方公里。2021年末,全市常住人口606.6万人。

在经济发展方面,2021年惠州地区生产总值为(初步核算数)4977.36亿元,增长10.1%。其中,第一产业增加值为232.54亿元,增长10.2%;第二产业增加值为2652.76亿元,增长14.4%;第三产业增加值为2092.06亿元,增长5.3%。三次产业结构调整为4.7∶53.3∶42.0。石化能源新材料产业和电子信息产业为惠州两大支柱产业,未来惠州将根据《广东省人民政府关于培育发展战略性支柱产业集群和战略性新兴产业集群的意见》,朝着打造绿色石化产业集群、智能家电产业集群、先进材料产业集群、软件与信息服务产业集群、生物医药与健康产业集群以及激光与增材制造产业集群的方向迈进。在教育方面,2021年惠州市共有高等学校5所,本科层次的高等学校与专科层次的高等学校数量比例为1∶4,高职教育优势突出。在旅游文化方面,惠州是历史文化名城,名胜古迹颇多,主要景观有惠州西湖西山顶上的泗洲塔,平湖北畔的元妙观,城区桥西东城基3号的文笔塔、桥西上米街北门渡口所的古城墙,罗浮山中的冲虚古观、酥醪观,惠东平海镇的平海古城、多祝镇皇思扬村等。北宋时期大文豪苏轼被贬谪到惠州也留下多处遗迹,其侍妾王朝云病逝就葬在西湖边的孤山。① 惠州市境的名人故居及纪念馆主要有惠阳区秋长街道周田村的叶挺故居及纪念馆,惠城区三栋镇鹿颈村的邓演达故居及纪念馆等。②

---

① 参见《名胜古迹》,http://www1.huizhou.gov.cn/pages/cms/huizhou/html/artList.html? cataId=b6664b2de2b64f1499e9e3d943763330&catCode=lswh,访问日期为2020年7月7日。

② 参见《名人故居及纪念馆》,http//www1.huizhou.gov.cn/pages/cms/huizhou/html/lswh/b67304c8cbc8475f9450b26cc614f173.html? cataId=b6664b2de2b64f1499e9e3d943763330,访问日期为2021年1月11日。

表 1-16　2021 年惠州市经济发展情况相关数据

项目类别	数值
地区生产总值	4977.36 亿元
第一产业增加值	232.54 亿元
第二产业增加值	2652.76 亿元
第三产业增加值	2092.06 亿元

数据来源:2021 年惠州市国民经济和社会发展统计公报。

表 1-17　惠州市产业体系基本情况

产业类型	支柱产业	战略新兴产业
产业名称	石化能源新材料产业 电子信息产业	绿色石化产业集群 智能家电产业集群 先进材料产业集群 软件与信息服务产业集群 生物医药与健康产业集群 激光与增材制造产业集群

表 1-18　2021 年惠州市教育与科技方面相关数据

项目类别	数值
高等学校	5 所
本科层次的高等学校	1 所
专科层次的高等学校	4 所
本地普通高等院校在校生数	69906 人
高中在校生	112554 人
中等职业学校在校生	53142 人
初中在校生	255570 人
小学在校生	633683 人

续表

项目类别	数值
幼儿在校生	242747 人
有效发明专利量	10482 件
专利授权量	25624 件
发明专利授权量	2158 件
PCT 专利申请	457 件

数据来源:2021 年惠州市国民经济和社会发展统计公报。

(七) 肇庆的基本情况

肇庆,古称"端州",是一座拥有 2200 年历史的集"旅游""历史""卫生""绿色""文化"为一体的粤港澳大湾区城市。在北宋时期,肇庆曾被宋徽宗赐予"肇庆府"的称号,代表这是吉祥喜庆的开始。肇庆是典型的岭南文化代表,它不仅是广东著名的侨乡,粤语的发祥地,更是中国和西方文化交流的起始地,可以说,肇庆是广东文化的代表城市之一。肇庆市位于广东省中西部,珠三角西北部,处于粤港澳大湾区的最西岸,下辖端州区、鼎湖区、高要区、四会市、广宁县、德庆县、封开县、怀集县等 8 个县(市、区)和肇庆国家高新区、肇庆新区,总面积 1.5 万平方公里。2021 年末,全市常住人口 412.97万人。

在经济发展方面,2021 年全市实现地区生产总值(初步核算数)2649.99亿元,比上年增长 10.5%。其中,第一产业增加值 458.46 亿元,增长 7.6%,对地区生产总值增长的贡献率为 13.5%;第二产业增加值 1101.48 亿元,增长15.3%,对地区生产总值增长的贡献率为 56.3%;第三产业增加值 1090.04 亿元,增长 7.5%,对地区生产总值增长的贡献率为 30.2%。三次产业结构比重为 17.3:41.6:41.1。在产业体系方面,肇庆市有六大支柱产业。在教育方面,截至 2021 年末,肇庆市有 6 所高等学校,本科层次的高等学校与专科层次的高等学校的数量比例为3:3,由此可见本科层次的高等学校与专科层次的高等学校发展较为平衡。虽然肇庆市2021年全年专利授权量7584件,但相比往年有了较大的提升,未来肇庆市将借助粤港澳大湾区发展的东风,着力提升科技水平。在旅游文化方面,肇庆地区旅游资源丰富,景区拥有优美的自然生态环境,历史文物古迹繁多。著名的景点星湖国家级风景名胜区是广东省首批的国家4A级自然生态旅游区,景区范围内有被誉为"岭南第一奇观"的七星岩和被中外著名科学家人士誉为"北回归线上的绿洲"的新中国第一个省级自然保护区以及广东四大历史文化名山之首的鼎湖山。全市目前已经发现了一批具有重大历史文化科学和学术研究教育应用推广价值的国家级重点文物古迹300多处。

表1-19　2021年肇庆市经济发展情况相关数据

项目类别	数值
地区生产总值	2649.99亿元
第一产业增加值	458.46亿元
第二产业增加值	1101.48亿元
第三产业增加值	1090.04亿元

数据来源:2021年肇庆市国民经济和社会发展统计公报。

表1-20　肇庆市产业体系基本情况

产业类型	支柱产业
产业名称	金属加工业 电子信息业 汽车零配件业 食品饮料业 生物制药业 林产化工业

表 1-21　2021 年肇庆市教育与科技方面相关数据

项目类别	数值
高等学校	6 所
本科层次的高等学校	3 所
专科层次的高等学校	3 所
全年各级各类教育在校生	107.6 万人
普通本专科在校生	11.64 万人
学前教育在园幼儿	16.39 万人
普通高中在校生	7.80 万人
各类中等职业技术教育(不含技工学校)在校生	6.12 万人
专利授权量	7584 件
发明专利授权量	602 件
PCT 国际专利申请量	23 件

数据来源:2021 年肇庆市国民经济和社会发展统计公报。

（八）中山的基本情况

中山,古称"香山",是一座历史悠久的生态化城市。在历史底蕴方面,中山是我国伟大的革命家孙中山先生的故乡;在生态文明方面,中山是国家级的文明城市、森林城市、环保模范城市,更是全国首个地级生态城市。中山市位于广东省中南部,与澳门、珠海共处于粤港澳大湾区的南岸,我国 5 个不设市辖区的地级市之一,下辖 25 个镇区,区域内含有 1 个国家级火炬高技术产业开发区和翠亨新区,总面积 1783.67 平方公里。2021 年末,全市常住人口446.69 万人。

在经济发展方面,2021 年全市地区生产总值为 3566.17 亿元,同比增长8.2%。其中,第一产业增加值为 90.81 亿元,同比增长 20.4%;第二产业增加值为 1761.78 亿元,同比增长 11.0%;第三产业增加值为 1713.58 亿元,同比增长 5.0%。在产业体系方面,中山市目前有五大支柱产业。在教育方面,截至 2021 年,中山市共有高等学校 3 所,本科层次的高等学校与专科层次的高等学校的数量比例为 1∶2,高职教育优势较为突出。为了适应中山市人民教育与社会发展的需求,中山市紧密依托当地产业发展,培养了大批与当地产业相适应的高素质的技术技能型人才。尤其是在国家火炬计划的助推下,中山市的科技创新能力有了大幅度的提高,2021 年专利授权总量 4.15 万件。在旅游文化方面,中山有丰富的历史文化底蕴,不仅是我国著名革命家孙中山的故居,还出了容闳、杨仙逸、郑观应、阮玲玉等名人。中山故居、长江叠翠、兴中缀锦、温泉碧苑、阜峰文笔、仁山玉宇、五桂雄峰、菊城金瓣、紫岭鸣嘤、老街新韵被列为"中山十景"。

表 1-22 2021 年中山市经济发展情况相关数据

项目类别	数值
地区生产总值	3566.17 亿元
第一产业增加值	90.81 亿元
第二产业增加值	1761.78 亿元
第三产业增加值	1713.58 亿元

数据来源:2021 年中山市国民经济和社会发展统计公报。

表 1-23 中山市产业体系基本情况

产业类型	支柱产业
产业名称	电器机械业 纺织服装业 交通运输设备业 塑料制品业 饮料制造业

表 1-24 2021 年中山市教育与科技方面相关数据

项目类别	数值
高等学校	3 所
本科层次的高等学校	1 所
专科层次的高等学校	2 所
全日制普通高等学校在校学生	5.43 万
普通中学在校学生	18.49 万
中等职业技术教育在校学生	2.63 万
小学在校学生	35.01 万
学前教育在园幼儿	16.11 万
专利授权量	4.15 万件
发明专利授权量	1546 件

数据来源:2021 年中山市国民经济和社会发展统计公报。

(九) 江门的基本情况

江门,俗称"五邑",是中国乃至世界著名的侨都,是一座集"创新""旅游""卫生""绿色"为一体的粤港澳大湾区城市。江门是典型的宜居地区,曾被誉为"中国人居环境范例奖城市"。江门市位于广东省中南部,是珠江三角洲西岸中心城市之一,地处珠三角进入粤西乃至大西南的战略通道,在粤港澳大湾区中处于承东启西的关键节点,设立蓬江、江海、新会 3 个区,下辖台山、开平、鹤山、恩平 4 个县级市,占地面积 9507 平方公里。2021 年末,全市常住人口 483.51 万人。

在经济发展方面,2021 年江门实现地区生产总值(初步核算数)3601.28 亿元,比上年增长 8.4%。其中,第一产业增加值 294.89 亿元,增长 9.8%;第二产业增加值 1640.66 亿元,增长 11.1%;第三产业增加值 1665.73 亿元,增长 5.7%。三次产业结构比重为 8.2∶45.6∶46.2。经过多年发展,江门已形成了门类齐全的传统支柱产业,产业规模持续增长的态势,产业基础良好,行业结构优化集聚效应明显的特点,拥有 18 个国家产业基地。作为"珠西战略"策源地、主战场,未来,江门正朝着构建中高端产业集群迈进。① 在教育方面,截至 2021 年,江门市共有 5 所高等学校,本科层次的高等学校与专科层次的高等学校的数量比例为 1∶4,由此可见江门市的高职教育优势较为突出,职业教育在校生的人数占有较大的比例。从专利申请量数据来看,相比其他粤港澳大湾区城市,江门市的科学技术发展相对较弱,但相对以往有了较大的提升。江门市应积极融入粤港澳大湾区的发展,未来科学技术的发展有巨大的发展空间。在旅游文化方面,江门历史悠久,有深厚的文化底蕴,拥有大批值得游览的文化建筑与名胜古迹,总体可以用"居、馆、楼、岛、泉、园、道"七个字概括。"居"为梁启超的故居,"馆"为华侨华人博物馆,"楼"是指开平碉楼,"岛"是为位于台山市南部的众多岛屿,"泉"为台山温泉、莘村温泉、古兜温泉等,"园"为江门七大龙头公园,"道"为市内绿道。

表 1-25 2021 年江门市经济发展情况相关数据

项目类别	数值
地区生产总值	3601.28 亿元
第一产业增加值	294.89 亿元
第二产业增加值	1640.66 亿元
第三产业增加值	1665.73 亿元

数据来源:2021 年江门市国民经济和社会发展统计公报。

---

① 参见《江门优势》,http://www.jiangmen.gov.cn/ygadwq/tpxw/content/post_1856768.html,访问日期为 2020 年 7 月 10 日。

表 1-26 江门市产业体系基本情况

产业类型	支柱产业	新兴产业
产业名称	机电 食品 电子信息 纺织服装 造纸及纸制品 精细化工	高端装备制造 新一代信息技术 新能源汽车及零部件 大健康 新材料

表 1-27 2021 年江门市教育与科技方面相关数据

项目类别	数值
高等学校	5 所
本科层次的高等学校	1 所
专科层次的高等学校	4 所
高等教育(含成人教育)在校学生	10.41 万
中等职业技术学校在校学生	3.25 万
普通高中在校学生	8.49 万
初中在校学生	15.20 万
小学在校学生	36.01 万
幼儿园在园幼儿	15.82 万
有效发明专利拥有量	5096 件
专利授权量	21272 件
发明专利	964 件

数据来源:2021 年江门市国民经济和社会发展统计公报。

（十）香港特别行政区的基本情况

香港,简称"港",全称为"中华人民共和国香港特别行政区",是中西方文化交融之地、国际金融中心、国际贸易中心、国际航运中心。香港自古以来就是中国的领土,第一次鸦片战争后英国强占香港岛,于 1997 年 7 月 1 日回归祖国。香港特别行政区位于珠江三角洲东南部,珠江口东岸,南海北部,处于粤港澳大湾区的东南岸,西与澳门隔海相望,北与深圳市相邻,南临珠海市万山群岛,由香港岛、九龙半岛和新界组成,陆地总面积达 1106.34 平方公里。香港是世界上人口密度最高的地区之一,2023 年末居住人口约 742.83 万人。

在经济发展方面,香港市民的生活水平持续改善。目前香港经济发展实现了两次典型的转型。第一次是 1970 年从单纯的转口港转变为工业化城市,第二次是 20 世纪 80 年代始实现了从制造业转向服务业,其中金融业和旅游业为发展最快的产业类型。香港身处发展迅速的东南亚地区枢纽的地利,具备无比的经济优越地位,已发展成为一个国际金融商贸中心的世界大都会,并且是全球第三大金融中心,与纽约、伦敦并称为"纽伦港",尤其是背靠着内地经济的有利条件,香港经济将会发展得越来越快。

香港实行资本主义市场经济,不仅拥有便利的市场营商管理环境、民主法治社会、自由贸易制度,还拥有完备和庞大的国际金融设施和网络、一流的公共交通及网络通信设施和基建、先进的医疗支援设施和服务,以及灵活的国际劳工市场等。[①]

在教育方面,香港拥有丰富且国际化的教育资源,开办专科以上教育的机构多达 30 所,其中包括世界闻名的香港大学、香港中文大学等。未来香港应积极融入粤港澳大湾区的发展,全力恢复繁荣的教育景象。在旅游文化方面,香港是旅游文化发达的粤港澳大湾区城市,不仅承担主办各类文化活动,还是典型的"不夜城"。除此之外,世界知名的游乐设施也坐落在香港,如香港海洋公园和迪士尼乐园。香港文化和历史遗迹遍布每个角落,有传统的祖先宗

---

① 参见《城市》,http://www.cnbayarea.org.cn/city/Hong%20Kong/index.html,访问日期为 2021 年 7 月 11 日。

祠、新界氏族围村,以至坐落闹市的庙宇,建筑物兼具中西文化荟萃之特色。快活蹄声、旗山星火、浅水丹花、赤柱晨曦、残堞斜阳、虎塔朗晖、宋台怀古、鲤门月夜被列为"香港八景"。

(十一) 澳门特别行政区的基本情况

澳门,简称"澳",全称为"中华人民共和国澳门特别行政区",同香港一样是中西方文化交融之地。澳门自古以来为中国领土。1535 年(明嘉靖十四年),广州市舶司迁至澳门,澳门正式开埠并发展成为重要的对外贸易港口。16 世纪中叶以后,澳门被葡萄牙逐步占领。1999 年 12 月 20 日,我国对澳门恢复行使主权,设立澳门特别行政区。澳门特别行政区位于珠江三角洲西南部、珠江口西岸,处于粤港澳大湾区的最南岸。由澳门半岛、氹仔岛和路环岛组成。澳门的总面积因为沿岸填海造地而一直扩大,自有记录的 1912 年的11.6 平方公里逐步扩展至 2020 年的 32.9 平方公里。2015 年 12 月,国务院公布《中华人民共和国澳门特别行政区行政区域图》,决定将澳门特别行政区海域面积明确为 85 平方公里。2023 年末总人口为 68.4 万人。

在经济发展方面,2021 年,澳门地区全年完成的地区生产总值(GDP)2417.55 亿澳门元,以略微超过 68 万人口计算,澳门人均 GDP 恢复至 350445澳门元,按澳门元与人民币的平均汇率换算,澳门人均 GDP 回升至 28.25 万元人民币(接近 4.38 万美元),经济规模恢复至 1929.27 亿元人民币。[①] 由于旅游博彩业大幅度下滑,2020 年上半年澳门本地生产总值实质下跌 58.2%,服务业出口下跌 75.8%,其中博彩服务出口及其他旅游服务出口分别下跌78.9%和 78.4%,货物出口下跌 24.7%。自 2020 年 8 月恢复办理内地居民赴澳旅游签注以来,逐步带动澳门的消费需求,市场氛围有所好转。

总体来说,澳门经济规模不大,但是外向度高,货物、资金、外汇、人员进出

---

① 参见澳门统计暨普查局:《澳门 2020 统计年鉴》,https://www.dsec.gov.mo/zh‐MO/Home/Publication/YearbookOfStatistics,访问日期为 2021 年 8 月 22 日。

自由,亦是区内税率最低的地区之一,具有单独关税区地位,与国际经济联系密切,是连接内地与国际市场的重要窗口和桥梁。澳门主要以发展第二和第三产业为主。传统的四大经济支柱是制造业、旅游博彩业、金融业以及建筑房地产业。澳门回归以来,商贸服务业(批发、零售、酒店、餐饮等)快速发展,取代了加工制造业成为新的支柱产业。目前,旅游博彩业在本地的生产总值比重已经远远超过其他三个支柱性产业。

在教育与科技方面,澳门积极优化非高等教育和高等教育,从制度、投入和规划等多方面,落实"教育兴澳""人才建澳"的施政方向,又秉承高等教育多元化发展的方针,支持各院校办学自主,协调高等教育机构发展。值得注意的是,澳门是我国第一个提供15年免费教育的地区。在旅游文化方面,澳门拥有400多年悠久的中西文化交流史,对旅客具有独特的吸引力。澳门既有传统风格的老宅,明清时期的古朝,也有南欧情调的建筑,欧陆巴洛克式建筑形式的教堂,又有气派不凡的现代化建筑,这些都成为别具特色的旅游景观。如先后经历3次大火仍保持屹立的教堂前壁——大三巴牌坊;昔日守护着澳门,现已成为历史见证的军事重地大炮台;还有澳门著名的三大庙宇——妈祖阁、观音庙以及莲峰庙。

第三节　发展战略定位

战略定位是湾区实现科学发展的重要基础,是粤港澳大湾区全局发展的中心,是对湾区未来发展方向的描述和构想。美国著名的营销大师杰克·特劳特提出了著名的战略定位理论,他认为企业在面对强大的竞争对手的情况下,要想获得成功,必须要找准自身的定位,也就是找准一种令自己与众不同的方式。

粤港澳大湾区是世界四大湾区之一,其发展对标世界三大著名湾区:纽约湾区、旧金山湾区、东京湾区。最新发布的《四大湾区影响力报告(2018):纽约·旧金山·东京·粤港澳》测评结果显示,粤港澳大湾区的经济影响力位列四大湾区之首,整体影响力指数排名第三,高于东京湾区。但粤港澳大湾区又与世界三大湾区有很大的不同,粤港澳大湾区是一个国家、两种制度、三个法域和关税区,流通三种货币,制度方面的差异比较大;而世界三大湾区的规划和建设都是在同一种社会制度、同一种体制的框架内进行。粤港澳大湾区与其他湾区相比有独特的自身优势,因此粤港澳大湾区的发展需要以确定精准的战略定位为前提,找准湾区的特点进行科学定位。

《粤港澳大湾区发展规划纲要》提出了明确的粤港澳大湾区五大战略定位:一是粤港澳大湾区定位为充满活力的世界级城市群;二是具有全球影响力的国际科技创新中心;三是"一带一路"建设的重要支撑;四是内地与港澳深度合作示范区;五是宜居宜业宜游的优质生活圈。目前,粤港澳大湾区正朝着建成国际一流湾区和世界级城市群的既定目标加速前进。

第二章 粤港澳大湾区职业教育发展的理论依据

第一节 相关理论及其应用

一、治理理论

（一）治理理论兴起的背景

从古至今，世界盛行"治理"思想。古希腊语与古典拉丁语中有"操舵"一词，"操舵"有操纵、指导和控制的意思，人们把这一词应用到管理学的领域，也就是我们所说的"治理"。不少古人对"治理"的内涵有深刻的见解，其中包括古希腊伟大的哲学家柏拉图与其弟子亚里士多德。柏拉图认为，治理很大程度上是为了治理的对象，而非自己，如果要想拥有高水平的治理技术，就需要不断地实践，因为治理的过程本身就是"操舵"的过程，难以掌控，需要极高的"操舵"艺术。当然，在治理过程中，统治者也能得到相应的报酬，但前提是在治理有成效的基础上，回报才得以永恒。亚里士多德则对治理的主体有了较深的研究，他认为治理的主体主要是一些具有权力的人，如君王、政治家、奴隶主等。君王是通过个人来掌握国家的政权，可以说君王是治理天下的。政治家虽然没有君王的权力大，但是其得到了君王的赋权，优秀的政治家通过建立规章制度来实施治理，以求达到良好的治理效果。奴隶主治理的对象主要是一些出身贫贱的奴隶,其治理手段较为残酷。① 在中国,关于"治理"的相关研究最早可以追溯到春秋时期,《荀子·君道》提及"明分职,序事业,材技官能,莫不治理,则公道达而私门塞矣"。这也充分表达了做官治理的重要性。由上可知,在古代,"治理"一词都被广泛使用,可见其历史悠久。从治理的内容来看,大多是与政治有密切的联系。因此有学者认为治理主要用于"国家公共事务相关的管理活动和政治活动"②。

虽然"治理"在古代便被广泛应用,但是真正登上国际学术舞台,被越来越多人知悉却是在 20 世纪 80 年代末。世界银行于 1989 年发表了报告,名为《南撒哈拉非洲:从危机走向可持续增长》,其报告首次提到了"治理危机"的表述,作报告者认为治理实际上是一种权力运用的方式,一个国家的经济发展和社会资源的管理都需要通过治理来实现,而非洲地区发展水平较低,资源管理无成效,出现了严重的"治理危机"。③ 这份报告引起了学术界热烈的反应,其为"治理"开拓了一扇新的世界大门,人们对"治理"的理解不再局限于政治学领域,社会资源的管理、国家的经济发展过程中所涉及的管理问题均通过"治理"解决。许多学科、领域的学者将关注的焦点放在"治理"方面,从而丰富了治理理论体系。

从古至今,治理理论体系的产生与勃兴并不是偶然,而是有深刻的历史背景与社会背景,主要归咎于政府与市场的关系。有学者指出,一些管理学家和政治学家发现了市场和国家无法在社会资源配置中获得良好的治理效果。④但也正是由于国家变革和社会发展的需求,治理理论在政府和市场关系调节上具有重要意义。

---

① 参见[古希腊]亚里士多德:《政治学》,吴寿彭译,商务印书馆 2014 年版。

② 滕世华:《公共治理理论及其引发的变革》,《国家行政学院学报》2003 年第 1 期。

③ 参见黄志球:《中国海上搜救管理体制创新研究——基于治理理论的视角》,武汉大学出版社 2016 年版,第 73—95 页。

④ 参见俞可平:《治理与善治》,社会科学文献出版社 2000 年版,第 86 页。

（二）治理理论的主要内容

随着治理研究的领域不断扩大,关于治理理论的内容也丰富起来,不同学者对于治理理论的理解不一,笔者主要从世界组织、国外理论界以及国内理论界三方面介绍治理理论的主要内容。

1.世界组织的治理观点

由上我们知道,世界银行首次向世界提出"治理危机",他们认为治理是一种权力行使的方式,主要应用于国家经济发展和社会资源的有效配置中。政府是构建政治治理系统的重要角色,可以通过制定相关政策、执行政策及履行相应的职能来推动国家经济的发展和社会资源的管理,从而促进社会的发展与进步。联合国开发署认为管理者会通过建立各种制度或者机制,行使各方面的权力管理国家所有的事务,公民及各种公民社会组织在此过程中表达各自利益诉求、行使合法权利、承担相应义务以及弥补他们之间的差异。有学者认为全球委员会对治理的观点是最为权威和最具有代表性的[1],全球委员会认为,治理具有显著的四大特征。其一,治理是强调过程,而不是强调规则,更不是一种活动;其二,治理的过程不是短暂的,也不是无沟通的,而是持续的,相互联系的;其三,治理的目的是协调各方面的事务,而不是控制所有事务;其四,治理涉及的部门广泛,既包括公共性的部门,也包括私人部门。总的来说,治理是各种公共的或私人的个人和机构管理其共同事务的诸多方式的总和。[2]

2.国外理论界的治理观点

美国学者詹姆斯构建了全球治理理论。他认为,治理是机制,也是活动。治理是机制,包括了一系列活动领域里的政府管理机制以及非政府管理机制。

---

① 参见黄志球:《中国海上搜救管理体制创新研究——基于治理理论的视角》,武汉大学出版社 2016 年版,第 87 页。

② 参见朱德米:《网络状公共治理:合作与共治》,《华中师范大学学报(人文社会科学版)》2014 年第 2 期。

治理是活动,其紧紧围绕共同的目标开展。可见,詹姆斯的治理观拓展了治理的内涵。美国学者库伊曼和弗利艾特认为治理能发挥强大的作用,主要是因为治理主体之间的相互影响,积极互动,所以治理主体之间的互动是治理获得成功的关键。

英国学者罗茨则强调人们更应该关注治理的过程,而不是治理的结果。治理属于新型的管理过程,包括了新型的有序的统治状态以及新的管理方式。除此之外,罗茨还提出了五种不同的治理定义:其一,治理是用最低的成本获得最大的回报,可以达到削减公共开支的目的;其二,在自组织网络治理方面,治理强调治理网络之间的相互沟通与信任;其三,在公共治理方面,治理过程与市场的激励机制和管理技术密不可分;其四,在公司治理方面,治理是指导、控制和监督企业运行的组织体制;其五,在善治方面,治理主要强调构建具有效率的、有责任的,具有法治精神的治理体系。[①]

3. 国内理论界的治理观点

我国学者智贤最早发表了有关治理的文章,可谓是开创了国内关于治理研究的先河。他认为治理是关于治理社会公共事务的道理、方法和逻辑。[②]俞可平认为治理也是一个过程,关键在于运用权力维持秩序。治理的权力不能滥用,而是以满足公众的需求为出发点,在一定的范围内合理利用。通过权力引导和规范公众的一系列活动,让各种制度关系更加规范化与密切化,从而提高公众的根本利益。治理的机制、治理的方式、治理的权威以及治理的规则都是治理过程的一部分。顾建光认为治理是一种以结果为目的的互动方式,对于不同的国家和相关群体,治理有着不同的背景含义,如果脱离了特定的背景含义,就难以达到良好的治理效果。[③] 综上,综合国内外治理理论的观点,

---

① 参见[美]罗伯特·罗茨:《新的治理》,转引自俞可平:《治理与善治》,社会科学文献出版社 2000 年版,第 87—96 页。

② 参见智贤、Governance:《现代"治道"新概念》,转引自刘军宁:《市场逻辑与国家观念》,生活·读书·新知三联书店 1995 年版,第 55—56 页。

③ 参见顾建光:《从公共服务到公共治理》,《上海交通大学学报(哲学社会科学版)》2007年第 3 期。

笔者总结出治理的三大特点,分别是:在治理主体方面呈现多元化;在治理过程方面注重国家与公民社会的合作以及管理对象的参与;在治理方式上注重治理手段的多样化。

4.治理理论的主要内容

治理是由多元的公共管理主体组成的公共行动体系。管理主体不仅包括政府,还包括非政府主体,非政府主体在管理事务决策当中同样具有重要的作用。

公共管理的责任边界模糊化。传统管理会出现明显的责任边界,政府部门往往需要承担绝对的责任,而非政府部门难以参与到管理中,也难以主动承担责任,因此非政府部门往往处于被动的状态。而在公共治理系统中,非政府部门和公民在管理中的活跃性有了极大的提高,非政府部门开始主动承担责任,因此系统中的责任边界开始模糊不清。

多元化的公共管理主体之间存在着权力依赖和互动的伙伴关系。传统公共管理理论认为政府是公共管理唯一的权力和责任中心,而现代治理理论则认为公共管理主体多元化。但是由于事务愈发复杂并且不确定性增强,任何一个参与主体都难以拥有足够的能力和资本解决所有的管理问题,因此管理主体之间需要形成相互依赖、积极互动的关系,才能保证管理质量与成效。

治理是多元化的公共管理主体基于伙伴关系进行合作的一种自主自治的网络管理。由于时间与空间的限制,各管理主体不可能经常聚集在一起进行治理活动,因此网络化的治理方式成为发挥治理功能的重要形式。网络化的治理不仅是借助网络进行多元主体的合作与沟通,还体现在网络化空间布局上。网络化的空间治理可以极大增加治理的效率,促进多元主体的及时沟通。

政府在治理中扮演着"元治理"的角色。治理理论认为,治理本身也存在优点与缺点,并不是何时何地何种情形下都是有效的,因此政府需要在治理失效的情形下,承担建立指导参与治理各行为主体的行为准则的重任。

（三）治理理论对湾区职业教育发展的启示

粤港澳大湾区职业教育应形成多元主体治理体系。多元治理主体不仅包括政府部门,还包括职业学校、企业以及社会组织结构,他们共同参与粤港澳大湾区职业教育管理。

粤港澳大湾区职业教育管理责任边界应模糊化。模糊多元主体的管理责任边界旨在增强管理主体的活跃性,以提高管理的效率与质量。

粤港澳大湾区职业教育管理主体之间应保持积极互动的伙伴关系。粤港澳大湾区建设是"9+2"城市群的协同建设,只要保持积极互动的管理伙伴关系,城市间的职业学校才会促进相互了解,取长补短,相互促进。

粤港澳大湾区职业教育管理应形成合作化的网络管理。管理主体除了保持积极互动的伙伴关系外,粤港澳大湾区职业教育管理主体之间还应该形成合作关系。粤港澳大湾区是网络化的空间布局,其职业教育的管理也应该是网络化的管理。

政府在粤港澳大湾区职业教育管理中应扮演"元治理"角色。由于粤港澳大湾区职业教育管理主体的活跃性增强,彼此之间的责任边界模糊化,在管理过程中难免会出现一些问题。在这种情况下,政府应该承担建立指导参与治理职业教育管理主体行为准则的重任。

二、人力资本理论

（一）人力资本理论的主要内容

20 世纪,教育与经济之间的关系逐渐引起了学者们的关注。1935 年,美国哈佛大学学者沃尔什在《人力资本观》一文中首次使用了"人力资本"一词,关于人力资本的研究开始走进学者们的视野。但是首次全面且较为系统地深入阐述了人力资本概念和理论的德国学者是舒尔茨和美国芝加哥大学著名的经济学家贝克尔。1959 年至 1962 年间,舒尔茨连续发表了《对人的投资——一个经济学家的观点》《由教育形成资本》《人力资本投资》等一系列的著作,开创了对人力资本理论研究的世界先河。同一时期,美国的经济学家贝克尔在舒尔茨的理论基础上进一步发展了自己的人力资本概念和理论,贝克尔发表了自己的著作《人力资本》,对于人力资本概念和理论的重要性进行了系统阐释并深入分析了对教育和经济学投资的重要性和利润率。自那时起,人力资本逐渐发展形成了一种完整的理论体系。可以说,舒尔茨和贝克尔都被认为是 20 世纪人力资本概念和理论的两个典型的重要代表人物和关键人物,他们对教育和经济学的发展产生了极大的贡献和影响。

那什么资本才是现代的人力资本？现代的人力资本是一种凝聚在了劳动者身上的各种基本知识、技能及其表现所产生出来的劳动能力。这种劳动能力本身就是推动经济快速增长的主要基本构成因素,是一种具有重要经济价值的一种劳动资本。舒尔茨认为,当代中国经济的快速增长,国家和财富的基本构成,主要都是由于人力资本活动带来的经济结果,可见当代的人力资本在当代中国经济的增长和社会方面的发展起着举足轻重的推动作用。人力资本与现代的物力资本二者有巨大的本质区别。物力的资本实际上包括了一些物质生产设施、器材等,它们都可以被合法转让。而现代的人力资本实际上是属于自然人的一部分。虽然人力资本的财产所有权既不能被合法转让,人力资本也不能被转让或者当作是财富所有权来继承和进行买卖,但是它和其他拥有物力的资本一样,能够对于经济的发展起着一种生产性的活动和作用,促进了经济的发展和带动国民收入的增加。①

人力资本是如何促进经济增长的？经济增长的根本动力源于技术创新与进步,在技术水平不变的情况下,只能通过增加物力资本的投入来实现经济增长,但是经济发展水平无法实现质的提高,因此在这种情况下,人力资本就可以发挥巨大的作用了。人力资本是促进技术创新与进步的重要载体,充分发挥人力资本的作用能极大改善物的因素和人的因素带来的问题,从而提高生

---

① 参见靳希斌:《教育经济学》,人民教育出版社 2009 年版,第 103 页。

产效率。因此,人力资本是成为经济增长与发展的决定性因素,其与经济增长的关系具体表现为以下五点。

第一,国家有效人力资本的存量越大,劳动力的质量便越高。一个国家有效人力资本的存量大,意味着一个国家人口与有效劳动力的水平、科技文化的水平和生产能力水平越高,劳动力的质量便越高。从经济静态的角度来看,劳动力生产质量的提高意味着在一定的人口和有效劳动力资本数量以及一定的市场经济条件下,一个国家有效的人口和劳动资本投入会增加。从经济动态的角度来看,劳动力生产质量的提高则意味着会向外扩展劳动的边际和产品的曲线,抵消劳动收益,从而递减违反劳动规律的投入和作用。结果,同一个国家的劳动将可能会更有效率地直接推动生产物质的增长和生产要素,导致人均的产出或劳动生产率的不断增长。

第二,人力资本的积累和提高还可能会直接导致企业物质与资本的生产质量和效率的提高和改善。在科学与技术水平一定的市场经济条件下,连续地追加人力资本的增量其所形成的边际资本生产力可能是周期性地递减的,这将直接使得经济增长的速度遇到了极限。然而,当企业人力资本不断地积累和持续地提高时,这种边际情况将可能会发生改变,原因主要在于企业人力资本的积累和提高将通过对劳动者专业技能的培养和提高、技术操作工艺水平的提高和改善而得以增进企业物质与资本的综合使用和效率。除此之外,人力资本的积累和发展还可能会直接地推动企业物质与资本的不断更新,因为随着企业科学与生产技术的进步人们将可能会日益用更高生产质量、更高生产效率的新物质资本生产设备替代企业原有的旧物质资本生产设备。也正是通过企业人力资本积累的这种能动的生产媒介相互作用,物质与资本才能够得以不断地积累和实现自身的更新与升级换代。

第三,人力资本在生产诸要素之间发挥着越来越重要的无法替代作用。对发达国家和欠发达国家的经济增长因素分析发现,在欠发达国家中,教育所形成的人力资本对生产和收入的提高所起的作用并不明显。但是在发达国家,教育所形成的人力资本对生产和收入的提高却起着更重要的作用。这也就意味着,随着社会的发展和科学技术的进步,生产要素变得越来越丰富,要素之间进行比较后,人力资本的补充和替代作用越来越突出。单纯依靠自然资源和人的体力劳动的时代逐渐过去,反而是越来越多的智力因素取代了原来的生产要素。

第四,人力资本本身还具有收益递增的重要特点。人力资本不仅会弱化和消除其他要素的收益递减作用,还会使其自身发挥收益递增的作用。所以人们认为从总体与长期看,在科学、技术、教育等方面的人力资本投资是回报率最高的,具体可以这样解释:人力资本是包含多种知识的资本,这些知识在生产和经济增长过程中发挥着巨大的作用。一方面,新知识会在外部的经济发展过程中产生连锁影响,如果一个部门发现了新的知识和研究出了新的方法,并且这些知识和方法得到了快速运用,那这种运用新知识和新方法的氛围很容易感染到其他部门,其他部门也开始效仿学习,这就是知识的连锁反应,其主要表现在一个部门对另一部门的示范作用。另一方面,知识创新以及知识的存量是促进生产力发展的重要因素。生活生产方法的重大变革往往来源于知识的创新,生产能力也会得到极大的提高,这也表明了知识蕴含着一定的生产能力。基于此,当知识的存量开始成倍增加时,其蕴含的生产能力也将会成倍增加,最终实现质的飞跃。因此,从人力资本的知识特性来看,人力资本对经济的增长有巨大的推动力。

第五,从思想观念层面上看,人力资本的发展能够帮助人们更新思想观念,从而促进人的全面发展,为经济增长与发展创造基本的前提条件。众所周知,经济实现增长的前提是出现了促进经济增长的关键人物,这些关键人物往往具备现代化的思想观念以及具有勇于突破传统,实现创新的精神。那如何才能做到更新思想观念,提高自身的创新能力和培养创新精神?人们对人力资本发展的追求便是帮助更新思想观念的途径之一。人的受教育程度越高,知识积累越丰富,能力越强,创新意识也会极大增强,道德品格和精神素质都会发生质的变化,从而促进人的全面发展,为经济增长和发展创造了基本的条件,所以人力资本的作用是其他资本无法替代的。

（二）人力资本理论对湾区职业教育发展的启示

1.职业教育是促进粤港澳大湾区建设的重要途径

粤港澳大湾区的建设是一个创新发展的过程，《粤港澳大湾区发展规划纲要》明确以"创新驱动、引领改革"作为发展的基本原则之一。基于人力资本理论，粤港澳大湾区人力资本的发展可以促进技术创新，教育所形成的人力资本对粤港澳大湾区生产和收入的提高起着举足轻重的作用。职业教育是培养和提高人的职业知识、职业技能以及职业道德的重要手段，可以极大地促进粤港澳大湾区人力资本的发展，对增添湾区创新活力，加快湾区产业转型升级、深化湾区供给侧结构性改革有重要意义。

2.通过职业教育增加湾区人力资本的存量与提高人力资本的质量

基于人力资本理论可知，人力资本的存量与质量是促进经济建设的重要前提。一个国家人力资本存量大，意味着人口与劳动力的科技文化水平和生产能力越高，劳动力质量便越高。人力资本质量的提升可以有效带动物质资本生产效率，增加收益。职业教育以培养高素质的技术技能型人才为主要的办学目标，始终坚持人才培养、服务社会、科学研究、文化传承的办学定位，职业教育可以为粤港澳大湾区积累更多的人力资本，高质量的职业教育则保证粤港澳大湾区人力资本质量。因此可通过职业教育的方式增加湾区人力资本的存量与提高人力资本质量。

3.抓住湾区人力资本发展的机遇，提高职业教育人才培养质量

粤港澳大湾区的发展得到了中央的高度重视，粤港澳大湾区职业教育为湾区提供了人力资本保障，这是湾区经济增长与发展的基本前提条件。人力资本理论认为，人力资本的发展有利于促进现代化的思想观念的产生以及培养突破传统、实现创新的精神。因此，职业学校应该抓住服务粤港澳大湾区建设的机遇，为湾区提供高素质的技术技能人才的同时，提高职业教育人才培养质量，促进自身的高质量发展。

三、教育生态理论

教育生态理论是教育生态学的重要组成部分,教育生态学最初是出现在《公共教育》这一经典书籍中,书中对教育生态学有详细的描述,是劳伦斯·克雷明在 1976 年创作的作品。两年后,克雷明在国际学术研讨会上继续论述教育生态学的相关内容,其《教育生态学的变革:学校和其他教育者》的演讲受到了热烈瞩目。克雷明认为教育是一个动态的、复杂的、有机地联系在一起以达到平衡的系统,在系统中可能会出现矛盾、不平衡的状态,可通过调节实现平衡。这种平衡的系统特征是教育生态学的精义之所在,也是教育生态学所坚持的核心观点,更是教育生态学和其他教育学学科区分开来的典型特征。

我国最早涉及教育生态学的书籍主要来自台湾地区,《生态环境与教育》和《教育生态学导论》是两部经典的教育生态学著作,分别由方炳林、李聪明编写。随着思想的传播,20 世纪 80 年代末 90 年代初,一大批大陆学者也开始对教育生态学进行系统的研究,主要的代表人物有吴鼎福、诸文蔚、任凯、白燕、范国睿等,他们的教育生态学相关书籍对教育生态学发展产生了深远影响。①

表 2-1　教育生态学代表性著作

作者名称	著作
方炳林	《生态环境与教育》
李聪明	《教育生态学导论》
吴鼎福、诸文蔚	《教育生态学》
任凯、白燕	《教育生态学》
范国睿	《教育生态学》

---

① 参见吴鼎福、诸文蔚:《教育生态学》,江苏教育出版社 1990 年版。

（一）教育生态的内涵

不同学者对于教育生态内涵的理解不一，我们看看吴鼎福、诸文蔚和范国睿对于教育生态的一些看法。吴鼎福和诸文蔚认为教育生态学是研究各种教育现象及其背后原因，掌握教育发展的内在规律，从而揭示教育科学的发展趋势以及方向，研究的出发点便是各种生态学的原理与机制，例如生态系统、生态协同、生态平衡等现象背后的原理与运行机制。范国睿认为教育生态学侧重的是不同环境对不同主体及其生存状态的多方面影响，所以教育主体的学习特点、教育主体所在的学习层次、教育主体所在的教育环境及各种要素之间的关系，都是教育生态学需要考察的重点对象。尽管人们对教育生态学研究对象的认识并不一致，对如何运用生态原理与方法也存在差异，但是基本达成一个共识：教育生态学是研究各个层次教育生态主体与环境之间的关系。①

（二）教育生态理论的基本原理和效应

吴鼎福和诸文蔚在《教育生态学》一书中总结阐述了十条关于教育生态学的基本原理和效应。此部分将从阐释相关理论以及分析此理论与粤港澳大湾区职业教育发展的适切性两方面着手。

1. 限定因子定律

Justus Liebig(1840)认为生态学中某些微量元素是作物生长和增产的关键因素，这些微量元素就类似教育生态学中的限制因子，会影响生态群体的发展。而哪些因子才有可能成为限制因子？教育生态学认为，所有的生态因子都有这样的可能。从限定因子定律来看粤港澳大湾区职业教育的发展，我们可以从中得到深刻的体会。粤港澳大湾区职业教育就类似一个教育生态系统，湾区中的每一所职业学校的所有组成因素都可能成为湾区教育生态发展

---

① 参见王家强、梁元星：《我国教育生态研究的进展与问题》，《当代教育科学》2008年第19期。

的限制因子。分析和解决湾区职业教育限制因子,能够使湾区职业教育在某一方面或某几方面得到较快的发展,能够增强湾区职业教育生态群体的发展,增进职业学校内部的协调和团结,减少干扰和障碍。

2.耐度定律与最适度原则

Sheford(1911)认为一个生物能够出现,并且能够成功地生存,必须要依赖一种复杂的条件,这就是教育生态学中著名的耐度定律。越来越多的学者对教育生态学有更加深入的研究与补充,部分学者认为生物体对一种生态因子可能只有很窄的忍耐范围,当超过这一范围,会阻碍生物体在最适宜的环境下生活。耐度定律为粤港澳大湾区职业教育系统中职业学校、职校生忍耐力之间彼此作用、协调发展提供了指导意见。粤港澳大湾区职业教育是一个复杂的教育生态环境,职业学校要实现高质量的发展,必须依赖湾区的复杂的教育生态环境,承受湾区职业教育发展带来的压力。但是职业学校可能只有很窄的忍耐范围,超过这个范围,职业学校的发展可能会受到阻碍。因此,分析粤港澳大湾区职业教育的忍耐范围有利于保证湾区职业教育的适度发展。粤港澳大湾区职业学校、职校生的个性化发展和粤港澳大湾区职业教育生态化环境建设方面必须贯彻耐度定律和最适度原则。

3.花盆效应

花盆效应是指花盆里的花卉一旦离开人的精心照料,其生长会受到温度、湿度等外部环境的巨大影响。在粤港澳大湾区概念提出之前,职业学校处于一个自我封闭的环境,缺乏整体的指导。粤港澳大湾区概念提出之后,湾区职业学校的发展环境发生了转变,当脱离原来自我封闭环境面临新的开放性环境时可能会出现种种不适应状况。因此,为了克服花盆效应,生态化的粤港澳大湾区职业教育系统要打破封闭式的环境,建立开放式的系统,并且对湾区职业学校发展进行整体指导,从而促进湾区职业教育的整体性发展。

4.生态位原理

生态位强调物种在整个群体之间的地位和功能,还有其他主体和群体之间的关系等。不同生态位主体不仅存在竞争关系,还可以相互促进,实现合作共赢。生态位原理对粤港澳大湾区职业教育的发展有重要的指导意义。在粤港澳大湾区职业教育系统中,不同区域的职业学校都有自身独特的地位与功能,运用生态位原理有利于发挥处于不同生态位职业学校之间相辅相成的作用,使不同生态位职业学校相互促进、相互提高。除此之外,处于同一生态位的职业学校也存在竞争关系,这种竞争关系能有效促进职业学校发现自己不足、取长补短,努力往更上一层生态位努力。

5. 教育生态链

在生物之间存在一种复杂的食物网,食物网突出的是生物之间的营养关系,我们把这种营养关系简称为生态链。生态链长短不一,不同生态链上的生物营养级也不一样。生态学中存在这样一种定律,即在营养级中,前一个营养级能量总是后一个营养级能量的十倍,反之,后一个营养级是前一个营养级能量的十分之一,这也被叫作百分之十定律。同样,职业教育领域也存在职业教育生态链,职业学校就类似于生物个体,学校之间不仅有能量流传递的摄取关系,还有知识流的富集关系。因此,分析粤港澳大湾区职业教育生态链的关系有助于我们了解职业教育能量流通与知识传递的情况,对"营养级"较低的职业学校进行生态链调整或增加指导,从而实现粤港澳大湾区职业教育生态链的"营养"的最大化。

6. 教育节律

生物体生命活动具有内在节律性,也就是我们常说的"生物钟",每一个生物体的"生物钟"都存在差异。同样,人也有各种生理节律。在教育生态系统中,系统的主体都是教育者和被教育者,因此教育生态学中同样客观存在教育节律。职业教育学生与普通教育学生身心发展水平和发展方向存在差异,二类群体存在不同的教育节律,因此不能把普通教育的人才培养方式照抄硬搬到职业教育当中。在职业教育生态系统中,职校生的课程安排、教学活动的开展都应按照教育节律进行,这样才有利于学生的身心发展,体现主客观统一。

7.社会性群聚和阿里氏原则

在自然界中有一种现象,生物种群往往主动或者被动地群聚在一起,从而更好地生存下去,这就是社会性群聚现象。社会性群聚中有一种典型的生存法则,就是阿里氏原则。何为阿里氏原则?在生态学中,种群的疏密程度会影响种群的发展,阿里氏原则是指随着环境条件以及生物种类的动态变化,种群的疏密程度也会随之发生变化,只有达到适合种群生存的合适密度,种群的发展才得以持续下去。因此我们可以得出一个结论:种群的数量具有最适合密度。同样地,在职业教育生态系统中也会出现社会性群聚,如人作为最高等的动物是具有群聚习性的,因此同样需要遵守阿里氏原则。粤港澳大湾区职业教育生态系统就是把与湾区职业教育相关的人才聚集起来,共同促进湾区系统的发展。基于阿里氏原则,每一个区域职业学校的设置不宜过疏或者过密,只有保证职业学校合适的密度,湾区职教生态系统才能得到更好的发展。职业学校的班级设置也是社会性群聚的一种体现,控制好班级职教生的数量,人才培养质量才能得以保证。

8.群体动力和群体之间相互关系

在生物群体中还会出现群体动力现象,它是指群体各个成员之间的相互作用和影响。群体动力在群体内部表现为同侪依慕、权威关系、竞争、合作以及社群领袖等多种关系,这种群体动力可以促进群体成员的进步,从而促进群体的整体发展。在粤港澳大湾区职业教育生态系统中,从宏观上来说,群体成员就是散布在粤港澳大湾区"9+2"市的职业学校;从微观上来说,群体成员就是粤港澳大湾区职业学校的教育者与被教育者。群体动力有利于粤港澳大湾区"9+2"市的职业学校之间相互影响、相互竞争、相互合作、相互促进,同时也有利于职业学校的教育者与被教育者之间积极关系的构建。因此,对粤港澳大湾区职业教育来说,构建和谐、健康的群体关系对促进湾区职业教育系统平衡稳定的发展具有重要的作用。

9.教育生态系统的整体效应

生态系统是一个具有复杂结构的有机的统一整体,系统内的各个单元和因子之间互相作用、互相联系、互相制约,某个因子的变化会使其他因子的发展受到影响,系统内部产生变化也是多种因素制约的结果。粤港澳大湾区职业教育生态系统也具有这样的整体性特征。湾区职业教育是一个有机的统一整体,每一个区域的职业教育都是相互作用、相互制约,只有每一个区域的职业教育整体发展,湾区职业教育才是真正的发展。因此,基于教育生态学整体效应去审视粤港澳大湾区职业教育的问题与现象,才能避免局限、狭隘、片面地思考问题。

10.教育生态的边缘效应

边缘效应是自然生态系统中普遍存在的一种自然效应,它主要发生于生物群落的交界地方。当两个或多个生物群落存在交界时,生物种类开始增加,生物的组织结构开始变得复杂,生物的活动也会越来越活跃。在粤港澳大湾区职业教育生态系统中也可能存在边缘效应,主要表现为积极方面和消极方面。在湾区职业教育生态系统中,"9+2"城市群构成了一个复杂的生态系统,城市群之间的职业教育学科交叉、知识融合、人才交流都会给粤港澳大湾区产生更多的创新和成果,因此需要保持和加强积极的边缘效应。而边缘地带还会出现被忽视的窘境,如人们往往把目光集中在发达城市的职业教育发展上,从而容易忽略二线城市职业教育的发展,这就是职业教育中的薄弱边缘。湾区职业教育边缘效应会导致职业教育资源缺乏、师资力量薄弱、人才培养动力不足、学生管理不到位等问题,使职业教育活力下降。因此,粤港澳大湾区职业教育的发展要克服和降低这些不利于教育和学生发展的边缘效应。

四、福斯特的职业教育思想

如果问谁是当今国际职业教育理论界的主要代表人物,笔者认为,毫无疑问是多年来致力于职业教育理论研究的福斯特。福斯特从伦敦大学经济学院毕业之后,到多所大学从事教育学与社会学教学研究的相关工作。1965 年,福斯特发表文章《发展规划中的职业学校谬误》揭示了职业教育发展过程中的一些根本问题以及系统阐述了他的职业教育思想,福斯特的职业教育思想逐渐形成体系。由于文章的观点与当时作为主流派的经济学家巴洛夫的职业教育观点截然不同,故引起了职业教育学界的轰动。后来,随着学术论战的深入推进,福斯特的职业教育思想逐渐成为最有影响力的主流学派。

（一）福斯特职业教育思想的主要内容

福斯特致力于发展中国家的职业教育研究,为职业教育理论体系的形成与完善贡献了巨大的智慧,福斯特的职业教育思想也成为当今指导各国职教发展政策性文件的重要思想基础。以下对福斯特的部分职业教育思想进行概括。

劳动力就业市场的需求必须成为职业教育的出发点。福斯特认为,职业教育发展的关键因素在于接受职业教育的训练者能否在劳动力市场中实现就业以及就业后是否有良好的发展前景。那么就业机会以及职业发展前景应该从哪个角度切入分析? 答案毫无疑问是劳动力市场的需求。因此,劳动力就业市场的需求必须成为职业教育的出发点。

职业学校谬误论。福斯特指出职校办学成本高;培训设备很难跟上现实要求;发展中国家职业学校学生不甘放弃升学的希望,把职业教育课程当作升学的奠基石,学生期望与职业教育规划者志愿相悖;学校所设课程往往与就业岗位所需经验格格不入,所学技能往往与现实职业要求不符,职业培训与职业工作情景不相关;不易找到合适的师资等。另外,职校的学制较长,一般要三年左右,不能对劳动力市场作出迅速而灵活的反应。正是由于以上原因,福斯特认为学校本位的职业教育最终难免失败的命运。因此,就结果而言,职业学校只能是一种“谬误”。

职业教育的重点是非正规的在职培训,“企业本位”的职业培训优于学校本位的职业教育。福斯特认为,相比开办正规的职业教育,开办企业本位的职业培训更加经济,并且能减少教育资源浪费,因为企业比职校更了解培训产品的规格和要求,而且企业有提供在职培训的良好条件。

倡导“产学合作”的办学形式。福斯特认为,职业学校本身具有一些难以克服的缺点,比如在实训方面存在实训场地有限,实训资源不足等现象,依靠职业学校本身便难以获得良好的办学效果,因此,必须对职业学校进行改造。而产学合作的办学形式是目前职业学校的重要出路,职业学校应该转变观念,坚持产学合作,以获得更好的职业教育和培训效果。

职业教育计划评估的一项重要内容必须离不开"技术浪费"。福斯特提出"技术浪费"问题,主要看到了许多发展中国家的职业教育毕业生在学校所学到的专业技能难以应用到就业岗位上,也就是专业与就业岗位不对口、不匹配。因此,福斯特认为,造成"技术浪费"的原因主要有三个,其一是国家为促进经济发展提前培训某类人才,然而经济的发展、劳动力市场不需要这些人才,因此职业学校培养的这些人才便难以被社会所利用;其二是职业学校培养的人才符合劳动力市场的需求,但是当把这些人才投放到劳动力市场时,他们被安排到与平时受训关联不大的岗位;其三是劳动力市场需要职业学校培养的人才,但往往会有毕业生主动选择与平时受训岗位不相关的岗位,溯其原因有他们对当前职业前景和职业报酬的满意度低。福斯特认为,发展中国家的教育资源本处于缺乏的状态,如果再形成技术浪费的话,不仅不利于学校的发展,还不利于学生的就业,更不利于社会经济的发展。发达国家虽然也存在资源缺乏的情况,但是相比发展中国家,发达国家的资源相对丰富,因此发展中国家更应该重视"技术浪费"。福斯特建议把"技术浪费"纳入到职业教育的评估指标当中。

学生的职业志愿问题和失业问题不能依靠职业化的学校课程来解决。福斯特认为学生个人意愿以及劳动力市场的就业态势是学生职业志愿的重要决定因素。虽然学校的课程会对学生的职业意愿产生一定的影响,但是影响力是极其微弱的,因此从课程着手去促进学生就业是不合适的,应该从改变学生观念以及精准分析劳动力市场的就业态势着手,促进学生的就业。

职业教育发展的依据不应该包括简单预测的"人力规划"。20 世纪 60 年代时,职业教育开始兴起通过大规模人力预测成果作为各级各类教育与人才培养的依据,此时是"人力规划"对职业教育影响最为突出的时期。但是福斯特认为,人力预测是建立在社会经济交换部门的增长率预测的基础上,而这样的预测工作是难以开展的,预测结果的准确性难以保证,这样的人力规划以及预测是不科学以及不准确的。而且一旦预测失败,后续的人力培养将是与市场需求脱轨的,"技术浪费"的现象又会重新显现。对于职业教育资源匮乏的发展中国家来说,这样的后果难以承担,这样的风险不敢轻易承担。但是福斯特又特别强调,小规模的人力规划是可行的,因为即使造成了"技术浪费",职业学校所面临的损失也不会太大,是在可以接受的范围之内。而大规模的人力预测是不可行的,因为职业学校所承担的代价与风险实在太大了。

（二）福斯特职业教育思想对湾区职业教育发展的启示

1. 粤港澳大湾区职业教育必须以湾区劳动力就业市场的需求为出发点

福斯特强调,劳动力就业市场的需求必须成为职业教育的出发点,职业教育发展的关键因素在于接受职业教育的训练者能否在劳动力市场中实现就业以及就业后是否有良好的发展前景。职业学校谬误论提出的主要原因也是单纯的职业学校教育是不能对劳动力市场作出迅速而灵活的反应。职业化的学校课程不能解决其失业问题也是因为劳动力市场对受训者缺乏实际需求,并且脱离市场的大规模的人力规划是不可取的,所以劳动力市场的实际需求是职业教育需要关注的重点。粤港澳大湾区是一个对劳动力需求极大的城市群,并且从粤港澳大湾区"世界级城市群""优质生活圈""创新中心"等战略定位来看,意味着粤港澳大湾区的建设是一项巨大的工程,湾区劳动力就业市场需求量不仅大,并且对劳动力素质有了更高的要求。职业教育具有服务社会的职能,粤港澳大湾区职业教育也应该为粤港澳大湾区建设服务,紧紧围绕湾区劳动力就业市场的需求开展职业教育。

2. 粤港澳大湾区职业教育需形成校企双主体育人方式

福斯特认为,职业教育如果以学校作为本位,那将会是一场灾难,他甚至提出职业教育的重点是非正规的在职培训,"企业本位"的职业培训优于"学校本位"的职业教育。福斯特强调,相比开办正规的职业教育,开办企业本位的职业培训更加经济,并且能减少教育资源浪费,因为企业比职校更了解培训产品的规格和要求。他建议职业学校应该转变观念,抛弃学校本位,坚持产学合作。由于我国职业教育发展具有自身的特殊性,福斯特的职业教育思想并不完全适用于我国职业教育,但是从他的思想中,我们可以清楚地知道,仅仅依靠学校进行职业教育的道路是行不通的,但是遵循福斯特的思想,开办完全"企业本位"的职业教育,对我国职业教育发展现状来说也是不适应的。综合以上考虑,粤港澳大湾区职业教育应该倡导校企双主体的育人方式,让粤港澳大湾区职业学校与企业融为一体。

3. 粤港澳大湾区职业教育应避免"技术浪费"现象

福斯特针对许多发展中国家的职业教育毕业生在学校所受到的专业技能难以应用到就业岗位上的问题,提出了职业教育中的"技术浪费"问题。发展中国家的教育资源本处于缺乏的状态,如果再形成技术浪费的话,不仅不利于学校的发展,还不利于学生的就业,更不利于社会经济的发展。发达国家虽然也存在资源缺乏的情况,但是相比发展中国家,发达国家的资源相对丰富,因此发展中国家更应该重视"技术浪费"。福斯特建议把"技术浪费"纳入到职业教育的评估指标当中,并作为一项重要的内容。目前,我国仍属于发展中国家,资源匮乏是一个不争的事实,因此我们更应该避免"技术浪费"现象。粤港澳大湾区建设是一项新鲜事物,即使《粤港澳大湾区发展规划纲要》的出台给粤港澳大湾区的发展指明了方向,但是在体系建设、人力物力资源建设、基础设施建设、信息化建设等方面尚未成熟,资源缺乏的问题依旧存在。因此粤港澳大湾区职业教育应该避免"技术浪费"现象,尽可能最大化利用技术优势,为粤港澳大湾区建设服务。

第二节　基本原则及要求

一、共治性与整体性原则

(一)共治性原则

治理理论认为,治理是由多元的公共管理主体组成的公共行动体系,管理主体不仅包括政府,还包括非政府部门,政府在治理中扮演着"元治理"的角色,非政府部门在社会公共事务的管理中心同样扮演着极其重要的决策角色。除此之外,公共管理的责任边界开始变得模糊,传统上管理的"公"和"私"界限逐渐模糊不清。还有,多元化的公共管理主体之间存在着权力依赖和互动的伙伴关系。由于事务愈发复杂并且不确定性增强,任何一个参与主体都难以拥有足够的能力和资本解决所有的管理问题,因此管理主体之间需要形成相互依赖、积极互动的关系,才能保证管理质量与成效。另外,治理还是多元化的公共管理主体基于伙伴关系进行合作的一种自主自治的网络管理。因此,粤港澳大湾区背景下职业教育发展应遵循多元共治性原则。通过对职业教育治理相关者进行分析,可以得出职业教育治理主要包括外部共治与内部共治。

1. 外部治理:政府、企业、学校共同治理

政府方面:职业教育治理的顶层设计是目前政府在职业教育领域的工作重点,职业教育领域实行"放管服",可以从以下六方面采取措施:第一,加强职业教育方面的立法。第二,深化职业教育改革,实现多元化的职业教育办学主体。第三,促进职业教育体系内部与外部的良好衔接。第四,建立与完善职业教育资格认证体系。第五,确立职业教育质量监控和保障体系。第六,各级政府应积极按比例为职业学校的发展筹措并划拨经费,以保证其正常、有效运转。

企业方面:企业参与职业教育是粤港澳大湾区职业教育发展的主要合作形式,更缺少不了企业参与职业教育治理。具体包括:第一,直接举办职业教育,或者积极参与公立职业院校的治理。第二,与职业院校建立实习、培训合作,积极为职业学校提供实习场地,并安排相对固定的指导小组提供技术指导。第三,定期向职业学校提供本行业、本领域的岗位需求和岗位技能情况,便于职业学校调整专业设置和课程设置。第四,根据行业发展形势和人才需求状况,就本行业职业教育培训及资格考试大纲、考试内容、考试形式等向政府提出建议。第五,就本行业职业教育和培训的教材和课程安排向政府提出建议。第六,受政府委托,进行职业资格的认证。第七,受政府委托,出职业资格考试的试题,并协助组织资格考试。第八,组织实施本行业的职业教育与培训。

职业学校方面:职业学校则应根据职业教育相关法律文件、政策文件的规定,做到依法办学、自主治理,努力协调政府、行业和企业的关系,实现利益相关者的利益最大化。

2.内部治理:实现教师群体、行政人员、企业、学生及其他群体的共同治理

教师群体、行政人员方面:要说到职业学校发展的重要人力资源,当然离不开庞大的教师群体以及学校行政人员,学校人才培养质量的高低很大程度上取决于教师群体以及学校行政人员的治理水平、学术水平、技能水平等。作为最了解学校发展情况的群体,庞大的教师群体以及行政人员是职业学校治理过程中不可忽视的利益相关者,因此他们的观点以及建议都直接影响到职业学校整体发展方向以及发展速度,因此他们理应享有自由表达其利益诉求、参与决策的权利。因此,职业学校应保证利益表达机制的畅通,使教师群体能够在事关教师群体发展、事关学校发展的决策中有实质性参与,保证其参与治理的实效性。

企业方面:当前企业与学校之间处于一种较为尴尬的关系,企业和学校表面上是实现了校企合作,但实际上较少企业会积极参与到治理工作当中,企业更多是职业学校学生实习机会的提供者。企业为什么会出现用工荒?职业学校学生为什么会出现实习难、就业难?很大程度上取决于校企之间的沟通不畅。依据利益相关者共同治理的要求,职业学校应重视企业的治理主体作用,建立及畅通企业参与治理的渠道和利益表达机制,使企业参与到学校的专业设置、课程设置、课程与教学计划的制定,以及充分利用企业的车间和设备、技术资源,提高学生的培养质量,实现高职院校与企业的双赢。

学生群体及校友等群体方面:在职业学校治理实践中,学生、校友也越来越重视维护自身的权益,希望了解学院、学校的发展状况,希望能够更多更深入地参与学校的治理,实质性地参与学校决策,明确表达本群体在学校决策和治理中的利益诉求,希望学校能够不断提高教学质量和人才培养治理,希望学校有更好的办学声誉。职业学校应重视学生、校友等其他利益主体在治理中的主体作用,充分发挥他们的作用,建言献策,吸取有益建议,完善学校治理。①

(二) 整体性原则

教育生态理论认为,生态系统是一个具有复杂结构的有机的统一整体,系统内的各个单元和因子之间互相联系、互相作用、互相制约,某个因子的变化会使其他因子的发展受到影响,系统内部产生变化也是多种因素制约的结果。因此粤港澳大湾区职业教育生态系统也具有这样的整体性特征。湾区职业教育是一个有机的统一整体,每一个区域的职业教育都是相互作用、相互制约,只有每一个区域的职业教育整体发展,湾区职业教育才是真正的发展。因此,基于教育生态学整体效应去审视粤港澳大湾区职业教育的问题与现象,才能避免局限、狭隘、片面地思考问题。粤港澳大湾区职业教育整体性主要体现在三方面,湾区"9+2"城市群职业教育发展整体性、湾区城市内部职业教育发展整体性、湾区职业学校内部发展整体性。

1. 湾区"9+2"城市群职业教育发展整体性

粤港澳大湾区建设不是一个城市的独奏曲,而是由"9+2"城市共同完成的大合唱。从"粤港澳大湾区"的命名来看,粤港澳大湾区是由"广东""香港""澳门"组成的一个湾区,强调的是"广东""香港""澳门"发展的整体性,而不是广东省的单独发展,不是香港的单独发展,也不是澳门的单独发展。从粤港澳大湾区城市群的发展目标来看,合作共赢是粤港澳大湾区建设所追求的结果,如果没有"广东""香港""澳门"的整体发展,粤港澳大湾区难以达到世界级城市群的目标,也难以实现共赢的结果。对于粤港澳大湾区职业教育

---

① 参见张文静、储著斌:《现代教育体系下的高职院校共同治理探析——基于利益相关者理论的视角》,《连云港职业技术学院学报》2019 年第 23 期。

来说,它是必须与粤港澳大湾区的发展相适应的,因此,基于粤港澳大湾区的发展整体性,粤港澳大湾区职业教育的发展也应该遵循整体性发展原则。

2.湾区城市内部职业教育发展整体性

除了"9+2"城市群为单位的职业教育发展要遵循整体性发展原则,湾区每一个城市内部的职业教育发展也需要遵循整体性原则,主要包括高等职业院校整体发展、中等职业院校整体发展以及其他职业培训机构的整体发展。

3.湾区职业学校内部发展整体性

湾区职业学校内部的发展也要遵循整体性发展原则,具体表现在办学规模、基础设施建设、办学质量、学科与专业建设、教学管理、师资队伍建设等。

但是值得注意的是,整体性发展不代表同时发展,也不代表整体发展到同一水平。教育生态理论中存在生态位原理,生态位强调物种在整个群体之间的地位和功能,还有其他主体和群体之间的关系等。不同发展程度的城市不同职业学校的办学水平存在差异,每一所职业学校都应该拥有自己的生态位,整体性发展原则强调不同生态位职业学校之间实现整体性发展。

二、合作性与教育性原则

(一) 合作性原则

教育生态理论认为,在生物群体中还会出现群体动力现象,它是指群体各个成员之间的相互作用和影响。群体动力在群体内部表现为同侪依慕、权威关系、竞争、合作以及社群领袖等多种关系,这种群体动力可以促进群体成员的进步,从而促进群体的整体发展。这表明了粤港澳大湾区职业教育相关者之间深度合作可以促进群体成员的进步与发展。

目前粤港澳大湾区职业教育相关者主要包括政府、行业、企业以及职业学校,其中促进校企深度合作是目前粤港澳大湾区职业教育发展的重要课题。2018年底,教育部联合多部门制定并发布了《职业学校校企合作促进办法》,文件提到职业学校应当根据自身特点和人才培养需要,主动与具备条件的企业开展合作,积极为企业提供所需的课程、师资等资源。企业应当依法履行实施职业教育的义务,利用资本、技术、知识、设施、设备和管理等要素参与校企合作,促进人力资源开发。①

（二）教育性原则

教育生态理念认为,每一个生物体的"生物钟"都存在差异。同样,人也有各种生理节律。在教育生态系统中,系统的主体都是教育者和被教育者,因此教育生态学中同样客观存在教育节律。这种教育节律也是我们常常所说的教育需要遵守的教育规律或者教育原则。《职业教育改革实施方案》中明确指出,职业教育与普通教育是两种不同教育类型,具有同等重要地位。这不仅肯定了职业教育的重要性,还强调了职业教育是与普通教育不同的教育类型,那就意味着,无论在教学理念、教学方式、教学内容、专业设置、学科建设、师资队伍建设等方面都与普通教育截然不同。因此职业教育不仅要遵循基本的教育性原则,还要遵循职业教育特有的教育性原则。

1. 循序渐进原则

个体身心发展具有顺序性。这种顺序是从低级到高级,量变到质变的连续不断的发展过程,如在心理方面儿童则按照机械记忆到意义记忆、具体思维到抽象思维、一般情感到复杂情感的顺序发展,职业学校学生对知识的掌握程度由简到繁,由浅到深,因此在开展教学的过程中需要遵循循序渐进原则,不能一跃而进。

2. 差异性原则

差异性原则一般表现为阶段性差异性以及个别差异性。个体的身心发展是阶段性的,婴儿期、幼儿期、童年期、少年期、青年期、成年期以及老年期的个体身心发展水平都不一致。在职业教育中,中等职业教育的教育对象一般处

---

① 参见《职业学校校企合作促进办法》,http://www.gov.cn/xinwen/2021-02/22/content_5267973.htm,访问日期为2021年2月22日。

于少年期,而高等职业教育的教育对象一般处于青年期或成年期。对少年期的学生应该在教学上注重理论与实际的结合,对青年期的学生应该在教学上注重培养学生的辩证逻辑的思维能力,成年期的学生应该充分利用思维优势开展教学。因此,在职业教育教学上不能搞一刀切,要注重学生的阶段性差异。除此之外,职业教育还应注重学生的个别差异性。个体身心发展不仅存在阶段性,还存在个别差异性,如男女差异、思维水平差异等,因此在教育工作中要善于发现并研究个体间的差异特征,因材施教。①

3.理论与实际相结合

理论与实际相结合是职业教育特有的教育性原则。普通教育更多的是注重思维能力的培养,而职业教育更多的是注重职业技能的培养。粤港澳大湾区职业教育旨在培养高素质的技术技能型人才,为粤港澳大湾区产业发展提供人才支撑。因此在教学方面,职业教师要注重将专业知识与技能培养相结合,在教学理念上要注重校企合作、协同育人,在教学内容上要注重实训教学,在师资建设上要注重双师型教师队伍建设,在专业设置上要与粤港澳大湾区产业发展相适应。

三、服务性与发展性原则

(一)服务性原则

粤港澳大湾区职业教育需要遵循服务性原则,本部分将从人力资本理论、福斯特的职业教育思想和职业学校职能定位分析职业教育通过何种形式为粤港澳大湾区服务。

1.从人力资本理论看职业教育服务性

人力资本理论是讨论教育与经济之间关系的重要理论基础。该理论认为,教育具有服务经济的功能。人力资本本身具有收益递增的重要特点,人力资本的提高还可能会直接导致企业物质与资本的生产质量和效率的提高和改

---

① 参见余文森、王晞:《教育学》,北京大学出版社2019年版,第112页。

善,它们在生产诸要素之间发挥着越来越重要的替代作用,并且从思想观念层面上看,人力资本的发展还有助于现代化的思想观念的更新以及勇于突破传统,实现创新的精神的培养,从而为经济增长与发展创造基本的前提条件。换言之,人力资本可以增加收益,可以改善物质资本生产效率,可以替代其他生产要素,还有助于人的全面发展,但人力资本积累的最终目的是为社会经济发展服务,而职业教育正是人力资本积累的重要形式。因此,从人力资本理论来看,职业教育是通过人力资本积累的方式为社会经济服务。

2. 从福斯特的职业教育思想看职业教育服务性

福斯特的职业教育思想体系非常丰富,其中职业教育与劳动力市场的适配性是福斯特思想所体现的核心观点。福斯特一直强调,职业教育必须以劳动力就业市场的需求为出发点,职业教育"谬误论"的提出主要是因为职校各种要素不能对劳动力市场作出迅速而灵活的反应,没有密切联系劳动力就业市场的需求。职业教育以劳动力市场需求为出发点的主要原因是职业教育是以就业为导向的教育类型,学生的就业质量将直接影响职业教育办学质量,而就业与劳动力市场需求密不可分。因此,从福斯特的职业教育思想看,职业教育是通过就业服务的方式为劳动力市场服务。

3. 从职业学校职能定位看职业教育服务性

众所周知,高校有四大办学职能,分别是人才培养、社会服务、科研创新以及文化传承。但在职业教育领域,职业学校的办学职能中科研创新以及文化传承的职能并不凸显,更多的是体现在人才培养、社会服务两大方面。职业教育对社会服务并不是全范围服务,而是区域性的服务。由于职业教育与市场联系密切,全国范围内的市场发展状况不一,区域发展具有差异性,一刀切的职业教育是无法很好适应全国市场的需求,因此职业教育只能适应区域性市场的需求。粤港澳大湾区职业教育是粤港澳大湾区教育建设的重要部分,也是为粤港澳大湾区提供高素质技术技能型人才的重要教育形式,故粤港澳大湾区职业教育是以服务粤港澳大湾区市场需求为主,服务其他区域市场为辅。

（二） 发展性原则

发展是事物从出生开始的一种连续不断的变化过程,发展强调的是事物不断更新。马克思主义理论认为发展引起的变化不仅有量的变化,也有质的变化。一般认为,发展可以分为三个阶段,分别是初级阶段、渐变发展阶段以及质变或部分质变阶段。值得注意的是,发展的过程既可以是积极的向前推进的过程,也可以是消极的衰退消亡的过程。粤港澳大湾区建设是以习近平同志为核心的党中央作出的重大决策,是习近平总书记亲自谋划、亲自部署、亲自推动的国家战略。2017 年,习近平总书记出席《深化粤港澳大湾区合作推动大湾区建设框架协议》的签署仪式,粤港澳大湾区正式进入发展的初级阶段。2019 年中共中央、国务院印发了关于《粤港澳大湾区发展规划纲要》,为粤港澳大湾区的建设指明了方向。但是对我们国家来说,粤港澳大湾区的发展还是处于初级阶段,粤港澳大湾区的建设还是一种较为新鲜的事物。粤港澳大湾区的建设需要通过发展来实现,粤港澳大湾区职业教育应该与粤港澳大湾区的建设目标相适应,因此粤港澳大湾区职业教育也需要遵循发展性原则。

粤港澳大湾区职业教育的发展也分为两条路径,一条是积极地向前推进的发展,一条是消极地衰退消亡的发展。如何做到积极地向前推进的发展,避免消极地衰退消亡的发展? 这需要遵守科学的发展规律。

辩证唯物主义有三大发展规律,分别是对立统一规律、质量互变规律以及否定之否定规律。对立统一规律指出事物的内部矛盾是事物发展的基本动力,主要矛盾和非主要矛盾、矛盾的主要方面和非主要方面都是需要引起重视的。粤港澳大湾区职业教育需要找出发展过程中的内部矛盾,通过解决矛盾来促进职业教育的发展。质量互变规律强调事物的发展是由量的积累到质的飞跃。粤港澳大湾区职业教育的发展也是从量变到质变的过程,只有足够量的积累才能实现质变。如在人才培养方面,只有学生积累一定量的专业知识与专业技能,才能真正实现专业知识到专业技能的有效转换,这样才能在激烈的竞争就业环境中占有优势。否定之否定规律强调新事物替代旧事物是历史的必然性,事物的发展不是一次性完成的,而是一个螺旋上升的过程。粤港澳大湾区职业教育的发展也不是在短时间内就能实现量变到质变的飞跃,尤其是当前国内职业教育发展水平相对较低,多方面问题凸显的情况下,职业教育者更要花大量的时间专注于职业教育内部矛盾的解决,也非一次性就能解决的。因此,粤港澳大湾区职业教育要严格遵守科学的三大发展规律,实现积极地向前推进的发展。

四、开放性与多样性原则

(一)开放性原则

教育生态理论认为,教育生态系统存在花盆效应。花盆效应是指花盆里的花卉一旦离开人的精心照料,其生长会受到温度、湿度等外部环境的巨大影响。在粤港澳大湾区职业教育系统中也存在明显的花盆效应。在粤港澳大湾区概念提出之前,每个职业学校或职业培训机构处于一个相对自我封闭的环境,这些学校或机构相当于生存在一个花盆当中,而这样的生存状态具有两大局限性:一方面是空间上的局限性,学校或机构之间缺乏充分的交流;另一方面是对环境的适应能力弱,一旦脱离原来的生存环境,脱离人的精心照料,便容易造成教育系统的失调,随之而来的是越来越多职业教育问题的显现。粤港澳大湾区概念的提出,把粤港澳大湾区职业学校和培训机构紧密联系在一起,湾区职业学校和培训机构的发展环境发生了转变,从原来的自我封闭环境转变为粤港澳大湾区的发展环境。

粤港澳大湾区的发展坚持开放合作、互利共赢的基本原则。粤港澳大湾区以"一带一路"建设为重点,构建开放型经济新体制,打造高水平开放平台,对接高标准贸易投资规则,加快培育国际合作和竞争新优势。充分发挥港澳独特优势,创新完善各领域开放合作体制机制,深化内地与港澳互利合作。湾区职业教育需要与粤港澳大湾区的发展相适应,职业学校与培训机构同样需坚持开放合作、互利共赢的基本发展原则。因此,为了克服花盆效应,生态化的粤港澳大湾区职业教育系统要打破封闭式的环境,建立开放式的教育系统。一般来说,湾区职业学校和培训机构需要做到以下三点:

首先,构建开放性的湾区职业教育顶层设计环境,包括制定湾区职业教育政策法规、职业教育体制机制、职业教育人才培养方式、职业教育管理体系、与产业相适应的专业设置。其次,加强学生的开放性培养,包括专业知识的开放性和专业技能的开放性,学生的开放性培养有利于增强学生对环境的适应能力,为早日进入从业状态做好充分的准备。最后,构建开放性的职业教育沟通环境,职业学校与培训机构之间要加强沟通,共享知识、共享技能、共享设施、共享方案、共享师资等,最终实现互利共赢。

(二) 多样性原则

治理理论认为,治理是多元治理的过程,主要表现为治理主体的多元性、治理手段的多样性以及治理目标的多元性。治理主体的多元性是指除了政府之外,市场和社会也是治理的主体,可以参与到公共事务的管理与调节中,这些主体需要在法制及制度框架内进行合法运作,积极参与公共事务管理,参与决策和共识的建构;治理手段的多样化是指治理在依靠政府权威的同时,也可以依赖灵活的市场和社会。市场与社会是一个灵活程度较高的治理主体,由于内部管理人员的管理水平、管理方式存在差异,容易导致治理手段的多样化。除此之外,新技术及工具的应用,也极大丰富了治理手段;治理目标多样化是指治理目标由以往单纯追求效率转向实现公共利益最大化,由于在不同领域的公共利益存在差异,所以治理目标也存在多样化。治理理论给粤港澳大湾区职业教育的建设提供了许多思路,在治理理论的指导下,粤港澳大湾区职业教育的管理应遵循多样性原则。

管理主体的多元性。对粤港澳大湾区职业教育的利益相关者分析可知,管理主体可以是政府、行业、企业、职业学校、学生家长以及学生。政府在管理过程中主要发挥顶层设计的作用,包括政策法规的制定,体制机制的创新等;

行业在管理过程中发挥着促进产业与职业教育融合,促进校企沟通的作用;企业在管理过程中与职业学校直接对接,参与实训基地的建设、实习管理、课程建设等;职业学校在管理过程中主要发挥学生管理、教师管理、实训基地管理、实习管理、课程建设等作用;学生家长主要在管理过程中对学生进行心理健康教育;学生在管理过程中主要发挥自我管理的作用。

管理手段的多样化。粤港澳大湾区是由"9+2"城市组成的新型城市群,也正由于湾区组成的城市群数量较多,每一个城市的产业发展方向和程度不同,与产业对接的职业教育发展方向与发展程度也截然不同,所以职业学校在管理手段上需要根据自身发展特点与当地产业发展特点进行调整与创新,实现管理效益最大化。除此之外,职业学校在管理水平、管理方式、管理技术应用等方面也存在差异,易导致管理手段多样化。

管理目标的多元化。确定管理目标是实施管理的重要前提,教育生态理论认为在教育生态系统中也存在生态位概念,在粤港澳大湾区职业教育系统中,不同区域的职业学校有自身独特的地位与功能,处于不同的生态位。由于每一所职业学校都处于不同的生态位,所以在管理目标的制定上也存在显著差异。职业学校需要根据学校的实际情况制定合适的管理目标。

五、创新性与先进性原则

(一) 创新性原则

粤港澳大湾区的发展基础、发展原则与发展方向决定了粤港澳大湾区职业教育的发展须遵循创新性原则。《粤港澳大湾区发展规划纲要》明确了粤港澳大湾区的发展基础、发展目标与发展方向。该文件指出,粤港澳大湾区是创新要素集聚地,目前创新驱动发展战略深入实施,广东全面创新改革试验稳步推进,国家自主创新示范区加快建设。粤港澳三地科技研发、转化能力突出,拥有一批在全国乃至全球具有重要影响力的高校、科研院所、高新技术企业和国家大科学工程,创新要素吸引力强,具备建设国际科技创新中心的良好基础。粤港澳大湾区坚持创新驱动,改革引领的原则,未来继续深入实施创新驱动发展战略,深化粤港澳创新合作,构建开放型融合发展的区域协同创新共同体,集聚国际创新资源,优化创新制度和政策环境,着力提升科技成果转化能力,建设全球科技创新高地和新兴产业重要策源地,因此从粤港澳大湾区的未来发展规划可知,粤港澳大湾区是科技创新要素的集聚地,未来朝着构建区域协同创新共同体迈进。

一般来说,高等职业教育有四大职能,分别是人才培养、社会服务、科学研究以及文化传承,其中科学研究的职能与粤港澳大湾区创新驱动发展的目标适配,粤港澳大湾区职业教育与粤港澳大湾区产业转型升级发展密切相关,为粤港澳大湾区创新建设提供重要的人才支撑,因此粤港澳大湾区职业教育发展需遵循创新性原则。粤港澳大湾区职业教育创新发展的基本内容主要包括以下几点:其一是以培养创新型人才为目标。育人是职业教育的首要使命,创新型人才的培养是以粤港澳大湾区创新发展对接的重要社会责任,因此职业教育应确定培养创新型人才的目标,全面提高职业教育学生的创新能力、创新素质以及创新意识。但由于中等职业教育的教育对象在学习能力与认知水平上较高等职业教育对象低,因此中等职业教育主要培养学习创新意识以及创新素质,其次是创新能力的培养。其二是建设双师型、创新型师资队伍。双师型师资队伍建设是职业教育师资建设的主要方向,创新型师资队伍的建设可以直接给粤港澳大湾区引入高素质的创新型人才,有助于快速实现科技成果转化,也为职业教育创新型人才培养做好师资储备。其三是构建创新课程体系。课程是开展职业教育的重要载体,构建创新课程体系有助于有序有效推进创新人才培养。其四是搭建创新创业发展平台。创新创业发展平台是职业教育创新理论教学到创新实践能力培养的重要载体。建设创新创业发展平台有助于营造积极的创新创业氛围,有利于职业教育学生创新意识的激发、创新能力与创新素质的提高。其五是构建校企协同创新育人机制。校企协同创新育人机制的构建有助于充分激发校企创新动能、完善校企创新育人过程,是粤港澳大湾区深化产教融合、促进职业教育校企合作的必由之路。

（二）先进性原则

粤港澳大湾区的国际化发展与创新发展目标决定了粤港澳大湾区职业教育需具有先进性的原则。在国际化发展方面，《粤港澳大湾区发展规划纲要》明确指出要把粤港澳大湾区打造成建设富有活力和国际竞争力的一流湾区和世界级城市群，建立与国际接轨的开放型经济新体制，建设高水平参与国际经济合作新平台；有利于推进"一带一路"建设，通过区域双向开放，构筑丝绸之路经济带和21世纪海上丝绸之路对接融会的重要支撑区。这决定了粤港澳大湾区的发展必须是面向国际的，与国际接轨。无论是经济发展，还是教育、人文、休闲娱乐、创业就业、医疗体系、社会保障、社会治理等方面，粤港澳大湾区都必须在探寻适合自己的道路的同时向国际看齐，不能脱离国际单独寻求发展。粤港澳大湾区也只有面向国际发展，才有可能超越其他湾区，成为国际上具有竞争力的先进的湾区以及城市群。在创新发展方面，粤港澳大湾区以构建具有全球影响力的国际科技创新中心为战略目标。粤港澳大湾区的国际化发展是与世界先进发展理念、先进发展方式、先进发展进度接轨的重要发展方向，创新性发展是粤港澳大湾区走向国际化的重要推手。在这样的背景下，粤港澳大湾区职业教育需要遵循先进性原则，创新发展方式，积极推动湾区职业教育走向国际。总体来说，粤港澳大湾区职业教育的先进性实现可通过三种方式，其一是借鉴国际先进的职业教育经验，如美国的CBE职业教育机制、日本产业合作职业教育机制、德国双元制职业教育机制、英国BTEC职业教育机制、澳大利亚TAFE职业教育机制等；其二是在国际先进职业教育的基础上结合我国职业教育发展的国情实现职业教育发展创新；其三是问题导向，逐步攻破湾区职业教育发展存在的问题，创新发展方式，形成具有中国特色的粤港澳大湾区职业教育发展路径。

第三节　相关政策及法规

　　粤港澳大湾区职业教育相关政策与法规隶属粤港澳大湾区建设的顶层设计,指明了粤港澳大湾区发展的方向。弄清粤港澳大湾区职业教育相关政策与法规是从宏观政策层面了解粤港澳大湾区职业教育的发展方向,为粤港澳大湾区职业教育的发展奠定基石。粤港澳大湾区是由"9+2"个城市构成的城市群,涉及的政策与法规数量、种类繁多,此部分将采取由宏观到微观、由整体到局部的分析视角,先对粤港澳大湾区职业教育整体规划的主要政策与法规文件进行梳理,再分别对广东省、香港特别行政区以及澳门特别行政区职业教育规划的主要政策与法规文件进行梳理。

一、粤港澳大湾区职业教育的整体规划

　　粤港澳大湾区职业教育的研究是职业教育发展研究与粤港澳大湾区发展研究的有机结合,因此对粤港澳大湾区职业教育政策法规的梳理不仅需要关注职业教育领域的政策法规,还需要关注粤港澳大湾区发展的政策法规。

　　2019 年 1 月 24 日,国务院发布了《国家职业教育改革实施方案》(下称《职教 20 条》)。《职教 20 条》明确提出了职业教育与普通教育是两种不同教育类型,具有同等重要地位,极大巩固了国家发展职业教育的决心。为了深化职业教育改革,《职教 20 条》从完善国家职业教育制度体系、构建职业教育国家标准、促进产教融合校企"双元"育人、建设多元办学格局、完善技术技能人才保障政策、加强职业教育办学质量督导评价、做好改革组织实施工作七大方面,二十个小方面提出了具体的实施方案,从宏观和微观层面给粤港澳大湾区职业教育的发展指明了发展方向。

　　2019 年 2 月 18 日,中共中央、国务院印发了《粤港澳大湾区发展规划纲要》(下称《纲要》),为粤港澳大湾区的发展指明了方向。《纲要》旨在贯彻"一国两制"方针,充分发挥粤港澳综合优势,深化内地与港澳合作,进一步提

升粤港澳大湾区在国家经济发展和对外开放中的支撑引领作用,支持香港、澳门融入国家发展大局,增进香港、澳门同胞福祉,保持香港、澳门长期繁荣稳定,让港澳同胞同祖国人民共担民族复兴的历史责任、共享祖国繁荣富强的伟大荣光。在粤港澳三地的协同发展下,粤港澳大湾区将建成为充满活力的世界级城市群、具有全球影响力的国际科技创新中心、"一带一路"建设的重要支撑、内地与港澳深度合作示范区以及宜居宜业宜游的优质生活圈,这也是粤港澳大湾区的五大战略定位。《纲要》对粤港澳职业教育的发展提出了明确的总体要求,强调要积极推进粤港澳教育的合作与发展,推进粤港澳周边地区职业教育在内地招生就业、培养与培训、师生互动交流、技能培训和竞赛等各个方面的交流与合作,创新内地与港澳台高校合作办学的方式,支持各类粤港澳职业教育实训基地的交流与合作,共建一批具有鲜明特色的职业教育基地和园区。这为粤港澳大湾区职业教育合作指明了方向。

2022 年 5 月,新修订《中华人民共和国职业教育法》施行。《职业教育法》于 1996 年公布实施,在过去的 26 年中,伴随着中国经济社会的发展,我国建成了世界上规模最大的职业教育体系,职业教育在支持国家经济社会发展中发挥了重要作用。如今,我国进入了中国特色社会主义新时代,经济和产业发展方式发生了重大调整和变化,职业教育如何适应新时代经济和产业发展的要求,培养高素质的技术技能劳动者,满足企业用人需求,建立现代职业教育体系,成为《职业教育法》要重点考虑的核心问题。

新《职业教育法》最大的亮点是将职业教育提升到与普通教育同等重要的地位,规定"职业教育是与普通教育具有同等重要地位的教育类型,是国民教育体系和人力资源开发的重要组成部分,是培养多样化人才、传承技术技能、促进就业创业的重要途径"。这一规定将职业教育确定为与普通教育具有同等重要地位的教育类型,将职业教育与普通教育并列,大大提升了职业教育在国家整个教育体系和社会中的地位和认知度,一改之前职业教育在教育体系中"低人一等"的地位。

国家大力发展职业教育,推进职业教育改革,提高职业教育质量,增强职业教育适应性,建立健全适应社会主义市场经济和社会发展需要、符合技术技能人才成长规律的职业教育制度体系,为全面建设社会主义现代化国家提供有力的人才和技能支撑。新《职业教育法》在职业教育体系构建方面注重协调平衡职业教育内外部关系,构建纵向贯通和横向融通的"立体交叉型"现代职业教育体系。新《职业教育法》规定,"国家建立健全适应经济社会发展需要,产教深度融合,职业学校教育和职业培训并重,职业教育与普通教育相互融通,不同层次职业教育有效贯通,服务全民终身学习的现代职业教育体系。国家优化教育结构,科学配置教育资源,在义务教育后的不同阶段因地制宜、统筹推进职业教育与普通教育协调发展。"这一体系的建立将有助于解决职业教育内部职业学校教育、技工教育和职业培训缺乏融通的问题,职业教育与普通教育不能互通的问题,以及不同层次职业教育不能贯通的问题。为实现职业教育高质量发展,服务建设社会主义现代化的经济管理体系和创造更高教育质量更充分就业的需要,扎根中国特色社会主义新时代、放眼亚洲和世界、面向未来,要强力支持和推进高职院校产教信息化融合、校企国际化合作,聚焦社会主义高端教育产业和信息化产业发展高端,支持一批优质高职教育学校和专业群率先转型发展,引领社会主义职业教育改革服务于国家发展战略、融入社会主义区域经济发展、促进信息化产业转型升级,为加快建设社会主义教育现代化强国、人才现代化的强国建设作出重要的贡献。新《职业教育法》从加强党的建设、完善职业教育管理体制、完善职业教育体系、推动多元办学、提升职业教育质量和水平、加强对职业教育的支持和保障等聚焦职业教育领域热点难点问题,着力解决突出问题,将实践成果上升为法律规范,并为进一步深化职业教育改革提供法律基础,也为粤港澳经济大湾区职业教育的改革和创新发展提出了明确任务。

二、广东省职业教育规划

2019 年 2 月 3 日,广东省人民政府办公厅发布了《广东省职业教育"扩容、提质、强服务"三年行动计划(2019—2021 年)》(下称《三年行动计划》），旨在推动广东省职业教育"扩容、提质、强服务"，提升人才培养质量，扩大高素质技术技能人才供给，增强服务经济社会发展能力，为我省实现"四个走在全国前列"、当好"两个重要窗口"提供人才支撑和智力支持。《三年行动计划》对广东职业教育明确提出了三点要求，其一是以"扩容"为重点，着力增加优质职业教育资源；其二是以"提质"为核心，大力培养高素质产业生力军；其三是以"强服务"为目标，提高职业院校社会服务能力。

2019年7月5日，为深入贯彻落实纲要，广东省委和广东省人民政府印发《关于贯彻落实〈粤港澳大湾区发展规划纲要〉的实施意见》，提出了携手港澳有力有序推进粤港澳大湾区建设的"三步走"安排，其中在教育方面也基于《纲要》的核心内容，提出打造教育高地、建设人才高地的目标。在职业教育方面要推进粤港澳职业教育合作，支持各类职业教育实训基地交流合作，共建一批特色职业教育园区；建立职业教育资源共享机制，加快建设粤港澳人才合作示范区，推进粤港澳职业资格互认；完善国际化人才培养方式，加强人才国际交流合作，推进职业资格国际互认。与此同时，广东省推进粤港澳大湾区建设领导小组也发布了《广东省推进粤港澳大湾区建设三年行动计划（2018—2020年）》，明确提出推进大湾区学校互动交流，鼓励三地幼儿园、中小学、中等职业学校参与姊妹校（园）缔结计划。争取国家支持与港澳共同制定粤港澳大专（副学位）学历分批实施互认方案。落实港澳居民到广东考取教师资格并任教政策规定。

2019年9月25日，国家发展改革委联合教育部、工业和信息化部、财政部、人力资源社会保障部、国资委等多部门发布了《国家产教融合建设试点实施方案》（以下简称《实施方案》），《实施方案》表明深化产教融合，促进教育链、人才链与产业链、创新链有机衔接，是推动教育优先发展、人才引领发展、产业创新发展、经济高质量发展相互贯通、相互协同、相互促进的战略性举措，明确提出了"通过5年左右的努力，试点布局建设50个左右产教融合型城市，在试点城市及其所在省域内打造形成一批区域特色鲜明的产教融合型行业,在全国建设培育 1 万家以上的产教融合型企业,建立产教融合型企业制度和组合式激励政策体系"的试点目标,其中广东省入围国家首批试点建设产教融合型省,深圳市入围国家首批试点建设产教融合型计划单列市。这意味着粤港澳大湾区职业教育需要以产教融合为特色之一。

2021 年,广东省出台《广东省教育发展"十四五"规划》被列为省重点专项规划,是广东省未来五年教育发展的纲领性文件。其中,针对职业教育领域的发展,《广东省教育发展"十四五"规划》强调要深入推进职业教育扩容提质强服务,职业教育争创世界一流。率先建立中国特色职业教育高质量发展方式,打造一批国家级"双高"院校,建设一批省级高水平高职院校和专业群。建设 100 个左右骨干企业与应用型本科高校、职业院校共同组建的校企合作职业教育集团、产教融合联盟。高质量完成广东省职业教育城建设。全省中职学校数量 350 所左右,高职院校 90 所左右,建设若干所本科层次职业学校。

三、香港特别行政区职业教育规划

职业教育训练局(简称职训局)是香港特别行政区最具特色的职业教育机构,职训局的整体规划是香港未来教育的主要发展方向。职训局在 2002 年到 2008 年制订了第一套和第二套八年策略计划,为香港职业专才教育发展开拓新面貌。但是因为香港社会经济的发展,职训局于 2014 年制订了第三套八年策略计划,执行时间分别从 2015 年到 2022 年。

职训局的第三套八年策略计划是以专业教育培训、实力创新等为主题,主要聚焦六方面的发展方向。其一是向社会大众推广职业专才教育的价值;其二是规划职训局的院校以及设施的发展;其三是增加学生的升学机会,提供灵活贯通的升学阶梯,涵盖中等至高等职业教育程度;其四是引入学徒训练("职"学创前路先导计划),吸引年轻人加入人力需要殷切的行业;其五是加强职业专才教育的资历认可,促进就业及专业发展;其六是配合业界发展,提供适切的职业专才教育。①

2014年1月28日,针对《施政报告》提出的透过职业教育及就业支援,吸引青年加入人力需求殷切的行业,职训局积极配合香港特区政府,推出"职"学创前路先导计划(VTC Earn & Learn,简称为职学计划)。职学计划以职学实用、平步青云为宗旨,主要是结合系统的课堂学习和在职训练,提供清晰的进阶路径,助力年轻人投身人力需求殷切的行业。其中政府和参与行业将为计划学员提供津贴、职学金和特定的薪酬,让年轻人学习专业知识及技术的同时,获取稳定收入和鼓励,掌握理想的发展前景。

不同行业的先导计划,会因行业的需要和运作量身订造,除了课堂学习之外,学员也会在受雇机构接受在职培训。毕业学员日后可以衔接更高的学历课程,在进修及事业上拾级而上,向专业路径迈进。② 目前职训局已经与多个行业携手推出了职学计划,包括印刷行业、零售行业、钟表行业、汽车行业等。

四、澳门特别行政区职业教育规划

澳门特别行政区职业教育发展相对缓慢。在澳门特别行政区政府印务局可查询到的关于职业培训的最新相关法规是2006年8月发布的《职业培训专款规章》,该规章主要由社会保障基金(简称FSS)将澳门特别行政区财政预算中专项拨款的收入资助培训实体,为就业市场举办职业培训课程,主要使个人获取从事某一职业活动所需的技能或使个人提高从事某一职业活动的知识。

早在20世纪80年代,《学徒培训之法律制度》颁布,该文件肯定了以学

---

① 参见香港职业训练局:《策略计划》,https://www.vtc.edu.hk/html/tc/about/strategic_plan.html,访问日期为2020年7月16日。

② 参见香港职业训练局:《职学计划:计划简介》,https://www.vtc.edu.hk/earnlearn/html/tc/about_us/about.html,访问日期为2020年7月16日。

徒制度进行职业培训是使青年较易融入社会及职业的必要机制,因此规范学徒培训是当前重要的举措。自那时起,学徒制逐渐成为澳门特别行政区职业教育主要发展方式。

第三章　粤港澳大湾区职业教育发展的现实诉求

第一节　职业教育发展的基本情况

一、广州职业教育发展的基本情况

（一）中等职业教育发展的基本情况

据 2023 年广州市中等职业教育质量年度报告显示,广州市有中等职业学校 33 所(不含技工学校)。其中,市属公办 10 所,区属公办 16 所,高校举办 2 所,民办中职学校 5 所;国家示范校 5 所,省示范校 4 所,国家级、省级重点学校分别为 21 所和 7 所。2021 学年,广州市中等职业学校在校学生人数共 115152 人,同比增加 18%,其中学校招收学生总人数为 40102 人,同比增加 14%,毕业生人数为 32668 人,同比增加 22%。通过近三年比较分析可知,2021 学年学生在校生数、招生数以及毕业生数均最高,广州市中等职业教育规模较为稳定,职普比大体相当。在教师队伍规模层面,专任教师中本科以上学历教师、研究生学历或硕士学位及以上教师、高级职称的教师占比基本保持稳定,专业课教师中,"双师型"教师数为 2331 人,占比约为 70%。近年来,在各级部门的推动下,广州市中等职业学校创新招聘形式,拓宽就业渠道,保障就业质量。2021 学年,广州市中等职业学校毕业生人数为 32668 人,就业率高达 93.1%,直接就业率为 37.6%,对口就业率 79.7%,雇主满意度达 97.9% 以上。此外广州市积极推动中高现阶,落实职教高考制度,升学质量逐年提升,目前广州市中职学生可以通过高考、对口单独招生考试、三二分段中高职贯通、技能拔尖人才面试等途径升学。2021 学年,广州市中等职业学校升入高一级学校的学生占毕业生总人数的 53.4%,其中直接升入本科院校的学生人数为 225 人。在专业设置上,广州市中等职业学校依据产业升级不断调整专业布局,积极开设大数据技术应用、智能化生产线安装与运维、新能源汽车制造与检测等 21 个新专业,促进专业与产业动态调整机制的进一步优化,专业服务产业发展和贡献能力不断提升。在产教融合方面,随着广州市创建产教融合型城市的逐渐推进,目前广州市产教融合企业数量高达 1640 家,全市492 家各类型企业相继入选第一、第二批产教融合型储备库企业,产教融合的深度和广度不断延伸。

表 3-1   2021 年广州市中等职业教育拟招生学校名单

序号	学校名称	办学性质
1	广州市旅游商务职业学校	公办学校
2	广州市幼儿师范学校	公办学校
3	广州市医药职业学校	公办学校
4	广州市司法职业学校	公办学校
5	广州市纺织服装职业学校	公办学校
6	广州市轻工职业学校	公办学校
7	广州市交通运输职业学校	公办学校
8	广州市信息技术职业学校	公办学校
9	广州市财经商贸职业学校	公办学校
10	广州市贸易职业高级中学	公办学校
11	广州市海珠工艺美术职业学校	公办学校
12	广州市荔湾区外国语职业高级中学	公办学校
13	广州市天河职业高级中学	公办学校

续表

序号	学校名称	办学性质
14	广州市白云行知职业技术学校	公办学校
15	广州市黄埔职业技术学校	公办学校
16	广州市花都区职业技术学校	民办学校
17	广州市花都区理工职业技术学校	公办学校
18	广州市番禺区职业技术学校	公办学校
19	广州市番禺区工商职业技术学校	公办学校
20	广州市番禺区新造职业技术学校	公办学校
21	广州市南沙区岭东职业技术学校	公办学校
22	广州市从化区职业技术学校	公办学校
23	广州市增城区职业技术学校	公办学校
24	广州市增城区卫生职业技术学校	公办学校
25	广州市增城区东方职业技术学校	公办学校
26	广州通用职业技术学校	公办学校
27	广州市侨光财经职业技术学校	公办学校
28	广州市华成理工职业学校	公办学校
29	广州市穗华职业技术学校	公办学校
30	广州市羊城职业技术学校	公办学校
31	广州市艺术学校	公办学校
32	广州市铁路机械学校	公办学校
33	广州市城市建设职业学校	公办学校

（二）高等职业教育发展的基本情况

广州市是粤港澳大湾区高职教育最为发达的城市。截至 2022 年 6 月 30

日,广东省共有高等职业院校 93 所,其中广州市有高等职业学院 45 所,其中民办高等职业学院共有 14 所,占比 31%,公办高等职业学院共有 31 所,占比 69%。广州市高等职业学院办学特色鲜明,办学卓有成效,以下将对 45 所高等职业学院进行简单的介绍。

广东轻工职业技术学院创建于 1933 年,是省属唯一国家示范性高等职业院校。广轻工是文科与工科兼备的高等职业学院,文科校区主要坐落在广东省省会广州,主要面向广州现代化服务业。工科校区主要坐落在美丽的佛山南海,主要面向珠江西岸的高端制造业。80 多年的职业教育历史造就了广轻工强大的职业教育实力以及"自强、敬业、求实、创新"的广轻精神,这为珠三角地区乃至全国输送数万名高素质高技能应用型人才。

广东交通职业技术学院创办于 1959 年,是一所以工科为主的综合性高等职业院校。学校是由广东省航运学校和广东交通学校组建而成,由此可见学校具有鲜明的交通行业特色。广东交通职业技术学院迄今已有 60 年的办学历史,也正是悠久的办学历史为学校积累了大量的交通人才培养经验,学校通过培养交通行业的人才以融入粤港澳大湾区发展,实现交通强国。

广东水利电力职业技术学院创建于 1952 年,从学校名称可知这是一所以水利电力类专业为主的公办全日制高等职业院校。高质量的水利工程建设是保障建设宜居性粤港澳大湾区的重要保障。多年来,学校坚持水利兴校战略,为行业和社会输送大量的水利行业技术技能人才。

广东南华工商职业学院创建于 1952 年,是一所以商科作为办学优势的全日制普通高等职业院校。办学以来,学校培养了大量的商科人才,未来学校将深入推行创新强校建设规划(2019—2021)、创新强校工程"533"提升计划(2017—2021),巩固传统商科优势,优化专业结构,极大提升学校的人才培养质量。

私立华联学院是一批离退休教授联合创办的一所全日制民办普通高校。私立华联学院历史悠久,承载着一批退休教授的终身教育梦想,在改革开放之初,一批在华南理工大学、暨南大学、华南师范大学、广东技术师范大学(原广东民族学院)等高校退休的教授仍坚守在教育岗位上,联合创办私立华联学院,他们基本上都是新中国的第一代大学生、研究生。正是因为这一批满腔热血的教师的坚守,学校为社会培养了大量的高素质复合应用型人才。

广州民航职业技术学院是一所以民航为办学特色的高职院校,它直属中国民用航空局。粤港澳大湾区航空行业高质量发展是粤港澳大湾区走向国际化的必经之路,广州民航职业技术学院正是依靠民航、立足民航,为粤港澳大湾区航空行业的发展培养了大批的优秀人才。

广州番禺职业技术学院创建于1993年,是广州市属第一所公办全日制普通高等职业院校。广州番禺职业技术学院可谓广州市高职院校的排头兵,综合办学实力强劲,开设的专业涉及文、理、工、农、艺、体等。"以质量为核心的内涵式发展"是广州番职院的发展之路,正是这种高要求的态度,广州番职院为大湾区经济社会发展培养了大批具有"一技之长+综合素质"的技术技能人才。

广东农工商职业技术学院创建于1952年,是一所以农、工和商为主要特色的普通高等公办全日制专科院校。"农"是学校发展的主要方向,并且依靠"农"带动"工商"两翼的发展,实现"农、工和商"三驾齐驱,三者融合发展。

广东科学技术职业学院是以"科技"为办学特色的一所全日制公办普通高等学院,毫无疑问,"创新型人才的培养"是人才培养的重要方向。根据粤港澳大湾区的战略定位,未来粤港澳大湾区朝着建设国际化创新性湾区迈进,因此广东科学技术职业学院面向粤港澳大湾区的需求,坚持"质量立校、特色兴校、创新强校"的办学思路,着力打造"互联网+"科技特色,大力实施国际化发展战略,努力培养创新型技能人才,为粤港澳大湾区走向国际化、创新化培养科技人才。

广东食品药品职业学院是一所以食品和药品行业为依托的公办全日制普通高等职业院校,其专业设置虽然涵盖医、管、工、理、艺等门类,但是为"食品"与"药品"行业培养大量优秀的人才是学校的特色发展方向。为了彰显办学特色,学校开设了与"食品"和"药品"行业对接的食品、化妆品、药学、中药、医疗器械、健康管理、医护卫生等相关专业。

广州康大职业技术学院是广州市黄埔区康大教育园的组成高校,由广州康弘远创投资有限公司举办,是一所聚焦医疗健康产业的高等职业院校。粤港澳大湾区高质量的医疗水平离不开一批医疗人才培养机构,广州康大职业技术学院正是立足地方,依托医疗健康产业发展,与远东宏信医院集团实现深度产教融合,为粤港澳大湾区培养了大批医疗人才。

广东行政职业学院主要承担国民教育系列高职教育任务,同时兼办成人高等教育。"行政"是学校的主要办学特色,主要设有公共管理、法律、经济贸易、会计等文科综合类专业。未来学院将继续朝着创建具有鲜明"行政"特色的文科综合类高职院校的目标奋进。

广东体育职业技术学院创建于1956年,是一所以"体育"为办学特色的职业学院。体育水平是一个国家富强进步的重要体现,提高体育水平、增强人民体质,也是粤港澳大湾区高质量持续发展的重要保障。为弘扬体育精神,促进体育服务社会,广东体育职业技术学院聚焦体育发展,坚持以培养体育人才为中心。

广东建设职业技术学院是一所以"建筑"为办学特色的高职院校,也是广东省唯一的"建筑"类高职院校。建筑人才是粤港澳大湾区城市化进程中必不可少的一部分,没有建筑人才的参与,粤港澳大湾区则难以呈现现代化景观,难以向宜居湾区的目标迈进。广东建设职业技术学院为建筑业培养了大量的高素质技术技能人才,可谓是"现代鲁班"的大摇篮。

广东女子职业技术学院是粤港澳大湾区唯一一所以"女性高职教育"为办学特色的公办高职院校。从古至今,女性是人类心中的光辉形象,女性的能力不容小觑。广东女子职业技术学院大力挖掘女性优势,旨在培养气质高雅、品德高尚以及拥有创新性技能的女性人才。除此之外,学校还承担多种类型的女性培训项目,为女性实现终身教育提供服务平台,其中包括妇女干部教育、妇女创新创业教育、妇女技能培训等。

广东机电职业技术学院是一所以"工科"为办学特色的全日制普通高等

职业院校。我们知道,"工匠精神"是支撑德国成为制造业强国的重要精神支柱,而同样作为制造业强国的中国也需要具备"工匠精神"、专业的工科知识以及扎实的实践技能的工科人才,未来学校将为粤港澳大湾区建设培养更多的"大国工匠"。

广东岭南职业技术学院是一所以"医疗健康人才培养"为特色的综合性的民办高职院校。学校虽然根据不同行业的需要开设多种类别的专业,但主要是聚焦"大健康产业",为区域医疗健康行业培养"博学而雅正,业专而技精"的医疗人才。

广东邮电职业技术学院是一所以"通信"为办学特色的全日制高职院校。通信可以实现人与人之间的信息的交流与传递,通信产业助推是粤港澳大湾区"9+2"城市群实现快速融合、沟通与发展的重要产业。广东邮电职业技术学院正是依托信息通信行业,致力于培养通信英才、强化通信人才培训。

广东工贸职业技术学院是一所工科特色的全日制普通高等职业院校。与许多学校一样,广东工贸职业技术学院根据不同行业的需求也开设多样化的专业,但是也更加聚焦急需紧缺产业,大力发展与智能制造、测绘地理信息、新能源汽车等相关的专业,同时对接广东省规划发展的七大支柱产业、九大战略新兴产业、六大未来产业和十大重大科技产业集群。

广东司法警官职业学院是一所以"法学"为办学特色的公办全日制高等职业学校。由于其办学的特殊性与专业性,学校的教育与专业建设受专业的司法人员指导,其中包括广东省司法厅和广东省教育厅的专业人员。除此之外,广东司法警官职业学院还承担社会多项涉及司法的培训工作,包括全省监狱、劳教工作理论研究工作、全省司法行政系统高等法学教育培训工作、全省司法行政系统干部培训工作。

广东省外语艺术职业学院是由广东外国语师范学校和广东艺术师范学校合并组建的一所全日制普通高职院校。广外艺主要以教师教育、文化艺术以及商业服务为主要的办学特色,坚持培养"职业素质高、就业能力强、发展潜力大"的"高强大"技术技能人才。

广东文艺职业学院是一所以"文化艺术"为办学特色的全日制高职院校，毛泽东同志曾为学校题写前校名"华南人民文学艺术学院"，可以说广东文艺职业学院是一所历史文化悠久的高职院校。学校立足粤港澳大湾区，注重弘扬岭南文化，其为粤港澳大湾区文化艺术行业培养了大批文学艺术类人才。

广州体育职业技术学院也是一所以"体育"为办学特色的高职院校，在办学过程中，广州体育职业技术学院培养了大批的优秀体育人才，其中有些学生成为了拔尖运动员，在国际赛场上挥洒热血，为国争光。可以说，广州体育职业技术学院不仅是优秀体育人才终身教育基地和体育多元文化交流平台，更是打造拔尖运动员孵化哺育基地。

广州工程技术职业学院是一所以"工科"为办学特色的广州市属普通高职院校。学校组建了包括三所附属的中职学校、一所培训中心、一所高职院校的职业教育集团，实现了中高职密切衔接，全方位发展。"有教养、有本领"是广州工程技术职业学院在人才培养方面所追求的目标。

广州涉外经济职业技术学院是以"财经"为办学特色的民办普通高职院校。涉外人才的培养是学校主要的办学目标，经过长期的探索，广州涉外经济职业技术学院总结出融"教、学、做"为一体的教学方法，旨在培养"三外两高"型（即培养具有外语、外经、外贸专门知识的高素质、高技能人才）人才，为粤港澳大湾区国际化提供人才支撑。

广州南洋理工职业学院是一所以"理工科"为办学特色的省属全日制普通高职院校，同时与广州华南商贸职业学院、广东科技学院同属广东南博教育集团旗下的高等院校。在拥有雄厚办学实力与集团化办学优势的南博教育集团的领导下，广州南洋理工职业学院朝着建设高水平高职院校和举办本科层次职业教育的发展目标迈进。

广州现代信息工程职业技术学院是一所以"工科"为办学特色的全日制普通高等院校。学院以就业为导向，追求培养有能力，能从事社会生产、建设、管理和服务的全面发展的学生。除了工科特色，学院还注重文、经、管、艺的协调发展。

广东理工职业学院是一所以"工科"为主的公办高等职业院校,其与广东开放大学虽然有不同的学校名称,但实际上实行相同的管理体制,即是"一套班子,两块牌子",在"一套班子"的管理体制下,广东理工职业学院与广东开放大学可实现优势互补、资源共享,实现职业教育与开放教育的协调发展。

广州华南商贸职业学院是一所以"商贸"为办学特色的全日制招生资格的普通高等学校。学院认为"商通世界,贸利民生","商贸"是融入世界、惠及民生的重要行业,其借助广州国际商贸中心平台,面向粤港澳大湾区,建设新商科类民办高水平高职院校。

广州华立科技职业学院是一所以"创业"为办学特色的全日制民办高职院校。学院以"根植职业教育、深化产教融合、打造创业特色"的办学思路,以创新强校工程建设为抓手,以申办职业本科教育为动力,努力创办民办优质高职院校和百年名校。

广州城市职业学院是一所以"社区教育"为办学特色,文理工艺专业协调发展的全日制高等职业院校,这也是广州第一家社区学院,被授予"广州社区学院"牌子。可以说,广州城市职业学院是以高等职业教育为主,但同时也积极拓展社区教育,是高级技术技能人才的培养大基地,也是社区教育和市民实现终身教育的重要场所。

广东工程职业技术学院是一所以工科专业为主,文、经、管、艺专业协调发展的高职院校。学院以高质量就业为导向,坚持培养高素质、高技术技能人才。除此之外,学校借助创新强校工程的热潮,以机制创新为引领,努力建设示范性高职院校。

广州铁路职业技术学院是一所以"轨道交通类人才培养"为办学特色的全日制高职院校,同时也是广东省唯一的轨道交通类公办高职院校。轨道交通建设有助于促进粤港澳大湾区"9+2"城市群沟通,打造便利城市圈。广州铁路职业技术学院充分依托轨道交通行业,专业设置积极对接转型升级的国家轨道交通产业和粤港澳大湾区建设,为国家、粤港澳大湾区培养轨道交通类高水平技术技能型人才。

广东科贸职业学院是以"农业科技"为办学特色的普通高等学校,学校内设有多所农类研究部门,包括农业经济研究所、广东省家禽科学研究所,还有广东省肉鸽科技创新中心等。同时,学校公开发行学术期刊《南方农村》,为华南地区农业科技的发展提供了学术交流平台。除了以"农业科技"为特色之外,学校办学还涵盖农、工、经、管、文等专业领域。

广州科技贸易职业学院是以"科技创新""商贸"为办学特色的广州市属高职院校,名誉院长为我国著名的中国工程院院士钟南山。广州科技贸易职业学院认为产业的推进要依靠科技创新,而经济的发展离不开商品贸易,所以学院坚持走"科技助推产业,商贸服务经济"的发展路径,主要为先进制造业、现代服务业培养大量的高素质技术技能型人才。

广州珠江职业技术学院是一所充分体现就业导向的综合类高职院校。广州珠江职业技术学院坚持办"三贴近"的职业教育,贴近学生能力、贴近现代服务业、贴近粤港澳大湾区建设。值得注意的是,广州珠江职业技术学院开办"警民共建暖心工程",帮助许多刑满释放人员顺利回归社会,有效地预防和减少刑释解教人员重新违法犯罪,这充分显现出高职院校就业导向、教书育人、服务社会的重要办学定位。

广州松田职业学院是广东省一所全日制普通高等学校,与广东白云学院、江西科技学院、广州大学松田学院等高校一起,都属于中国教育集团旗下高校。学院开办以来,一直把市场作为引领学校发展的重要动力,把就业作为坚持"以市场为引领,以就业为导向,以学生为本"的办学理念,突出能力本位,融入职场,体现"够基础、强实践、融职场、擅应用"的人才培养目标,培养适应粤港澳大湾区经济社会发展需要的一线高素质技术技能人才。

广州城建职业学院是一所以"工科类"为特色的民办高职院校。"建筑工程技术专业"是学院的品牌专业,为国家骨干专业以及广东省一类品牌专业。学校借助"创新强校工程"的东风以及申办本科教育作为动力,努力朝着建设一流高职院校迈进。

广州华商职业学院是一所以"商科""工科""医药大健康"为特色专业的

全日制高职院校。学院一直注重人才培养工作，把特色专业作为引领其他专业发展的龙头，并坚持就业创业导向，通过教学方式的改革和教育方法的优化，着重培养学生的职业能力。

广州华夏职业学院是一所综合类全日制民办高职院校。创新创业教育是学校的主要办学宗旨，也是学校的重要办学特色，在课程设置方面，学校构建了全过程的双创教育课题体系，着实提高学生的创新创业精神、创新创业知识以及创新创业能力。

广东青年职业学院是一所以"团青"与"创业"为办学特色的高职院校。为了充分发挥学校的"团青"优势，学院进行了多方面的改革，其中包括师资队伍建设、课程设置、创业建设、团青文化打造、社会服务、学生培养、科研助推等。在"创业"方面，学校形成了适应学生发展需求的"五个一"创新创业体系，其中包括创业导师团、创业实训基地、创业班级、创业者以及创业学校。

广州东华职业学院是一所综合类的全日制高职院校。学院在校企合作方面卓有成效，专业设置与产业需求密切联系，与多所企业形成深入融合，其中包括中国铁路集团、广汽本田、广州铁路、中国建设银行等。

广东舞蹈戏剧职业学院是一所以"艺术"为办学特色的省属公办全日制高职艺术院校。学院认为舞台是塑造艺术人才的重要场所，因此坚持"围绕舞台培养人才、在舞台上培养人才"的办学理念，以及"做精做特一小块、做大做强一大片"的办学思路，以传承保护和服务发展为目标，以戏剧艺术和舞蹈艺术为根基，建设具有岭南文化特色和行业示范作用的艺术类高等职业院校。

广东生态工程职业学院是一所以"林业生态"为办学特色的全日制公办普通高等职业学院。学院认为，培养林业生态方面的高素质技术技能型人才是学校办学的核心。未来学院将立足林业行业，对接粤港澳大湾区绿色产业，打造粤港澳大湾区生态品牌，加大创新步伐，全力打造粤港澳大湾区绿色摇篮。

广州卫生职业技术学院是以"医疗卫生"为办学特色的广州市属公办卫生类高等职业院校。粤港澳大湾区医疗水平的高质量发展是粤港澳大湾区人才质量重要保障。广州卫生职业技术学院紧贴粤港澳大湾区的需求,坚持建设高水平卫生职业技术学院。

表 3-2　广州市高职院校名单

序号	学校名称	办学性质	办学特色(特色专业)
1	广东轻工职业技术学院	公办学校	文科、工科
2	广东交通职业技术学院	公办学校	工科
3	广东水利电力职业技术学院	公办学校	水利电力类
4	广东南华工商职业学院	公办学校	商科
5	私立华联学院	民办学校	综合类
6	广州民航职业技术学院	公办学校	民航
7	广州番禺职业技术学院	公办学校	综合类
8	广东农工商职业技术学院	公办学校	农、工和商
9	广东科学技术职业学院	公办学校	科技
10	广东食品药品职业学院	公办学校	食品和药品
11	广州康大职业技术学院	民办学校	医疗健康
12	广东行政职业学院	公办学校	行政
13	广东体育职业技术学院	公办学校	体育
14	广东建设职业技术学院	公办学校	建筑
15	广东女子职业技术学院	公办学校	女性高职教育
16	广东机电职业技术学院	公办学校	工科
17	广东岭南职业技术学院	民办学校	医疗健康
18	广东邮电职业技术学院	公办学校	通信
19	广东工贸职业技术学院	公办学校	工科
20	广东司法警官职业学院	公办学校	司法
21	广东省外语艺术职业学院	公办学校	教师教育、文化艺术以及商业服务
22	广东文艺职业学院	公办学校	文化艺术
23	广州体育职业技术学院	公办学校	体育

序号	学校名称	办学性质	办学特色(特色专业)
24	广州工程技术职业学院	公办学校	工科
25	广州涉外经济职业技术学院	民办学校	财经
26	广州南洋理工职业学院	民办学校	理工科
27	广州现代信息工程职业技术学院	民办学校	工科
28	广东理工职业学院	公办学校	工科
29	广州华南商贸职业学院	民办学校	商贸
30	广州华立科技职业学院	民办学校	创业
31	广州城市职业学院	公办学校	社区教育
32	广东工程职业技术学院	公办学校	工科
33	广州铁路职业技术学院	公办学校	轨道交通类
34	广东科贸职业学院	公办学校	农业科技
35	广州科技贸易职业学院	公办学校	科技创新与商贸
36	广州珠江职业技术学院	民办学校	职业培训
37	广州松田职业学院	民办学校	综合类
38	广州城建职业学院	民办学校	工科类
39	广州华商职业学院	民办学校	商科、工科和医药大健康
40	广州华夏职业学院	民办学校	综合类
41	广东青年职业学院	公办学校	团青与创业
42	广州东华职业学院	民办学校	综合类
43	广东舞蹈戏剧职业学院	公办学校	艺术
44	广东生态工程职业学院	公办学校	林业生态
45	广州卫生职业技术学院	公办学校	医疗卫生

数据来源:由《2020年全国高等学校名单》①整理而成,以下城市高职院校名单也源于此名单。

---

① 参见《2020年全国高等学校名单》,http://www.moe.gov.cn/jyb_xxgk/s5743/s5744/202007/t20200709_470937.html,访问日期为2021年8月23日。

二、深圳职业教育发展的基本情况

（一）中等职业教育发展的基本情况

2022 年深圳市中等职业教育学校有 30 所,其中,教育部门主管的中等职业学校 17 所(不含技工院校),人社部门主管的技工学校 11 所。全市中等职业教育学校占全市高中阶段学校数的 24.14%(全市有普通高中学校 88 所),其中中等职业学校占 14.66%,技工学校占 9.48%。中等职业学校中省级重点及以上学校有 9 所,占 17 所中等职业学校的 52.94%。①

表 3-3　2022 年深圳市中等职业教育拟招生学校名单

序号	学校名称	办学性质
1	深圳市第一职业技术学校	公办学校
2	深圳市第二职业技术学校	公办学校
3	深圳市新鹏职业高级中学	公办学校
4	深圳艺术学校	公办学校
5	深圳市体育运动学校	公办学校
6	深圳市开放职业技术学校	公办学校
7	深圳市第三职业技术学校	公办学校
8	深圳市福田区华强职业技术学校	公办学校
9	深圳市行知职业技术学校	公办学校
10	深圳市博伦职业技术学校	公办学校
11	深圳市盐港中学	公办学校
12	深圳市宝安职业技术学校	公办学校

---

① 参见深圳市教育局:《深圳市 2021 年中等职业教育质量年度报告》,http://www.sz.gov.cn/jyj/home/jyfw/fwxsjz/zyyzsjy/zlndbg/202002/t20200224_19024130.htm,访问日期为 2023 年 4 月 20 日。

续表

序号	学校名称	办学性质
13	深圳市沙井职业高级中学	公办学校
14	深圳市龙岗职业技术学校	公办学校
15	深圳市龙岗区第二职业技术学校	公办学校
16	深圳市奋达职业技术学校	民办学校
17	深圳市中嘉职业技术学校	民办学校

（二）高等职业教育发展的基本情况

目前深圳市共有三所高等职业教育学校,分别是深圳职业技术学院、广东新安职业技术学院与深圳信息职业技术学院,其中广东新安职业技术学院为民办性质高职院校,其余两所为公办性质高职院校,以下将对三所高职院校进行简单介绍。

深圳职业技术学院是中国最早独立举办高等职业技术教育的院校之一。办学以来,深职院创造了中国高职教育的多个第一,取得了辉煌的成绩,办学卓有成效是中国高等职业院校的"一面旗帜"。深圳职业技术学院依托深圳特区产业,大力发展电子与通信技术,为深圳现代化培养了大量的电子通信人才。在深职院人的努力下,深职院为中国高等职业技术教育与世界高等职业技术教育贡献了深圳经验,充分体现了"深圳智慧"。

广东新安职业技术学院是一所集国际合作、继续教育、社会培训为一体的全日制民办普通高等院校。学院一直认为,学会做人是教育的首要方面,其次再打好学习的基础,再根据学生的自身特点培养专长,结合实践来提高技能,以报效祖国。未来学院将继续坚持以德树人,以学生为本,注重学生能力的培养,把教育教学质量的提高作为学校工作的核心,为广大学子营造一个良好的教育成才的环境。

深圳信息职业技术学院是一所以"信息技术"为办学特色的全日制高职院校。在创新环境方面,深信院依托深圳职教创新环境,形成具有深信院特色的创新创业课程体系;在产教融合方面,学校成立了深圳信息职业教育集团,与华为、腾讯等龙头企业紧密合作;在师资队伍建设方面,学校搭建了以国家级名师、珠江学者、鹏城学者和深信学者为核心成员的领军人才梯队;在科研创新方面,学校构建了"1+15"科技创新改革制度体系;在治理体系方面,学校形成了办学治校"1+6"工作体系;在国际合作方面,学校与海外 87 所院校及机构开展深度合作。

表 3-4　深圳市高职院校名单

序号	学校名称	办学性质	办学特色
1	深圳职业技术学院	公办学校	电子与通信
2	广东新安职业技术学院	民办学校	综合类
3	深圳信息职业技术学院	公办学校	信息技术

三、珠海职业教育发展的基本情况

(一)中等职业教育发展的基本情况

珠海经济发展快速,形成了以家电电气、电子信息、石油化工、生物医药、精密机械制造和电力能源的产业支柱体系,以高端制造业、高新技术产业、特色海洋经济、高端服务业和生态农业为发展重点的产业体系。为服务珠海市产业的发展,与珠海市产业进行完美对接,珠海市初步形成了包括高等职业教育与中等职业教育、公办职业院校与民办职业院校协调发展的现代职业教育体系。2022 年珠海市共有 12 所独立办学的中等职业学校,其中职业高中 7 所,技工类学校 5 所;公办学校 6 所,民办学校 6 所。2021 年中等职业教育(含技工类)招生 10007 人、在校生 29616 人,普通高中招生 11918 人、在校生

33489 人,普职比为 53.1∶46.9。7 所中等职业学校(不包括技工类学校和高职院中职部,以下同),招生 11300 人、在校生 18554 人,招生人数有所增加,学生巩固率与 2020 年持平。①

表 3-5　2022 年珠海市中等职业教育拟招生学校名单

序号	学校名称	办学性质
1	珠海市第一中等职业学校	公办学校
2	珠海市理工职业技术学校	公办学校
3	珠海市卫生学校	公办学校
4	珠海市体育运动学校	公办学校
5	珠海一职实验学校	民办学校
6	珠海市新思维中等职业学校	民办学校
7	珠海市斗门区新盈中等职业学校	民办学校
8	珠海艺术职业学院中职部	公办学校
9	珠海市城市职业技术学院中等职业教育部	公办学校

（二）高等职业教育发展的基本情况

目前珠海市共有两所高等职业教育学校,分别是珠海艺术职业学院以及珠海城市职业技术学院,其中珠海艺术职业学院为民办性质高职院校,珠海城市职业技术学院为公办性质高职院校。

珠海艺术职业学院始建于 1998 年,是一所以“艺术教育”为特色的全日制普通高等院校。学校办学厚植珠海特区、立足广东、面向全国,专业设置积

---

① 参见《珠海市 2021 年中等职业教育质量年度报告》,http://zhjy.zhuhai.gov.cn/gkmlzl/content/post_2731858.html,访问日期为 2023 年 4 月 23 日。

极对接文化艺术事业和先进第三产业的持续发展需求,为区域经济和社会发展培养应用型高技能专业人才。未来,学院将不断锤炼南粤艺术品牌,为社会培养更多的艺术类人才。

珠海城市职业技术学院是一所以"工科"为办学特色的全日制公办高职院校。学院主动适应珠海经济社会发展,积极对接珠海市高端产业,把专业建在珠海市产业链上、建在珠海市需求链上,为粤港澳大湾区经济社会发展培养了大量高素质技术技能人才。

表 3-6 珠海市高职院校名单

序号	学校名称	办学性质	办学特色
1	珠海艺术职业学院	民办学校	艺术教育
2	珠海城市职业技术学院	公办学校	工科

四、佛山职业教育发展的基本情况

(一) 中等职业教育发展的基本情况

2022 年佛山市继续深化中职学校布局结构调整改革,优化中职教育学位供给结构。佛山市五区中职学校 22 所,与 2021 年持平,均为公办中职学校。优质中职学校资源继续增加,国家中等职业教育改革发展示范学校 5 所、国家重点学校 7 所、省级重点学校 10 所,8 所中职学校纳入拟建设、培育的广东省高水平中职学校名单。[①]

---

① 参见《佛山市 2021 年中等职业教育质量年度报告》,http://edu.foshan.gov.cn/jyxx/jyxx_jyzc/jyzc_zyjy/,访问日期为 2023 年 4 月 23 日。

表3-7　2022年佛山市中等职业教育拟招生学校名单

序号	学校名称	学校性质
1	佛山市体育运动学校	公办学校
2	佛山市华材职业技术学校	公办学校
3	佛山市南海区信息技术学校	公办学校
4	佛山市南海区盐步职业技术学校	公办学校
5	佛山市南海区卫生职业技术学校	公办学校
6	佛山市南海区九江职业技术学校	公办学校
7	佛山市南海区第一职业技术学校	公办学校
8	佛山市顺德区陈村职业技术学校	公办学校
9	佛山市顺德区北滘职业技术学校	公办学校
10	佛山市顺德区陈登职业技术学校	公办学校
11	佛山市顺德区中等专业学校	公办学校
12	佛山市顺德区李伟强职业技术学校	公办学校
13	佛山市顺德区均安职业技术学校	公办学校
14	佛山市顺德区郑敬诒职业技术学校	公办学校
15	佛山市顺德区勒流职业技术学校	公办学校
16	佛山市顺德区龙江职业技术学校	公办学校
17	佛山市顺德区梁銶琚职业技术学校	公办学校
18	佛山市顺德区胡锦超职业技术学校	公办学校
19	佛山市顺德区胡宝星职业技术学校	公办学校
20	佛山市高明区职业技术学校	公办学校
21	佛山市三水区工业中等专业学校	公办学校
22	佛山市三水区理工学校	公办学校

（二）高等职业教育发展的基本情况

目前佛山市共有四所高等职业学校,分别为顺德职业技术学院、佛山职业技术学院、广东职业技术学院与广东环境保护工程职业学院,全部为公办性质高等职业学校。

顺德职业技术学院始建于 1984 年,是一所以"工科"为办学特色的地方普通高职院校。学校一直认为,立足佛山,以学生为本,崇尚品位,办出学校特色是学校的基本办学理念,未来学校更是以服务粤港澳大湾区发展为宗旨,服务国家放眼世界,深入开展新时代高职教育的系统性改革与创新,努力把学校建设成为我国改革开放前沿阵地的高素质技术技能人才培养高地。

佛山职业技术学院是一所以"智能制造"为办学特色的全日制公立普通高等学校。学校一直坚信修身笃学能增长技术以及实现技术创新,坚持通过道德治理学校,通过人才强化学校,通过提升质量提升学校声誉以及通过特色促进学校的兴旺发展。未来学校将继续面向粤港澳大湾区及佛山区域重点产业,紧密对接广东创新驱动发展战略,主动服务战略性产业。

广东职业技术学院是一所以"纺织服装"为办学特色的全日制普通高等职业院校。党的十九大以来,广东职业技术学院紧紧抓住粤港澳大湾区经济发展契机,在专业与产业对接上实现了新的突破,学校坚持把专业融入产业当中,把教学融入企业当中,在现代纺织技术方面实现行业领先,在服装设计专业、计算机网络技术专业、艺术设计类专业人才培养方式上实现创新,为粤港澳大湾区纺织类人才培养提供了佛山经验。

广东环境保护工程职业学院是一所以"环保、节能、低碳"为办学特色的全日制公办高等职业学院。环保工程是粤港澳大湾区实现宜居生活圈的重要工程,办学以来,学院贴近粤港澳大湾区的发展,坚持走产教研相结合的道路,并把学生的全面发展作为主要的办学指导思想。未来学校将借助创新强校工程的东风,在校企合作上继续实现新突破,强化环保人才的培养,为粤港澳大湾区环境保护和生态文明建设贡献佛山经验。

表 3-8　佛山市高职院校名单

序号	学校名称	办学性质	办学特色
1	顺德职业技术学院	公办	工科
2	佛山职业技术学院	公办	智能制造
3	广东职业技术学院	公办	纺织服装
4	广东环境保护工程职业学院	公办	环保、节能、低碳

五、惠州职业教育发展的基本情况

（一）中等职业教育发展的基本情况

目前,惠州市积极对接粤港澳大湾区以及惠州当地产业发展,在中等职业教育发展上形成了多元化的局面。全市共有中等职业学校 23 所(其中惠州市科贸职业技术学校、惠州市通用职业技术学校没有招生),另设有惠州卫生职业技术学院和惠州工程职业学院两个高职院的中职部,惠州市建筑学校因惠州市广播电视大学管理体制改革已停止招生。全市 23 所中职学校中,市直学校 11 所,惠城区 2 所,惠阳区 3 所,惠东县 1 所,博罗县 5 所,龙门县 1 所,大亚湾和仲恺区尚无中职学校。国家中等职业教育改革发展示范学校 1 所:惠州商贸旅游高级职业技术学校。国家级重点中等职业学校 3 所:惠州商贸旅游高级职业技术学校、博罗中等专业学校、惠东县惠东职业中学。省级重点中等职业学校 3 所:惠州市惠阳区职业技术学校、惠州市科技职业技术学校、惠州市宝山职业技术学校。公办学校 7 所,民办学校 15 所。学校占地面积共 169.9737 万平方米,生均占地面积 34.91 平方米。学校建筑面积共 98.0702 万平方米,生均建筑面积 20.14 平方米。①

---

①　参见《2023 年度惠州市中等职业教育质量年度报告》,http://jyj.huizhou.gov.cn/wsfw/zcjy/zdzyjyzlndbg/,访问日期为 2023 年 4 月 23 日。

表 3-9　2022 年惠州市中等职业教育拟招生学校名单

序号	学校名称	办学性质
1	惠州工程职业学院中职部	公办学校
2	惠州商贸旅游高级职业技术学校	公办学校
3	惠州卫生职业技术学院中职部	公办学校
4	惠州市体育运动学校	公办学校
5	惠州市东江职业技术学校	民办学校
6	惠州市理工职业技术学校	民办学校
7	惠州市成功职业技术学校	民办学校
8	惠州市求实职业技术学校	民办学校
9	惠州市艺术职业技术学校	民办学校
10	惠州市金山信息工程职业技术学校	民办学校
11	惠州市科技职业技术学校	民办学校
12	惠州市科贸职业技术学校	民办学校
13	惠州市通用职业技术学校	民办学校
14	惠州市惠城职业技术学校	公办学校
15	惠州市财经职业技术学校	民办学校
16	惠州市惠阳区职业技术学校	公办学校
17	惠州市新华职业技术学校	民办学校
18	惠州市万方综合职业高级中学	民办学校
19	惠东县惠东职业中学	公办学校
20	博罗中等专业学校	公办学校
21	惠州华洋科技中等职业技术学校	民办学校
22	惠州市华科职业高级中学	民办学校
23	龙门县职业技术学校	公办学校

（二）高等职业教育发展的基本情况

目前,惠州市共有四所高等职业学校,分别是惠州经济职业技术学院、惠州卫生职业技术学院、惠州城市职业学院、惠州工程职业学院,其中惠州经济职业技术学院为民办性质高职院校,其余三所为公办性质高职院校。

惠州经济职业技术学院是一所以"金融"为办学特色的全日制普通高等院校。在办学定位方面,惠州经济职业技术学院不仅立足于当地,还以服务粤港澳大湾区发展为抓手,践行社会服务的功能。在办学过程中,学院逐步形成了具有"惠州特色"的教育教学方式,其中包括理论与实践教学并行的教学形式、实训、教学、生产经营和技能鉴定四位一体教学方式以及三业对接的教学形式(即学校专业—工厂实业—学生就业)。除此之外,惠州经济职业技术学院还形成了"43334"治校方略,为粤港澳大湾区职业教育的发展提供了惠州经验。

惠州卫生职业技术学院是一所以"医疗健康"为办学特色的全日制公办普通高等院校。在办学理念方面,学校始终坚持医德为先,学生首先树立良好的医德才能更好地学习医疗卫生技能,更好地为人民健康服务。在办学定位方面,学校不仅立足于惠州本地,还面向粤港澳大湾区,甚至全国。在专业设置方面,学校积极对接惠州市"2+1"产业布局、生命健康产业发展战略,为粤港澳大湾区大健康产业的发展提供强大的医疗卫生人才支撑。

惠州城市职业学院是一所以"工科"为办学特色的公办全日制普通高等院校。根据《粤港澳大湾区发展规划纲要》的指示,粤港澳大湾区将继续发挥制造业优势,促进制造业转型升级。为了积极与粤港澳大湾区的产业发展相对接,惠州城市职业学院面向先进制造业和现代服务业办学,培养一大批具有强大工科背景的高素质技术技能人才,为粤港澳大湾区先进制造业和服务业提供了强大的人才支撑。

惠州工程职业学院是一所以"理工科"为办学特色的现代化公办普通高等院校。惠州工程职业学院学校环境优美,被评为绿色化文明校园,犹如"学在花园里,住在山水间"。学校以理工科为专业特色,以学生社团为校园文化建设的重要载体,积极探索新型社团管理形式,形成了"在工程,社团是一种生活方式"的工作目标和"一体两翼八面"的工作形式。

表 3-10　惠州市高职院校名单

序号	学校名称	办学性质	办学特色
1	惠州经济职业技术学院	民办	金融
2	惠州卫生职业技术学院	公办	医疗健康
3	惠州城市职业学院	公办	工科
4	惠州工程职业学院	公办	理工科

六、东莞职业教育发展的基本情况

(一) 中等职业教育发展的基本情况

2022 年东莞市有独立设置的中等职业技术学校(以下简称"中职学校")22 所(不含 7 所技工院校,下同)、特殊学校附设中职班 2 个。公办中职学校11 所,全部是省级及以上重点中职学校,其中国家级示范校 2 所,国家级重点中职学校 8 所;民办中职学校 9 所,其中省级重点中职学校 4 所。[①]

表 3-11　2022 年东莞市中等职业教育拟招生学校名单

序号	学校名称	学校性质
1	东莞理工学校	公办学校
2	东莞市经济贸易学校	公办学校
3	东莞市商业学校	公办学校

---

① 参见《2021 年度东莞市中等职业教育质量年度报告》,http://edu.dg.gov.cn/flfw/fwxsjc/zzjy/ndzlbg/,访问日期为 2023 年 4 月 23 日。

续表

序号	学校名称	学校性质
4	东莞市纺织服装学校	公办学校
5	东莞市轻工业学校	公办学校
6	东莞市机电工程学校	公办学校
7	东莞市电子科技学校	公办学校
8	东莞市电子商贸学校	公办学校
9	东莞市信息技术学校	公办学校
10	东莞市汽车技术学校	公办学校
11	东莞体育运动学校	公办学校
12	东莞市育才职业技术学校	民办学校
13	东莞市南华职业技术学校	民办学校
14	东莞市南博职业技术学校	民办学校
15	东莞市鼎文职业技术学校	民办学校
16	东莞市华南职业技术学校	民办学校
17	东莞市南方舞蹈学校	民办学校
18	东莞市五星职业技术学校	民办学校
19	东莞篮球学校	民办学校
20	东莞市宏达职业技术学校	民办学校
21	广东创新科技职业学院中职部	民办学校
22	广东酒店管理职业技术学院中职部	民办学校

（二）高等职业教育发展的基本情况

目前,东莞市共有四所高等职业学校,分别是广东亚视演艺职业学院、东莞职业技术学院、广东创新科技职业学院、广东酒店管理职业技术学院,其中东莞职业技术学院为东莞市唯一一所公办性质高职院校,其他三所均为民办性质高职院校。

广东亚视演艺职业学院是一所以"影视艺术"为办学特色的全日制普通高等院校。学校聚焦影视演艺行业,以艺术设计、戏剧影视、音乐舞蹈、传媒类为特色,以信息工程、经济管理类为主体专业建设目标和发展规划,未来学校将立足于东莞本地,朝着粤港澳大湾区高水平应用型本科院校的办学目标不断迈进。

东莞职业技术学院是东莞市唯一一所公立高等职业院校,也是一所以"工科"为办学特色的高职院校。建校以来,学校依托东莞市的经济社会发展,聚焦东莞市制造业的发展,设置多门与东莞制造业相对接的专业,为东莞市制造业的发展培养了大批的人才。未来,东莞职业技术学院将面向粤港澳大湾区办学,坚持"三步走"发展战略。

广东创新科技职业学院是一所以"科技创新"为办学特色的全日制普通高职院校。创校以来,广东创新科技职业学院严格以高标准办学,开展管理工作,创新发展路子,凸显学校办学特色。为培养学生创新创业能力,学校开展多项学生创新创业活动,鼓励支持学生创业,全校形成浓厚的创新创业氛围。

广东酒店管理职业技术学院是一所以"酒店管理"为办学特色的全日制普通高职院校。学校学习环境优美,设施完善。自办学以来,学校强调国际化与开放式发展,不仅与东莞本土酒店品牌有深度合作,与国际品牌酒店也有紧密合作。未来学校将立足于东莞本土,着眼于粤港澳大湾区乃至国际,为酒店管理行业培养大批的高素质的服务业技术技能型人才。

表3-12　东莞市高职院校名单

序号	学校名称	办学性质	办学特色
1	广东亚视演艺职业学院	民办	影视艺术
2	东莞职业技术学院	公办	工科

续表

序号	学校名称	办学性质	办学特色
3	广东创新科技职业学院	民办	科技创新
4	广东酒店管理职业技术学院	民办	酒店管理

七、中山职业教育发展的基本情况

（一）中等职业教育发展的基本情况

目前中山市共有 7 所中等职业学校(不含技工学校)。其中有 3 所国家级重点职业学校、2 所国家级示范性中等职业学校、新增 4 所省级"高水平"中职学校立项建设单位、1 所省级"高水平"中职学校建设培育单位。中山市体育运动学校属于专门的体育运动类中职学校,具有独特的办学方式和人才培养方式。[①]

表 3-13　2023 年中山市中等职业教育拟招生学校名单

序号	学校名称	办学性质
1	中山市中等专业学校	公办学校
2	中山市沙溪理工学校	公办学校
3	中山市第一中等职业技术学校	公办学校
4	中山市建斌中等职业技术学校	公办学校
5	中山市现代职业技术学校	公办学校
6	中山市火炬科学技术学校	公办学校
7	中山市体育运动学校	公办学校

---

① 参见中山市教育局:《关于发布 2023 年中山市中等职业学校质量年度报告》,http://www.zszz.net/uploads/1/file/public/202302/20230223101114_ihi10ukoj7.pdf,访问日期为 2023 年 4 月 23 日。

（二）高等职业教育发展的基本情况

目前,中山市共设有两所高等职业学校,分别是中山火炬职业技术学院与中山职业技术学院,均为公办性质高职院校。

中山火炬职业技术学院是一所"深度产教融合"的全日制高职院校,孕育于"国家火炬计划"。从学校的地理位置看,学校坐落在产业发达的国家级火炬高新区,区内有来自世界各国的产业基地以及企业。正是在这样的环境下,学校在校企合作、产教融合方面卓有成效。多年来,中山火炬职业技术学院不仅为中山火炬高技术产业开发区提供大批专业与岗位对口的高素质的技术人才,为粤港澳大湾区职业教育产教融合提供富有特色的中山经验。

中山职业技术学院是一所以"工科"为办学特色的全日制普通高等学校。为提高学校教育质量,中山职业技术学院紧紧围绕中山市产业的发展,大力实施教育教学改革,逐步形成了"一镇一品一专业"的具有"中山特色"的专业布局,实现"人才—市场"和"专业—产业"的无缝对接。建校以来,学校坚持以人为本,采用工学结合的方式培养学生,以更好服务社会。未来,学校将加强内涵建设,为粤港澳大湾区建设作出新贡献。

表 3-14　中山市高职院校名单

序号	学校名称	办学性质	办学特色
1	中山火炬职业技术学院	公办	产教融合
2	中山职业技术学院	公办	工科

八、江门职业教育发展的基本情况

（一）中等职业教育发展的基本情况

2022 年江门市全市中职学校(不含技工,以下相同)12 所,其中,主要为

公办学校,体育运动学校有 2 所,在校生 3.11 万人。国家级重点中职学校 9
所、国家中职教育改革发展示范学校 9 所,省级示范性中职学校 4 所、省级重
点中职学校 2 所;承担全国制造业和服务业技能型紧缺人才培养培训工程任
务的学校 2 所;全国重点建设专业 1 个,全国数控技术职业教育实训基地 1
个;省级以上重点建设专业(点)22 个,广东省中等职业教育"双精准"示范专
业 19 个;学生基本技能和专业水平持续提高,毕业生就业率 94.43%。打造了
计算机软件、数控技术应用、模具制造技术、电子技术应用、汽车运用与维修、
机电技术应用、中餐烹饪与营养膳食、护理、药剂等一批省级品牌专业。①

表 3-15　2022 年江门市中等职业教育拟招生学校名单

序号	学校名称	办学性质
1	江门市第一职业高级中学	公办学校
2	江门市工贸职业技术学校	公办学校
3	江门市体育运动学校	公办学校
4	江门市荷塘职业技术学校	公办学校
5	江门市新会机电职业技术学校	公办学校
6	鹤山市职业技术学校	公办学校
7	开平市吴汉良理工学校	公办学校
8	开平市机电中等职业技术学校	公办学校
9	台山市培英职业技术学校	公办学校
10	台山市卫生职业技术学校	公办学校
11	恩平市中等职业技术学校	公办学校
12	恩平市体育运动学校	公办学校

① 参见江门市教育局:《关于发布 2021 年度江门市中等职业教育质量年度报告的通知》,
http://www.jiangmen.gov.cn/jmjyj/gkmlpt/content/2/2791/mpost_2791212.html#5778,访问日期为
2023 年 4 月 23 日。

（二）高等职业教育发展的基本情况

目前，江门市共设有四所高等职业学校，分别是江门职业技术学院、广东南方职业学院、广东江门中医药职业学院与广东江门幼儿师范高等专科学校，其中广东南方职业学院为民办性质高职院校，其余三所均为公办性质高职院校。

江门职业技术学院是一所以"智能制造"为办学特色的全日制公办普通高等职业院校。学校通过文化哺育人才，通过技术强化办学质量，开放办学，以主动适应江门侨乡的发展。为了更好地与江门五邑地区产业发展相匹配，学校主动适应区域产业发展需求，精准建设专业群，培养了一大批高素质技术人才，为五邑地区产业发展作出巨大的贡献。

广东南方职业学院也是一所以"智能制造"为办学特色的全日制普通高等院校。办学以来，学校始终以促进就业为导向，着力培养德、智、体、美全面发展的人才，提升学校社会服务能力。在办学理念方面，学校坚持"四求"的办学理念，即"求德、求知、求能、求业"，要求学生成为品德高尚、知识基础扎实、专业技术技能水平高、就业能力强的社会主义建设者。

广东江门中医药职业学院是一所以"中医药"为办学特色的公办全日制高等职业学院。中医是我国国粹，培育中医人才不仅有利于提高社会医疗水平，还能弘扬中华民族传统文化。广东江门中医药职业学院立足于江门地区，面向粤港澳大湾区，以中医药行业为依托，坚持以人为本，在传承中华文化的同时追求中医药特色文化创新，努力建设成为具有岭南中医药特色与侨乡文化并具的高等中医药职业院校。

广东江门幼儿师范高等专科学校是目前粤港澳大湾区唯一的幼儿师范高等专科学校。从学校名称便可知，学校以培养学前教育师资为特色。学前教育是我国教育体系的重要组成部分，幼儿阶段也是人生的基础阶段，培养具有良好师德和敬业精神的学前教育师资是我国大力发展学前教育的重要举措。基于此，广东江门幼儿师范高等专科学校朝着"为全省学前教师教育提供示范的幼儿师范高等专科学校"的目标迈进。

表 3-16　江门市高职院校名单

序号	学校名称	办学性质	办学特色
1	江门职业技术学院	公办	智能制造
2	广东南方职业学院	民办	智能制造
3	广东江门中医药职业学院	公办	中医药
4	广东江门幼儿师范高等专科学校	公办	学前教育

九、肇庆职业教育发展的基本情况

（一）中等职业教育发展的基本情况

2022 年肇庆市有中等职业学校 15 所(不含技工学校,下同),其中公办学校 9 所,民办学校 6 所;市属学校 8 所,县区属学校 7 所;国家中等职业教育改革发展示范学校 2 所,省级示范学校 2 所;国家级重点学校 4 所,省级重点学校 9 所。形成以城区为主,辐射城乡,公办民办协调的中等职业教育集约发展局面。[①]

表 3-17　2022 年肇庆市中等职业教育拟招生学校名单

序号	学校名称	办学性质
1	肇庆医学高等专科学校附属卫生学校	公办学校
2	肇庆市工业贸易学校	公办学校
3	肇庆市工程技术学校(肇庆市农业学校)	公办学校
4	肇庆市体育学校	公办学校

---

① 参见《肇庆市 2021 年度中等职业教育质量年度报告》,http://www.zhaoqing.gov.cn/zqjyj/gkmlpt/content/2/2806/post_2806721.html#21940,访问日期为 2023 年 4 月 23 日。

序号	学校名称	办学性质
5	肇庆市财经中等职业学校	民办学校
6	肇庆市商贸中等职业学校	民办学校
7	肇庆理工中等职业学校	民办学校
8	肇庆市四会中等专业学校	公办学校
9	广宁县中等职业技术学校	公办学校
10	怀集县职业技术学校	公办学校
11	封开县中等职业学校	公办学校
12	德庆县中等职业学校	公办学校
13	广东信息工程职业学院中职部	民办学校
14	肇庆市农业学校	公办学校
15	肇庆市科技中等职业学校	民办学校

(二) 高等职业教育发展的基本情况

目前,肇庆市共有两所高等职业学校,分别是肇庆医学高等专科学校与广东信息工程职业学院,其中广东信息工程职业学院为民办性质高职院校,肇庆医学高等专科学校为公办性质高职院校。

肇庆医学高等专科学校是一所以"医疗健康"为办学特色的全日制高职院校,也是广东省唯一的公办医学高等专科学校。医疗卫生领域一直是国家重点关注领域。肇庆医学高等专科学校正是以培养高素质高技能的医学人才为目标。未来,学校将继续积极响应"健康中国"的号召,主动适应粤港澳大湾区医疗健康需求,致力于创建广东健康医学院工作,提升办学质量与水平。

广东信息工程职业学院成立于 2012 年,是一所以"信息工程"为办学特色的全日制普通高等学校。学院为地方经济社会发展培养具有创新意识的应用型高技能专业人才,紧贴市场设置专业;改革创新教育教学,加强双师培养,强化双证教学;重视实践教学环节,重视就业创业指导。充分利用地处肇庆高新区的地缘优势,校政企融合,工学交替,与唯品会、美的、达利园、台菱电梯等数十家知名企业建立战略合作关系。

表 3-18　肇庆市高职院校名单

序号	学校名称	办学性质	办学特色
1	肇庆医学高等专科学校	公办	医疗健康
2	广东信息工程职业学院	民办	信息工程

十、香港职业教育发展的基本情况

香港是世界上经济发展快,开放程度高,具有活力的区域之一。其职业教育的发展与产业的发展密切相关。香港早期以加工制造业为主,随着科学技术的发展,逐步向以旅游、贸易、金融、服务和高新技术为支柱产业发展。1970年,第一所中专性质的工业学院成立。1972 年,香港理工学院成立(大专性质)。1982 年,香港职业训练局成立。1987 年,香港有 8 所工业学院成立。1988 年,香港科技大学成立。1994 年,香港理工学院升格为香港理工大学,城市理工学院升格为香港城市大学。[①] 20 世纪 90 年代,服务业更是成为了香港最具有优势的产业。由于产业的转型升级,香港职业教育布局结构也不得不进行及时调整,为香港经济发展服务。可以说,此时香港职业教育才正式进入规范化阶段。

香港职业训练局(以下简称"职训局")是香港最具有代表性的职业教育机构。职训局成立于 1982 年,是香港最大的职业教育、培训和专业发展的集团。职训局每年为 20 多万名学生提供职前和在职课程,帮助他们获得含金量

---

① 参见辛斐斐、范跃进:《香港职业教育变革走向及启示》,《高等职业教育探索》2019 年第 2 期。

高的文凭。为了给不同年龄层和能力水平的学习者提供更多机会,职训局从成员机构、课程宽度和认证资格上汲取力量,为其 13 个会员机构提供广泛的课程,涵盖的行业涉及"文""理""工""医""商""管"等。

香港高等教育科技学院是一所综合类的高等职业教育机构,主要课程兼具理论性和实用性,注重通识教育及专业技能教育。除此之外,学校还会给学生提供多样化的实习机会,包括个案研习和业界实习,期望培育具有国际视野的专业技术人才。

高峰进修学院是一所具有国际化视野的高等职业教育机构,学校与海外大学及本地机构进行密切合作,可以给学生提供多样化的专业进修课程,除此之外,学校还为香港本地及海外许多企业提供顾问及企业培训服务。

才晋高等教育学院与高峰进修学院同样,是一所具有国际化视野的高等职业教育机构,学院与许多海外及本地大学进行密切合作,主要为香港职训局高级文凭毕业生提供学士学位衔接课程。

香港专业教育学院是一所全日制与兼读制高等职业教育机构,能为不同需求的学生提供多元学科课程,其中课程内容涵盖高级文凭及证书课程,是香港卓越的专业教育机构。

香港知专设计学院作为香港卓越的设计院校,致力于提供优质设计课程,为创意工业培育专才。

国际厨艺学院为年轻人或在职人士提供不同程度的专业厨艺培训课程。学院将提供多国菜系厨艺培训,包括南美洲、欧洲、中东、地中海以至亚洲等。

卓越培训发展中心提供全面实务培训及专业发展服务,切合业界及学生的需要。中心提供多元化服务,涵盖不同行业的培训发展课程、培训计划、技能测验、企业培训课程以及顾问服务等。

酒店及旅游学院为中学毕业生提供专业酒店款接课程。新建的训练酒店让学员于实际工作环境中接受专业培训。

中华厨艺学院为有志投身饮食业人士及在职厨师提供中厨及餐饮管理训练,让学员取得或提升资历。

海事训练学院为中学毕业生、本地及外国海员，以及海事及岸上机构雇员提供一系列海事训练课程。学院亦因应航海业的本地标准和国际要求，提供认可的必修训练课程。

青年学院为中三以上程度青少年提供全日制课程，学生可以按自己的兴趣选择专业科目，为将来升学或就业作好准备。

汇纵专业发展中心致力为社会不同教育程度及背景人士提供多元化培训课程，协助学员提升就业竞争力。

展亮技能发展中心主要的服务对象是十五岁或以上有特殊教育需要的人士，学校能为这些特殊学生提供技能训练及支援服务，帮助学生发展潜能，提升就业能力。①

十一、澳门职业教育发展的基本情况

澳门职业教育起步较香港和内地城市职业教育晚，在职业教育管理体系与学校布局结构方面尚未成熟。澳门中等职业教育和普通中学的学校教育较好地结合在一起，职业教育课程兼顾了学生就业和升学的需要。在初中阶段，学生在校修完初级职业课程后，经考试合格可颁发初级技术及专业证书。在高中阶段，前两年主要修读"社会文化"和"专业科技及实践"领域的学科，第三年则进行"专业实习"。毕业后可颁发高中文凭和专业技术资格证书。学生可以直接就业，也可以继续上升并接受高等教育。澳门的大多数中等职业教育机构都是由民间组织创立的，专门提供中等职业教育的公立学校较少，代表性的有澳门演艺学院下设的舞蹈学校、音乐学校、戏剧学校以及 1998 年创办的中葡职业技术学校。②

澳门演艺学院舞蹈学校、澳门演艺学院音乐学校以及澳门演艺学院戏剧

---

① 参见香港职业教育训练局：《机构成员》，https://www.vtc.edu.hk/html/sc/institutions.html，访问日期为 2023 年 4 月 22 日。

② 参见黄亚武：《大湾区规划下澳门职业教育发展现状与策略分析》，《湖北开放职业学院学报》2019 年第 14 期。

学校同属于澳门演艺学院,其中舞蹈学校是港澳台地区唯一一所提供职业舞蹈教育的艺术学校,音乐学校致力于为澳门市民提供各项系统的音乐培训课程,戏剧学校是澳门唯一一所提供剧场艺术教育与应用戏剧的专门学校。可以说,澳门演艺学院是一所多元化发展的职业学校。

中葡职业技术学校是澳门一所公立的职业技术学校,培养专业的技术技能人才是学校的主要办学任务。除此之外,为发展学生的智能,强化学生道德意识与公民意识,提高学生体能,学校给学生提供多样化的课程学习,包括自然、艺术、人文、科技课等。

澳门的高等职业教育与普通高等教育融合为一体,许多综合性大学也开设有高等职业教育,主要包括澳门科技大学、澳门理工学院、澳门旅游培训学院、澳门保安部队高等学校、澳门高等国际学院和亚洲(澳门)国际开放大学,以下将对部分典型的澳门高等职业学校进行简单介绍。

澳门旅游培训学院是一所以"培养旅游业人才"为办学特色的高等职业学校,学校始终坚持为世界提供国际化旅游服务型人才,这些人才不仅具备专业的旅游知识,还有扎实的行业技能。这些学生不仅能在旅游行业崭露头角,有些也成为了业界领导,可以说,澳门旅游培训学院为全国乃至全世界提供了大量的国际化旅游服务业人才。

澳门保安部队高等学校于1988年成立,是澳门保安部队辖下一个局级单位,也是本地区一所大专高等教育学府。学校以"成为卓越的保安部队培训基地,培训德才兼备的高素质人才"为办学抱负,以"为澳门特别行政区培训高素质的保安部队人员,不断提高保安部队人员的专业素质"为办学使命,以"廉洁奉公,贯彻公仆精神,尽忠职守,与时俱进,竭力为社会服务"为办学信念,为保安部队人员提升学历及专业水平,配合澳门社会发展的需要。

澳门高等国际学院于1996年成立,是受葡萄牙天主教大学暨高等教育基金会的委派而成立的一所私立大专院校,2009年12月更名为圣若瑟大学。学校受到耶稣会会士传教事业的启迪,持续推动中国与欧洲在文化、科学、伦理和哲学传统方面的创造性对话。基于此,学校坚定发展全人教育,致力于澳门社会的关爱与责任,为澳门在经济、环境和社群等方面的可持续发展作出贡献。

第二节　职业教育发展的应有之义

亚洲通讯社社长徐静波在其著作《日本如何转型创新:徐静波演讲录》一书中写道:"人才聚集是经济发展的基础,教育是湾区健康运行的血液。"①职业教育是与经济发展联系最为密切的教育类型,因此粤港澳大湾区职业教育能提供湾区经济发展的基础,给粤港澳大湾区健康运行提供了源源不断的新鲜血液。2019年初,中共中央、国务院发布了《粤港澳大湾区发展规划纲要》,明确了粤港澳大湾区的指导思想、基本原则、战略定位以及未来发展目标,可以说粤港澳大湾区正式进入了发展的初期。在粤港澳大湾区初期发展的背景下,粤港澳大湾区职业教育该如何发展? 探索粤港澳大湾区职业教育的应有之义是目前粤港澳大湾区职业教育发展的必然之道。

笔者认为,粤港澳大湾区职业教育的发展应与粤港澳大湾区职业教育的发展相匹配,可以从粤港澳大湾区的战略定位去审视粤港澳大湾区职业教育发展之路。因此试图在学校功能理论的基础上,针对粤港澳大湾区职业教育的特点,结合粤港澳大湾区的战略定位,确定粤港澳大湾区职业教育发展的应然之路。

柯婧秋参考陈桂生学者的功能理论,在其硕士毕业论文中对学校功能的维度及其观点做了一个梳理,可以成为探究粤港澳大湾区职业教育发展之路的理论参考。她认为,学校有五大功能,分别是学校对个体发展的功能、学校的经济功能、学校的社会(选择)功能、学校的政治功能以及学校的文化功能。学校对个体发展的功能是注重教育对学生个体社会化的影响;学校的经济功能注重通过教育提高受教育者的职业意识和劳动力素质,以极大提高社会的

---

① 　徐静波:《日本如何转型创新:徐静波演讲录》,华文出版社2020年版,第82页。

生产力以及经济效益;学校的社会(选择)功能主要体现学校具有选拔功能,学校应当日益成为选择的主要渠道;学校的政治功能主要是借助于学校进行权力层机构的人事甄选;学校的文化功能主要体现学校承担文化传递与更新。

表3-19　学校功能维度及其内容①

序号	学校功能	功能主义观点
1	学校对个体发展的功能	1.学校培养个体身心,就是发展"行动体系"中的"有机行为体系"和"人格体系"过程,前者使个体学习"维持生命基本需要所需之技术知识",后者即个体"社会化"过程。 2.社会对儿童进行教育,主要使儿童产生其所属社会认为其每个成员必须具备的身心状况以及其所属特定社会群体(社会等级、社会阶级、家庭、职业)认为其全体成员必须具备的某些身心状况。
2	学校的经济功能	1.教育通过提高受教育者的职业意识和劳动力素质(知识、技能)等,将会极大地提高社会的生产力和经济效益,也会使受教育者个体的经济收入有所增加。 2.以"教育收益法""国际比较方法""剩余因素法"证明教育与经济在某种程度上的相关。 3.在许多落后国家,初、中等教育具有极高的社会收益率;在所有已开发的国家中,中等教育的社会收益率则比高等教育要高。
3	学校的社会(选择)功能	1.学校具有选拔功能。学校不仅应当成为社会化的机构,而且应当日益成为选择的主要渠道,这是与人们在一个日益分化和蒸蒸日上的社会中期望一致的。 2.由于低技能工作不断减少高技能工作不断增多,而教育提供所需技能,所以雇聘的教育条件不断提高。 3.学校教育的甄选注重绩效的,甄选的标准只是个体教育成就及天赋才能,而不受其出身背景影响。 4.给予个体均等的入学机会及较长的入学年限,可以达到教育的平等,并使社会平等化及流动。
4	学校的政治功能	1.借助于学校进行权力层机构的人事甄选。 2.学校承担政治控制(整合)、政治平等、改变人的政治态度的功能。
5	学校的文化功能	学校承担文化传递与更新的功能。

① 参见柯婧秋:《乡村振兴战略背景下县级职教中心的办学功能定位研究》,华东师范大学硕士学位论文,2019年。

《粤港澳大湾区发展规划纲要》明确指出粤港澳大湾区有五个战略定位，分别是充满活力的世界级城市群、具有全球影响力的国际科技创新中心、"一带一路"建设的重要支撑、内地与港澳深度合作示范区、宜居宜业宜游的优质生活圈。结合学校的"个体发展的功能""经济功能""社会（选择）功能""政治功能"以及"文化功能"，可总结出粤港澳大湾区职业教育发展的五个方向：完善教育治理、培养创新人才、服务国际经济、促进粤港澳教育合作、实现文化繁荣。

表 3-20　粤港澳大湾区职业教育发展的应有之义

	学校的政治功能	学校的个体发展功能	学校的经济功能	学校的社会功能	学校的文化功能
充满活力的世界级城市群	完善教育治理				
具有全球影响力的国际科技创新中心		培养创新人才			
"一带一路"建设的重要支撑			服务国际经济		
内地与港澳深度合作示范区				促进粤港澳教育合作	
宜居宜业宜游的优质生活圈					实现文化繁荣

一、政治功能——完善教育治理

"充满活力的世界级城市群"是粤港澳大湾区的战略定位之一。粤港澳大湾区的活力来自"9+2"城市群网络化的空间布局、便捷的交通网络、转型升级的多样化产业、坚实的人才培养基础等。从"9+2"城市的地理位置与交通网络来看，城市群密集群聚，依靠海湾，陆上交通与海上交通发达；从"9+2"城市的产业布置来看,产业类型多种多样,包括制造业、服务业、农业等;从人才培养机构来看,粤港澳大湾区城市具有发达的本科、专科层次高等教育以及中等职业教育资源,能为粤港澳大湾区精准提供与产业发展相适配的人才支撑。毫无疑问,粤港澳大湾区是一个"充满活力的世界级城市群"。《粤港澳大湾区发展规划纲要》中对此战略定位的具体描述谈及"继续深化改革","构建经济高质量发展的体制机制"。

"经济高质量发展的体制机制"的构建是粤港澳大湾区发展的基础,对于粤港澳大湾区职业教育来说,湾区职业教育可以通过完善教育治理去协助粤港澳大湾区的发展。一方面,职业学校应当创新体制机制,使其融入粤港澳大湾区的发展当中,促进内部高质量发展;另一方面,粤港澳大湾区可以借助学校进行权力层机构的人事甄选,以更好地服务粤港澳大湾区的发展。

二、个体发展功能——培养创新人才

"具有全球影响力的国际科技创新中心"是粤港澳大湾区的战略定位之一。粤港澳大湾区的科技创新动力主要来源于发达的高等教育资源以及科技创新型企业。高等教育有四大基本办学功能,分别是人才培养的功能、社会服务的功能、文化传承的功能以及科研创新的功能。粤港澳大湾区具有多所科研实力强劲的高等学校,如中山大学、华南理工大学、深圳大学、华南师范大学、香港科技大学等。此外,粤港澳大湾区多所高职院校也同样具有强劲的科研实力,如深圳职业技术学院、番禺职业技术学院、广东轻工职业技术学院等,这些粤港澳大湾区高等教育机构是粤港澳大湾区科技创新发展中不可缺少的后备力量。从粤港澳大湾区发明专利的相关数据来看(详情参见第一章第二节的相关数据),深圳市与广州市的发明专利位于粤港澳大湾区城市广东省内城市的前列。香港和澳门更是现代化、国际化的大都市,具有较强的全球影响力。毫无疑问,粤港澳大湾区是具有全球影响力的国际科技创新中心。

"科技创新"是粤港澳大湾区实现高质量发展的关键。学校的个体发展功能是通过学校,使学生产生所属社会认为其必须具备的身心状况,基于粤港澳大湾区科技创新的需求,职业学校在促进个体发展方面要注重对人才的创新性培养,让学生具备创新意识、创新精神以及创新能力。

三、经济功能——服务国际经济

"'一带一路'建设的重要支撑"是粤港澳大湾区的战略定位之一。"一带一路"建设是我国为促进人类构建命运共同体贡献的智慧,更是促进国际化合作与竞争,促进世界经济共同发展的重要途径。"一带一路"建设需要扎实先进的产业基础、需要足够的高素质的人力基础、需要科技创新实力基础,而粤港澳大湾区正是拥有这些基础的"城市群",因此把粤港澳大湾区定位为"'一带一路'建设的重要支撑"是科学的、合适的,符合现实发展需求的。

"国际化的经济合作与竞争"成为了粤港澳大湾区实现国际化、高质量发展的重要渠道。无论是建成世界级城市群,还是发展国际科技创新中心,高质量的教育都是粤港澳大湾区不可或缺的重要条件。《粤港澳大湾区发展规划纲要》指出,到2035年大湾区要建成若干世界一流水平的高校,涌现出若干具有强烈前瞻性、创新性和国际眼光的原创性科技成果,成为世界高等教育合作发展和创新发展的先进典范。为此,创新发展是建设粤港澳大湾区的关键词之一,服务国际经济可成为湾区职业学校的发展方向。从个体的角度来说,职业学校通过教育提高受教育者的国际化职业意识和劳动力素质,使个体的经济收入有所增加。从整体的角度来说,职业学校可通过个体的国际化水平的提高来促进粤港澳大湾区经济的发展。

四、社会功能——促进粤港澳教育合作

"内地与港澳深度合作示范区"是粤港澳大湾区的战略定位之一。粤港澳大湾区与世界其他三个湾区的重要区别在于粤港澳大湾区是建立在"一国两制"的基础上。粤港澳大湾区主要由两大部分区域组成,分别是广东省九个沿海城市以及香港特别行政区和澳门特别行政区,也是内地与港澳实现深度合作的难得机遇,因此把粤港澳大湾区作为"内地与港澳深度合作示范区"

是科学的。随着粤港澳三地教育合作的持续推进,人们对职业教育"跨界""融通""服务产业"的属性有了更深刻的认识,职业教育的类型定位决定其为产业结合最紧密的教育类型,围绕服务产业发展深化产教融合、打造高质量育人品牌、形成校企合作办学的标准,不断提高对粤港澳经济和人才全面发展的适应性,组建高素质双师型教师队伍,培养产业转型升级背景下的技术技能人才。

粤港澳大湾区教育合作是粤港澳大湾区实现整体高质量发展的保障,因此粤港澳大湾区职业教育可通过"促进粤港澳教育合作"发挥职业学校的社会功能。职业学校具有选拔功能,学校甄选个体的标准更多的是注重绩效、注重教育成就及天赋才能,也正是因为学校的选拔功能,才得以把不同发展水平的学生进行区分,实现因材施教。粤港澳教育合作是为职业学校的教育选拔提供了更多的参考,给学生提供了更多选择的机会与渠道。

五、文化功能——实现文化繁荣

粤港澳大湾区承担着我国实现高水平发展和现代化建设的重大责任和使命,文化繁荣作为粤港澳大湾区合作的重要领域,不仅包含经济层面的重要意义,还包括政治层面以及社会文化层面的合作理念,构建粤港澳大湾区文化旅游共同市场,建立更加有效的区域利益协调发展机制,有利于实现粤港澳大湾区的文化大融合大繁荣。依据《粤港澳大湾区发展规划纲要》可知,打造"宜居宜业宜游的优质生活圈"是粤港澳大湾区的战略定位之一。从宜居的角度看,粤港澳大湾区交通发达、生活便利,如珠海市的生活幸福指数是位于世界前列的。从宜业的角度看,粤港澳大湾区是大、中、小型企业密集的地区,产业发达,如信息与通信方面的企业有华为、腾讯、金立、中兴等,制造业方面的企业有格力、美的等。2022年世界500强上榜企业中,粤港澳大湾区有25家企业入榜,其中来自香港的企业有7家,来自广东省内的企业有18家。因此粤港澳大湾区是适合就业、创业的湾区。从宜游的角度看,粤港澳大湾区内每个城市都有丰富的城市特色以及旅游资源,吸引着来自世界各地的旅客。"城市文化建设"是粤港澳大湾区构建宜居宜业宜游的优质生活圈,实现高质量发展的重要环节,结合职业学校的文化功能,可以把"实现文化繁荣"纳入粤港澳大湾区职业教育的发展道路中。职业学校是一个人文气息较浓厚的地方,文化的传递与更新的责任更是不可推卸。一方面,职业学校可通过文化宣传、开展文化类课程与活动,提高学生的文化素养和人文意识;另一方面,职业学校可通过文化创新促进粤港澳大湾区文化繁荣。

第四章 粤港澳大湾区职业
教育发展的现状

第一节 中等职业教育的发展现状

由于港澳地区职业教育院校数据获取方式困难,笔者将主要以珠三角9市的职业院校为研究对象。

一、基本情况

中等职业学校教育由普通中专、成人中专、职业高中、技工学校等实施,主要招收初中毕业生或具有同等学力的社会人员,以3年制为主。2021年,全国设置中等职业学校7294所(不含技工学校),招生488.99万人,在校生1311.81万人,分别占高中阶段教育招生总数和在校生总数的35.08%、33.49%。中等职业学校毕业生可以继续接受高等专科、本科和研究生教育。[①]

2021年,广东省独立设置的中等职业学校共有382所,比上年减少14所。招生33.60万人,比上年增加2.21万人,增长7%,占高中阶段教育招生总数的32.27%。在校生90.30万人,比上年增加3.62万人,增长4.2%,占高中阶段教育在校生总数的31.02%。共有中等职业学校教职工5.72万人,比

---

① 参见教育部:《中国职业教育发展报告(2012—2022年)》,https://gj.eol.cn/jdt/202208/t20220823_2242436.shtml,访问日期为2022年8月23日。

上年增加 1268 人,增长 2.3%。专任教师 4.49 万人,比上年增加 1096 人,增长 2.5%。生师比 20.01∶1。专任教师研究生及以上学历比例 10.48%,比上年下降了 1.6 个百分点。① 从区域来看,粤港澳大湾区 9 市中等职业学校数量(不含技工学校)差距较大,数量最多的地市为广州市,有 33 所;其次为惠州市,有 23 所;较少的地市为中山、江门市,分别有 7 所、12 所(见图 4-1)。粤港澳大湾区 9 市高中阶段教育招生数、广东省高中阶段教育招生数、在校生数较 2020 年均略有增加,其中,中等职业学校招生人数有所增加,在校生规模略有下降。面向全省招收初中毕业生共 560259 名,其中省属中职学校 27616名、市属中职学校 326206 名、外省中职学校 42 名、技工院校 206395 名。9 市中等职业教育规模差异较大,广州市中等职业学校(含驻穗省属中等职业学校)的招生、在校生规模最大(见图 4-2)。

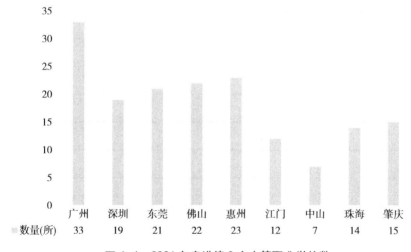

	广州	深圳	东莞	佛山	惠州	江门	中山	珠海	肇庆
数量(所)	33	19	21	22	23	12	7	14	15

图 4-1　2021 年粤港澳 9 市中等职业学校数

数据来源:2022 年各市中等职业教育质量报告。

　　16 世纪出现的徒工制度是香港职业教育的最初形态。18 世纪时,因工业革命引起的工人短缺问题,首次开办了职业训练学校。1864 年,第一所职校

　　① 　参见广东省教育厅:《2021 年广东省教育事业发展统计公报》,http://edu.gd.gov.cn/zwgknew/sjfb/content/post_3990702.html,访问日期为 2022 年 6 月 30 日。

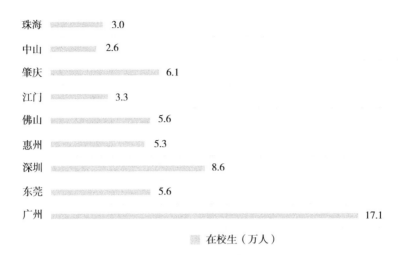

图 4-2　2021 年粤港澳 9 市中等职业学校在校生数

注：中等职业学校在校生人数统计不含技工学校。

在香港诞生。1933 年，香港首所官办职业学校诞生。随后，为迎合经济社会的发展与变革，慈善机构、商业机构、教会及个人等陆续开办各类职业学校。1973 年"香港训练局"成立。1982 年，成立"职业训练局"（简称职训局，英文缩写 VTC），取代"香港训练局"。[①] 当前，训练局下辖有国际厨艺学院等 13 个机构成员，共有 44 所职业学校和培训中心，为不同背景及学习水平的学生开展职业教育和培训，教授多元化课程，每年约为 25 万名学生提供系统全面的职前与职后训练。职业训练局包括中等职业教育和高等职业教育两个办学层次。从目前发展来看，中等职业教育规模不断缩小，技工类课程学员人数由 45% 下降至 13%，已呈现严重滑坡趋势，不过高等职业教育的规模正不断扩大。

澳门的职业教育分为职业培训和职业技术教育，其中职业技术教育机构分为公立教育机构和私立教育机构，均隶属于教育暨青年局。共有三所专门

---

① 参见孔彤：《大湾区背景下香港职业教育对内地的启示》，《教育现代化》2019 年第 91 期。

的职业技术学校,分别是澳门工联职业技术中学、澳门三育中学和中葡职业技术学校,其中中葡职业技术学校为公立学校,其余两所为私立学校。澳门重视职业教育的发展,开设相应教育发展基金,鼓励私立学校开办适应经济发展且具有特色的校本职业技术课程。目前,开办职业技术教育专业及课程的高中学校共十余所,分别为澳门工联职业技术中学、中葡职业技术学校、澳门三育中学、海星中学、培华中学、创新中学、庇道学校、澳门浸信中学、新华夜中学、澳门演艺学院音乐学校和澳门演艺学院舞蹈学校等。① 图 4-3 为澳门教育暨青年局的组织架构。

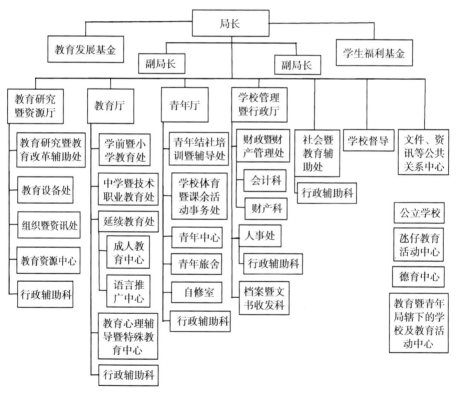

图 4-3　澳门教育暨青年局组织架构图

① 参见黄璞:《澳门职业技术教育发展现状与政策建议》,《中国职业技术教育》2017 年第 24 期。

二、学校发展

(一) 办学条件与要求

广东省中等职业教育经费投入不断提高。广东省中等职业学校设施设备条件不断改善,除生均纸质图书略有下降外,校园建设、实训条件、信息化建设等各项指标较 2021 年均有所增长(见表 4-1)。

表 4-1　2021 年和 2019 年广东省中等职业学校办学条件对比

基本监测指标	2021 年	2019 年	变化情况
生均校舍建筑面积(平方米)	18.72	19.31	+0.59
生均教学仪器设备值(元)	9221.24	9820.49	+599.25
生均实训实习工位数(个)	0.72	0.76	+0.04
生均纸质图书(册)	29.02	28.68	−0.34
每百名学生拥有计算机(台)	38.10	40	+1.90

2016 年,国务院教育督导委员会印发关于《中等职业学校办学能力评估暂行办法》的通知,对我国中等职业学校办学能力做了 19 项评估指标要求。我国中等职业院校按层次分为国家示范校、省属重点校以及普通中等职业学校,各自对学校办学的最低要求不一。以下为国家示范校、省属重点院校以及非示范校的办学标准(见表 4-2)。2019 年广东省省属中专学校共 51 所,其中国家级示范学校共 2 所,国家级重点中职学校共 14 所,省属重点中职学校共 8 所。其中包括广州华文法商中等职业技术学校、广州涉外经济职业技术学院、广东红蕾艺术学校 3 所民办省属中等职业学校。①

---

① 参见《广东省省属中专学校大全》,https://www.jixiao100.com/shengshuzz.html,访问日期为 2022 年 4 月 9 日。

表 4-2　三类办学标准

指标	国家示范校标准	省重点院校标准	非示范校标准
占地面积(平方米)	67000	35000—60000	40000
师生比	16∶1	18∶1	20∶1
"双师型"教师	>＝90%	>＝60%	>＝30%
专任教师(人)	——	>＝100	>＝60
学生规模(人)	>＝5000	>＝1800	>＝1200
馆藏图书(册)	——	80000	36000
生均计算机数	不低于每五名一台	不低于每九名一台	不低于每七名一台
就业率	>＝95%	>＝90%	——

注:"—"表示数据缺失。

(二) 经费投入

1. 办学经费持续增长

2021 年,广东全省中等职业学校生均一般公共预算教育经费为 20743.52 元,同口径比上年增长 1.85%,其中汕头市增长最快(31.20%)。投入增长连续多年保持 8% 以上。从 2017 年起广东省中等职业学校生均一般公共预算教育事业费超过全国平均水平(见图 4-4)。2019 年广东省中等职业学校生均一般公共预算教育事业费支出为 17821.52 元,比 2018 年的 15045.53 元增加 2775.99 元,增长 18.45%。

2. 资助经费保障有力

2021 年,广东省统筹各级财政投入学生资助资金约 70.6 亿元,资助学生约 366.2 万人次,中等职业教育阶段下达资助资金 26.9 亿元,受助学生 79.4 万人次;受助学生占中职在校学生的 94.28%。资助资金主要投入的项目有:新增设的中等职业教育国家奖学金,2022 年中等职业教育学生资助资金共 5623.2 万元,其中国家奖学金 43.26 万元、国家助学金 631.94 万元、免学费补

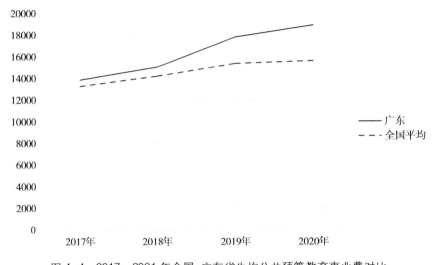

图 4-4　2017—2021 年全国、广东省生均公共预算教育事业费对比

助 4948 万元,奖励学生 2085 人次;受助学生 9.72 万人次;为涉农专业学生以及家庭困难学生免除学费并提供补助资金,免学费补助投入资金 2.54 亿元,受助学生约 67.79 万人次;对本省户籍建档立卡贫困生给予生活补助费,省级财政投入资金 7109 万元,受助学生 2.98 万人次。

3.专项资金引领发展

2021 年省级财政投入超过 2 亿元专项资金用于专项发展中等职业教育。其中 14405 万元用作广东经济欠发达地市中职学校发展奖补资金。中职学校改善办学条件奖补资金专门针对粤东西北中职学校,总体投入为 18582 万元。投入 5000 万元支持开展集团办学的 13 所省属中等职业学校改善办学条件,为顺利推进集团办学继续发展,为全省做强中等职业教育提供支撑;投入7028 万元支持 108 个省级"双精准"示范专业建设,引领提升中等职业教育的人才培养质量;投入 1786 万元支持开展中等职业教育教师和学生的各项技能比赛,通过以赛促学、以赛促教、以赛促改提高中职学生的职业技能;投入2090 万元支持中职教师能力提升工程,组织开展多种类型各种专业的教师培训,提升中职教师的教学业务能力。

在省级财政资金引导下,各地市也积极投入专项资金促进中等职业教育改革发展。例如,中山市持续投入 628 万元,用于专业集群和现代学徒制培养补贴;东莞市投入 390 万元支持中等职业学校组织学生赴台湾开展学习培训,投入 430 万元用于中等职业教育教学激励;佛山市各级政府投入 600 多万元支持开展中职教师培训。① 澳门特区政府对职业技术教育的高度关注,鼓励高中学生考取专业技能证照并为其提供认证资助,提升专业技能水平。从 2016—2017年开始,资助教学人员,并为教学人员及学生提供考取语文及专业技能认证。

三、学生发展

(一)学生规模

据 2022 年广东省社会统计年鉴数据显示,2021 年,广东省中职生在校生人数共 90.30 万人,毕业生数为 26.04 万人。其中广州占粤港澳大湾区 9 市中职学生人数最高,在校生人数为 171402 人,毕业生人数为 57864 人。其次是佛山、东莞与惠州,在校生人数分别为 66284 人、57362 人、53142 人,深圳、中山、珠海、江门中等职业学校较少,生源数量也相对较弱(见表 4-3、图 4-5)。

表 4-3　2021 年粤港澳大湾区 9 市中等职业教育学生基本情况

区域	学校数(所)	毕业生数(人)	招生数(人)	在校生数(人)
广东省	382	260465	335993	903049
广州	78	57864	57152	171402
深圳	15	12519	14144	40186
珠海	8	6407	7142	20634
佛山	27	17245	22915	66284
惠州	24	14801	21370	53142

---

① 参见广东省教育厅:《广东省中等职业教育质量年度报告(2022 年)》,http://edu.gd. gov.cn/zxzx/tzgg/content/post_3016794.html,访问日期为 2021 年 6 月 15 日。

区域	学校数（所）	毕业生数（人）	招生数（人）	在校生数（人）
东莞	21	18284	22252	57362
中山	7	7661	10218	26333
江门	17	10068	11983	32533
肇庆	16	16639	22892	61176

注：不含技工数。

数据来源：2022 年广东省社会统计年鉴。

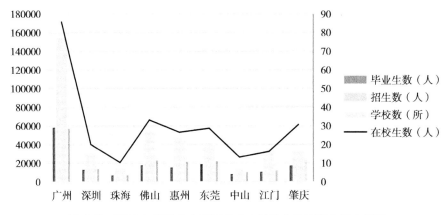

图 4-5　2021 年粤港澳大湾区 9 市中等职业教育学生基本情况

（二）学生素质

1. 坚持德育为先

2019 年，广东省贯彻落实《教育部办公厅关于加强和改进新时代中等职业学校德育工作的意见》和《广东省学校思想政治理论课建设行动计划（2019—2021 年）》等政策文件，以立德树人为根本任务，多形式、多途径、多载体开展文明礼仪、道德讲堂、社区公益服务等社会主义核心价值观教育实践活动，引导学生树立正确的世界观、人生观和价值观。广东省还开展了"致祖国母亲的一封信——新中国成立七十周年""家国情悦读行""扣好人生第一粒扣子"等系列主题教育活动，增强了学生的爱国情感和民族自信。开展中等职业学校"文明风采"系列主题活动,共评出一等奖 375 项、二等奖 999 项、三等奖 2236 项和优秀组织奖 30 项。

2. 以智育为引领

全省中等职业学校注重对学生文化知识与职业技能的培养,并以各级各类技能竞赛为抓手,人才培养质量显著提升。2021 年,中等职业学校学生文化课合格率为 94.37%,比 2020 年提高 0.54 个百分点,专业技能合格率为 93.20%,保持较高水平。在全国职业院校技能大赛中,广东省 19 支参赛队尽显风采、勇创佳绩,共获得 11 个一等奖、8 个二等奖,总数蝉联全国第一,并喜获"最佳组织奖"。其中,一等奖获奖率较去年提高近 20 个百分点,中职组的 12 个作品 100% 获得一、二等奖,全国唯一。

3. 重视体美劳教育

广东省中等职业学校积极学习并贯彻落实习近平总书记关于学校体育、美育和劳动教育的重要指示精神,为全面落实《国务院办公厅关于强化学校体育促进学生身心健康全面发展的意见》,广东省发布了《广东省加强学校体育美育劳动教育行动计划》《广东省人民政府办公厅关于强化学校体育促进学生身心健康全面发展的实施意见》的意见部署,中职学校积极实施落实意见,遵循学生身心成长规律,打造特色体育美育劳育课程和实践品牌,开展内容丰富、形式多样的青少年艺术实践活动、体育竞赛以及劳动教育活动。2021 年,广东中等职业学校学生体质测评合格率为 92.18%,健康水平稳定在高位。全方位推动劳动教育体系建设,多渠道建立和拓展劳动教育实践场所,积极弘扬劳动精神、工匠精神,引导学生树立劳动意识,践行劳动美德,为学生健康生活和学习打下坚实基础。

（三）学生实习

广东省积极落实教育部等五部门《广东省教育厅关于加强中等职业学校学生实习管理工作的通知》《职业学校学生实习管理规定》等文件的要求,明确规范各职业院校实习管理,确保实习质量。一是严格执行"六个不得"的有关规定;二是院校与实习单位共同商定实习计划,为学生确定实习目标与实习任务;三是确保学生顶岗实习报酬基本合理、安全防护到位、顶岗实习专业基本对口;四是学生参加跟岗实习前,学校、实习单位、学生均按有关规定签订了实习协议。

(四) 就业质量

1. 就业率稳中有升

2021 年全省中职学校毕业生 23.25 万人,其中就业 22.40 万人,就业率 96.34%;直接就业 13.84 万人,其中对口就业 11.59 万人,对口就业率为 83.74%。毕业生就业率因受疫情影响有所降低,但就业质量仍然保持良好。从专业大类来看,除农林牧渔类、文化艺术类、休闲保健类、医药卫生类、公共管理与服务类外,其余各专业大类的学生就业率均超过 95%。石油化工类、司法服务类、其他类、资源环境类、能源与新能源类的毕业生就业率分别位列前五位(见图 4-6)。

专业大类	就业率
石油化工类	99.22%
司法服务类	98.97%
其他类	98.87%
资源环境类	98.59%
能源与新能源类	97.94%
教育类	97.88%
土木水利类	97.63%
旅游服务类	97.23%
交通运输类	96.75%
信息技术类	96.73%
加工制造类	96.38%
体育与健身类	96.35%
财经商贸类	95.82%
轻纺食品类	95.65%
公共管理与服务类	94.61%
医药卫生类	94.38%
休闲保健类	94.17%
文化艺术类	93.02%
农林牧渔类	92.80%

89.00% 90.00% 91.00% 92.00% 93.00% 94.00% 95.00% 96.00% 97.00% 98.00% 99.00%100.00%

图 4-6 2021 年广东省中等职业学校毕业生各专业大类就业率

2. 起薪水平向好

2021 年广东中职学校毕业生就业起薪水平与 2019 年相比基本持平。全省中职直接就业毕业生的平均月薪为 2182 元。其中,起薪在 2001—3000 元的有 58941 人,占比 42.59%;起薪在 3000 元以上的有 55006 人,占比 39.75%,比 2019 年的 29.40% 高 10.35 个百分点,比 2020 年的 35.42% 高 4.33 个百分点。总体呈向好趋势。

3. 就业保障继续完善

各中等职业学校继续加强与毕业生、用人单位的联系,促进毕业生实现多元就业和充分就业。2021 年通过学校推荐就业的中等职业学校毕业生有 126790 人,占直接就业总学生数的 72.08%。中等职业学校毕业生继续重视就业合同在就业保障中的作用,合同签订率不断增加。19.2 万名直接就业的毕业生中,与用人单位签订 1 年以上就业合同的学生数为 14.71 万人,占比达到 76.61%,比 2020 年提高了 1.52 个百分点。其中,签订 3 年以上合同占比 5.20%,相较 2019 年上升了 1.31 个百分点。社会保险覆盖范围不断加大,就业保障更加有力。2021 年中等职业学校直接就业并享有三险以上社保的毕业生 16.08 万人,占直接就业人数的 83.75%,与 2020 年相比有进一步提升。其中,享有五险一金的有 2.90 万人,占比 15.10%;没有社保的为 1.98 万人,占比 10.31%,比 2020 年降低 0.73 个百分点。

4. 就业满意度

2021 年,138387 名直接就业毕业生参与了就业满意度调查,满意的有 130859 人,占 94.56%;不满意的有 2665 人,占 1.93%,比 2020 年的 2.02% 减少了 0.09 个百分点;无法评估的有 4860 人,占 3.51%,比 2020 年的 4.02% 减少了 0.51 个百分点。就业满意度继续保持高位,总体满意率比 2020 年略有上升。

四、专业设置

(一)专业开设

围绕加快推进制造强省、培育新兴产业、绿色低碳循环发展以及乡村振兴战略的工作布局,全省中等职业学校持续推进专业动态优化调整,一方面削减不适应区域经济社会发展需求的相关专业,另一方面新增适配广东省产业结构转型升级、产业链交叉延伸、科技发展需求的新兴产业。2021年广东省全省中职专业布点总数3646个,涵盖教育部专业目录的19个专业大类,较2020年减少204个。同时在文化艺术类、加工制造类、资源环境类、能源与新能源类、休闲保健类、农林牧渔类等专业大类中新增72个专业点。香港职业训练局在专业设置方面,根据市场需求主要设置了六大学科400个专业,且13所办学机构均有不同类别和层次的专业,从而有效地保障了办学经费的使用效率,避免重复浪费。澳门中等职业教育与普通中学的学校教育较好地结合在一起,职业教育课程兼顾了学生就业与升学的需要,公立学校数量较少,且教育质量参差不齐,各中职学校的专业设置大多为计算机应用类、商务服务类、工业维修电机技术类等专业,涵盖范围较窄、课程质量不高。[①]

(二)产业结构

粤港澳大湾区"9+2"城市有不同的功能定位,深圳、广州和珠海作为湾区交通枢纽城市,聚集较多科技产业创新中心,以知识密集型和科技创新型产业为主;佛山、东莞和中山以技术密集型产业为主,多以制造业创新中心聚集;香港则是贸易、金融和航运中心;澳门博彩业较为发达,作为旅游休闲中心,也是葡语国家商贸合作平台。港澳地区作为大湾区对外交流的主要渠道,从商贸、金融、旅游、教育等多方面推动大湾区城市的对外发展,粤港澳大湾区"9+2"

---

① 参见黄亚武:《大湾区规划下澳门职业教育发展现状与策略分析》,《湖北开放职业学院学报》2019年第14期。

城市功能定位表(见表4-4)。不同城市的功能定位共同决定了粤港澳大湾区产业结构的发展形态。从粤港澳大湾区产业结构的维度看,总体呈现"三、二、一"的高级发展态势。

表4-4　粤港澳大湾区"9+2"城市规划定位

城市	规划定位
香港	国际金融中心、贸易中心、航运中心
澳门	葡语国家商贸合作平台、世界旅游休闲中心
广州市	国家科技产业创新中心、枢纽型网络城市
深圳市	"一带一路"交通枢纽、全球科技产业创新中心
珠海市	珠江西岸的核心城市、粤港澳大湾区创新高地
惠州市	对接广州东扩发展、全面对标深圳东进战略
肇庆市	大湾区的西部通道、连接大西南的枢纽门户
江门市	西翼枢纽门户、粤西与大湾区的沟通桥梁
东莞市	大湾区先进制造业中心
佛山市	国家制造业创新中心、全球制造创新中心
中山市	世界级现代制造业基地、产业创新中心

（三）专业设置与产业结构匹配度

2021年,广东省国民经济三大产业结构比例为4.0∶40.8∶56.4,三大产业对应的专业在校生数比例为2.09∶23.64∶74.55;2021年,全省国民经济三大产业结构比例为4.0∶42.8∶55.2,三大产业对应的专业在校生数比例为2.00∶22.98∶74.02。虽然专业与产业匹配仍然存在差距,但相对于2021年的专业与产业匹配情况,2019年已有所改善(见表4-5)。

表4-5　2020—2021年广东省中等职业学校专业在校生
占比与产业匹配对比差距

对比	2020年			2021年		
	一产	二产	三产	一产	二产	三产
专业(%)	2.45	21.98	76.02	2.0	22.98	74.02
产业(%)	4.00	41.80	54.20	4.00	42.8	55.20
专业与产业差距(%)	-2.00	-19.82	21.82	-2.0	-20.18	18.82

数据来源:全国中等职业学校学生管理信息系统,广东国民经济和社会发展统计公报。

从广州市中等职业教育专业与产业的匹配度来看,广州市围绕经济社会发展重点和优势产业发展的需要,明确各中等职业学校发展定位,结合各校专业基础、优势和资源,调整优化各类专业设置,突出办学特色,围绕广州市产业布局,结合产业园所在区域进行合理布点,培养对接"轨道交通"等广州市重点产业发展所需相关专业的技术技能型人才,实现专业与产业在人才供需类型、层次和数量的高度匹配。尽管如此,粤港澳大湾区其他地市的中等职业教育专业结构与产业机构适应性仍然较差,需不断调整专业结构适应区域产业结构的发展需求。

五、教师队伍

2019年,广东省中等职业学校的教职工、校外教师、专任教师、专业教师、双师型教师总数均略有下降,双师型教师比例有所提升,生师比进一步降低(见表4-6)。这与近年来中等职业院校发展规模逐渐缩减有关。

表4-6　2020年和2021年广东省中等职业学校教师队伍情况对比

项目	2020年	2021年	变化情况
教职工数(人)	56695	56252	-443
聘请校外教师(人)	3093	2881	-212

项目	2020 年	2021 年	变化情况
专任教师(人)	44054	44034	-20
专业教师(人)	29649	29384	-265
"双师型"教师(人)	18514	18469	-45
"双师型"教师/专业教师(%)	62.44	62.85	+0.41
生师比	19.6∶1	19.5∶1	-0.1

（一）优化师资结构

2021 年,广东省中等职业学校共 44034 名专任教师,其中本科以上学历占 94.09%,相较 2020 年提高了 1.25 个百分点,硕士学历以上占 11.31%,相较 2020 年提升了 0.2 个百分点。高级职称的教师占比 18.71%,相较 2020 年提高了 0.98 个百分点。"双师型"教师 1.85 万人,占专业教师总数 62.85%,相较 2020 年提高了 0.41 个百分点,获取中级以上技术等级的"双师型"教师占总"双师型"教师数的 69.39%,比 2021 年上升 0.43 个百分点。

（二）加强师资培训

根据《广东省"强师工程"实施方案(2017—2020 年)》和《广东省教师队伍建设"十三五"规划》要求,各中等职业学校通过指导教师参加教学能力大赛、开展科研课题研究、参加教学成果评选及优秀论文评选等多种活动,促进中等职业学校教师专业教学能力和科研水平快速提升。2019 年广东省中等职业学校教师年培训量 194137 人,比 2018 年 189702 人增加 2.3 个百分点（见图 4-7）。

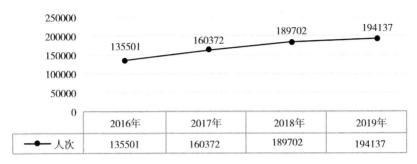

图 4-7　2016—2019 年广东中等职业学校教师培训量

（三）强化"双师"建设

根据教育部《广东省教育厅关于进一步加强和规范职业院校兼职教师队伍管理工作的通知》《深化新时代职业教育"双师型"教师队伍建设改革实施方案》等文件，2019 年广东省各地市通过完善兼职教师队伍管理制度，完善了"双师型"教师准入、聘用、考核等相关制度，为校企人员建立双向流动通道，为优化职业学校"双师型"教师队伍提供保障。2021 年教育部评选出全国职业院校 100 个"双师型教师队伍建设典型案例"中，广东省中等职业学校有 7 个案例入选，其中 6 所院校属于粤港澳大湾区下辖市。

六、教育教学

（一）教学改革

1. 构建"三全育人"格局

广东省中等职业学校积极贯彻落实党的教育方针，坚持立德树人，五育并举，紧密围绕新时代思政课程和课程思政的总体要求，通过"校长思政第一课""向国旗敬礼""社团活动""南粤工匠进校园""特色课程"，创新德育课堂教学和专业实践教学，将我国社会主义核心价值观的重要思想融入教育教学的全过程，重视学生科学素质、文化素质、可持续发展能力与综合职业能力等方面的培养，形成"全员、全过程、全方位"育人工作机制。

2.深化"三教"改革

2019 年,为贯彻《国家职业教育改革实施方案》,广东省中等职业学校以课程建设为统领,积极深化"三教"改革,提升技术技能人才培养质量。一是坚持以"教师"为育人根本,全方位提升教师整体素质。各中等职业学校定期组织专业教师参加项目培训、深入企业跟岗实践,不断优化教师队伍结构,加强"双师型"教师队伍建设。二是坚持以"教材"为育人纲要,全面提高课程教材质量,在以国家级、省级规划教材为主体的基础上,各中等职业学校积极主动与行业企业合作,编写"项目引领,任务驱动"的校本教材,以满足专业教学需要。三是坚持以"教法"为育人手段,把握职业教育特色,采用行动导向及模块化教学方法,引导学生积极参与,促进技能形成。

（二）信息化教学

按照"互联网+职业教育"新要求,提高职业院校信息化建设并加大基础设施投入,全省中等职业学校网络信息点数共计 32.73 万个,较 2021 年增加 5.11 万个,增长 18.50 个百分点;上网课程共计 5431 门,较 2021 年增加 1913 门,增长 54.38 个百分点。各中等职业学校也大力推动教学过程信息化向信息化教学转变,积极组织专任教师参加信息化教学业务技能培训和比赛,共计 30341 人次接受信息化相关培训。

（三）课程建设

香港职业训练局在课程设置上有较大的权力,可"为任何行业设计训练课程、考试及测验""为任何个别行业订立所需达到的技能水平,就任何行业举行考试及测验,并颁发修读证明及合格证明书"。在课程衔接方面,基于资历框架提供了适合不同学习基础不同形式的学习课程。如对于中三离校生,可提供证书课程(如 2 年制的酒店运营 2 级证书课程)、职专文凭课程(如 3 年制的酒店学课程)和职专国际文凭课程(如 3 年制的设计课程);对于中六离校生,可提供证书课程(如 1 年制的酒店运营 3 级证书课程)、职专文凭课程(如 1 年制的酒店学课程)、基础文凭课程(如 1 年制的设计课程)、高级文凭课程(如 2 年制的酒店及餐饮业管理高级文凭课程)、学士学位课程(如 2 年制和 4 年制的酒店管理运营文学士课程)。在学习形式方面,既有全日制课程,也有非全日制课程。其中,非全日制课程又包括夜间课程(一般上课时间为晚上六点半至九点半或晚上七点至十点)和日间课程(通常每星期上课一天及一至两晚)。①

澳门职业技术教育学制多为三年制,强调专业技能时间操作。《澳门教育法》规定"职业技术教育学制最少两年,最多三年,第三年主要为职业实习"。澳门《技术职业教育之课程组织》规定,职业技术教育课程主要包括"专业科技及实践""社会文化""专业实习"这三个学科领域,其中占比较多的为"专业科技及实践"和"专业实习"学科,共占 50%—60%。"社会文化"学科占40%—60%。在前两年,主要安排"社会文化"与"专业科技及实践"等学科知识,帮助学生掌握基本的职业素养与专业基本理论;第三年则安排"专业实习"相关的课程,要求学生到与专业领域相关的企业进行顶岗实习(见表4-7)。例如澳门工联职业技术中学开设职业技术高中部,为中职学生设置三年全日制职业技术高中课程,其中一半的课程为"社会文化"课程,剩下的课程为院校根据需要开设的理论课与实践课程,其中包括专业基础课程、专业技能课程、生产实践与教学实践课程等。毕业生可获得政府认可的专业技术资格证书以及相应的高中毕业文凭,并可选择继续在高等学校深造或是以中级技术员资格或中级管理人员就业。职业技术教育课程时间安排分为日间和工余两个时间段,为不同的学习人员提供灵活的学习时间。②

①　参见查吉德:《香港职业训练局法人团体治理结构述评及启示——基于香港〈职业训练局条例〉的分析》,《职教论坛》2020 年第 2 期。

②　参见黄璞:《澳门职业技术教育发展现状与政策建议》,《中国职业技术教育》2017 年第24 期。

表 4-7　澳门职业技术教育高中课程安排

培训内容	培训内容之科目	课时（小时）			
		一年级	二年级	三年级	%
社会文化	授课语言				40—50
	第二语言				
	个人及社会发展，以及第十二条项所指领域内之其他科目				
专业科技及实践	按课程性质而安排之科目				50—60
专业实习	实习一般在实际工作环境中推行鉴于第十四条之规定，实习在课程之三年级推行			900—1200	
总数			3000—3600		100
专业能力考试					

七、培养机制

（一）中高职三二分段

三二分段是为了贯彻落实国家、省中长期教育改革发展规划纲要，落实珠江三角洲地区发展规划纲要，来解决当地经济社会发展高技能型人才短缺的问题，建设有效针对南方职业教育特色的方针政策，构建适应广东省职业教育特色的教育体系。中高职三二分段是指中等职业学校向高等职业学校衔接的培养机制，学生先在中职学校学习三年，不参加全国统一高考，通过考核达到要求，可以升入对口的高职院校学习两年，符合资格获得高职毕业文凭。广东省于 2010 年启动职业院校对口自主招生工作，经过近 10 年的试点，三二分段现已进入改革第二阶段，从 2010 年的 10 所高职院校，对口的 49 所中职学校，扩大到 2017 年 49 所高职院校，对口 197 所中职学校，747 个专业点，招生计划 32230 人，招生规模逐年扩大。中高职三二分段式培养不仅缩短了高技能人才的培养周期，而且中职学校与对口高职院校衔接培养更有利于技术技能人才的持续连贯培养。广东省中高职三二分段提升了职业教育的整体层次和水平,探索出了一条中等职业教育与高等职业教育协同可持续发展的道路。

2017 年 12 月,广东省教育厅印发《关于开展 2021 年高职院校招生培养改革申报工作的通知》,首次提出三二分段与五年一贯制为中高职贯通培养机制,将三二分段招生选拔环节前置到中职学段,考核方式由原来的转段选拔考核改为过程考核,高职院校负责对五年一体化人才培养过程实行监控。随着中高职三二分段试点改革深入推进,广东省中高职衔接三二分段的规模不断扩大。经各高职院校申报,在 2021 年下达招生计划的文件中广东省批准 63 所高职院校,对口 210 所中职学校,标志新机制正式开始试点。在 2019 年下达招生计划的文件中明确继续采用新机制,广东省批准 68 所高职院校,对口 213 所中职学校,招生计划达到 45332 人,中高职三二分段规模达到历史最高水平。[1]

（二）校企合作

1. 制度平台建设

2019 年,广东省继续强化产教融合的顶层设计,突出产教协同育人的重要主体作用。广东省教育厅联合多部门出台了《广东省建设培育产教融合型企业工作方案》,提出力争到 2020 年,建设培育 100 家以上的产教融合型企业,并从培训补贴、企业创新平台建设、教育费附加抵免等方面对产教融合性企业给予支持。各地也通过地方性的制度平台建设,不断加大力度推进产教融合、校企合作。

2. 校企协同育人

广东省中等职业学校不断探索校企合作育人新机制,创新校企合作育人新形式,通过校企共建产业学院、现代学徒制以及订单培养等途径,实现校企

---

① 参见郑翠香:《新形势下广东中高职三二分段试点改革工作思考》,《广东职业技术教育与研究》2020 年第 2 期。

双主体协同育人。佛山市以产业学院为突破口,探索职业教育混合所有制办学,践行校企双元育人。佛山市顺德区北滘职业技术学校联合顺德区电子信息商会、美的集团、美家智能、米蜗智能、中国移动(顺德)和讯创智等20多家商会及企业共建成立了"顺德智慧家电产业学院"。

3.校企共建育人平台

2019 年,广东省中等职业学校通过与企业共建"校中厂""厂中校""教学工厂"等实体育人平台,不断引入企业资源,实现技术技能人才培养与企业真实生产环境融合,打破职业教育与产业、学校与企业、学生与工人之间存在的跨界壁垒,有效推进了教学与生产的一体化进程。如佛山市顺德区郑敬诒职业技术学校"引企入校",与顺德区赛锐刀具有限公司合作,进行承接产品加工、刀具研发等项目合作。学生校内实训承担的产品加工量每月能达到3000件以上,产品合格率达到95%以上。校企共建育人平台使学生有了更多接触企业的机会,进一步提高了动手实操能力和技能水平。

八、教育合作

"一带一路"建设以来,广东省中等职业学校积极参与与沿线国家的合作交流,设立丰富多样的文化交流活动与教育教学培训。如普宁职业技术学校成功举办了两期"泰国学员中文培训班",培训泰国华侨子弟100 人。广州市幼儿师范学校积极发挥广东省中华文化传承基地作用,为东南亚印尼等多个国家培养华文幼儿教师。广东省海洋工程职业技术学校开办了太平洋岛国渔业培训班,来自斐济、汤加、萨摩亚、巴布亚新几内亚、库克群岛、所罗门群岛等6 个国家的渔业官员、技术专员和企业管理人员共23 人参加了培训,通过授课、参观,增进与各岛国间的沟通和交流,共享先进海洋渔业科学技术,架起国际海洋渔业合作交流的桥梁。

加强提升教育开放层次和水平。通过开办国际合作办学项目、国际合作班等形式,拓宽国际视野,提升教育开放层次和水平。2019 年,佛山市开展中等职业学校对外交流合作项目数约20 个,有5 个专业参与国际认证。依托顺德区牵头的"佛山市职业教育国际合作联盟",顺德区第二职教集团、第三职教集团、第四职教集团与韩国庆北专门大学、泰国吞武里大学、中日本自动车短期大学共同开展"3+4"中本贯通合作办学,电子商务等5个专业学生通过考试,进入合作院校攻读本科学位,合作院校和合作专业进一步扩大。韩国庆北专门大学金炳旭院长、中日本自动车短期大学事务局长太田悟实等合作院校负责领导多次来访交流合作办学事宜,开创了国际合作共赢的新格局,国际化办学迈向新征程。

第二节 高等职业教育的发展现状

一、基本情况

(一) 地域分布

香港和澳门的高等职业教育已进入大众化程度,在香港职业训练局辖下13个专修学院,澳门则辖下7所专修学院,每年接受职业教育与培训的人员分别为25万名和6.5万名。[①] 广东省自从改革开放以来,依靠区域经济发展资源优势,职业教育一直处于全国领先地位。2021年底,广东省高等职业院校共88所,学生人数共75.91万人。高职院校分布与广东经济产业集群高度集聚在珠江三角洲地区基本一致,粤港澳9市高职院校共71所,占广东省高职院校总数比例的81%,且广州市数量最多,高达46所,约占总数的52.3%。[②] 肇庆市、江门市和中山市的高职院校相对较少,仅有2所。目前广东省高职院校积极落实党的职业教育发展方针政策,主动适应区域经济发展

---

① 参见澳门特别行政区政府统计暨普查局:《2021年教育调查统计表》,https://www.dsec.gov.mo/Statistic.aspx? NodeGuid=b35edb8a-ed5c-4fab-b741-c91b75add059,访问日期为2019年7月8日。

② 参见广东省教育厅:《广东省高等职业教育质量年度报告(2021年)》,http://edu.gd.gov.cn/zxzx/btxx/content/post_2209449.html,访问日期为2019年7月8日。

需要,坚持"将专业建在产业链上,将校园建在工业园里"的发展理念,产业结构与专业结构相适应,强化职业教育人才供给侧改革,促进产业链、教育链与人才链的有效衔接。全省职院校学校分布与产业群基本一致,专业结构不断优化,新增专业助推产业型升级。粤港澳大湾区高职院校的聚集有利于形成高职院校专业集群,为适应产业集群提供良好契机,同时也加速了各地市经济发展水平和发展速度,为湾区提供了有力的人才支撑。

(二)办学类型

随着经济持续稳定增长,社会急需大量技术技能人才,广东省高职院校数近年来逐年上升,招生数也随之增加。至2021年底,广东省88所独立设置的高职院校中,共有国家示范(骨干)高职院校11所,省示范高职院校25所。从院校类型看(见图4-8),理工类以及综合类高职院校占主体部分,分别占比为23.26%和52.32%,呈现出多元并存的发展格局。从所有制性质来看,公办与民办也呈现出百花齐放的姿态,公办与民办院校分别是61所和27所,其中民办高职院校共占总体规模比例的30.68%,公办与民办高职院校的在

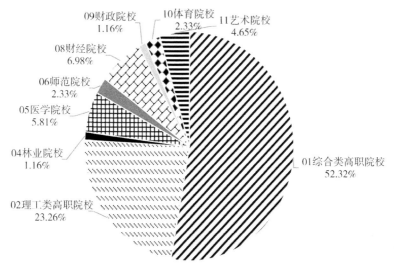

图4-8 2021年广东省高职院校类型结构

生规模不断扩大(见图4-9)。国家十分鼓励社会力量举办非营利性民办学校,并于2020年颁布了《中华人民共和国民办教育促进法》以保障民办教育的办学权益。与总体上升趋势保持一致,公办专科院校57.25万人,民办专科院校18.66万人。民办院校发展势头良好,在粤港澳大湾区高职院校发展中同样占据重要位置,与公办院校协调发展,形成多元办学格局。

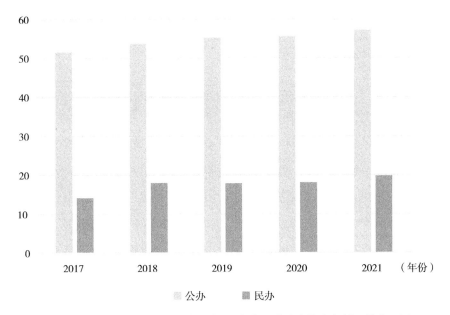

图4-9 2017—2021年广东省公办、民办高职院校在校生规模比较(万人)

二、学校发展

(一) 办学规模与教学条件

粤港澳大湾区高职院校不断完善学校教学条件,校园实训条件、信息化建设、教师配置等各项指标稳步提高,同时,湾区各大企业在人力资源、专门资金、设备设施等方面不断加强投入,优化了粤港澳大湾区高职院校的办学条件,为人才培养和办学水平的提高提供了良好的物质保障(见表4-8)。2021年广东省高职院校全日制在校生规模为75.91万人,相较2017年增加了2.18

万人。招生规模呈稳定增长,计划招生数、报到人数与录取人数均呈上升趋势。2021 年报到率为 83.05%,相较 2017 年增加了 1.64%(见图 4-10)。

表 4-8 2019 年和 2021 年广东省高职院校基本教学条件改善情况

主要指标	2019 年	2021 年	增幅
学校总建筑面积/万平方米	1935.92	2021.75	4.28%
教学行政用房面积/万平方米	105.83	109.07	3.06%
校内实训基地工位数/万个	45.89	50.86	10.83%
网络多媒体教室数/万间	1.04	1.11	6.73%
计算机总数/万台	30.82	33.78	9.60%

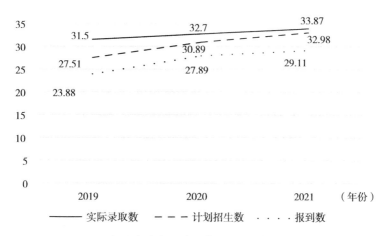

图 4-10 2019—2021 年广东省高职院校实际录取、计划招生和报到人数(万人)

(二)经费投入

财政投入方面。随着生均定额拨款制度的逐步建立与完善,广东省高职院校生均财政拨款水平稳步提升,2021 年生均财政拨款 16481.21 元,分别比 2019 年和 2020 年增长 0.72% 和 5.15%。2021 年,按照《关于安排 2021 年完善职业教育资金(高职部分)的通知》以及《关于安排第二批 2021 年现代职业教育质量提升计划专项资金（高职部分）的通知》有关规定，省财政安排完善高职教育资金共138416万元，其中98205万元用于省级职业技术教育示范基地（清远）5所省属公办高职院校建设（见表4-9）。为了提升全省职业教育质量，财政精准对接建设项目给予资金支持，共投入提供资金38457万元；其中，精准支持创新强校工程建设20338万元、一流高职院校建设17779万元、职业院校师资素质提升340万元。

表4-9 省级职教示范基地（清远）建设规划

学校名称	新增建筑面积/平方米	新增在校生/人
广东建设职业技术学院	13万	4500
广东交通职业技术学院	11万	4000
广东工程职业技术学院	12万	4000
广东科贸职业学院	11万	4000
广东财贸职业学院	9.7万	4000

企业投入方面。2021年，省内企业对高职院校积极加大投入，用于发放奖学金、学生补贴、购买技术服务、实训基地建设等，为技术技能型人才培养提供资金保障。发放学生实习补贴的校外企业（基地）14095个，比2020年增长3.5%；产学合作企业对学校捐赠设备3720.03万元，比2020年增加82.72%；企业单位为高职院校提供实践教学设备达19175.96万元，比2020年增加44.73%；产学合作企业向学校支付横向技术服务费17055.98万元，比2020年增加145.68%（见图4-11）。

（三）办学满意度

1.学生满意度

2021年，广东省对全省高职院校开展大规模抽样调查，共调查30.4万名学生，占在校生的40%，调查内容包括学生对学习活动、学习氛围、课程教学、

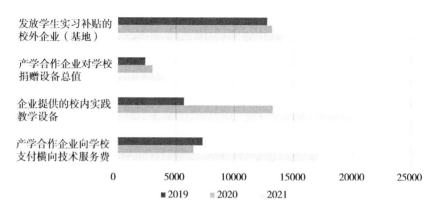

图 4-11　2019—2021 年广东省企业对高职院校的资金投入情况

教师教学、学习条件、学生工作、教学管理、后勤服务 8 个方面 36 个要素的满意度,统计表明,高职生在校学习满意度情况总体为 77.6%。在教育教学方面,高职生对教师的教育教学方式、教学状态满意度较高,对学习氛围满意度相对较低;在对学习活动方面的课堂教学、专业训练要素满意度较高;在课程教学方面,对专业要素满意度高于思政课与公共课;在学习条件方面,对毕业实习及学习氛围环境方面满意度较低,尤其是网络环境较差;而在教学管理、学生工作、后勤服务等影响学生在校体验的方面,统计显示,除后勤服务工作满意度有较大提升空间外,在校生对教学管理、学生工作满意度都较为良好。此外,广东省高职在校生对学生工作方面的青年志愿者活动要素、教学管理工作方面的教学测评要素、后勤服务工作方面的校园环境要素满意度较高。①

2.教师满意度

通过坚持"教师满意度"服务于"教",2021 年广东省教育厅委托广东轻工职业技术学院李青教授团队开发"'学生—教师—企业'满意度调查信息化系统",组织全省 88 所高职院校的教师参与调查,可以看出教师满意度二级指标逐年提升。按照李斯特五级量表,得出调查结果,自 2018 年至 2021 年以

---

①　参见广东省教育厅:《广东省高等职业教育质量年度报告(2019)》,http://edu.gd.gov.cn/ztzl/zzjy/zyjy/content/post_2271653.html,访问日期为 2019 年 3 月 11 日。

来,教师满意度二级指标,如"A 学校制度与文化"由 3.95 提升至 4.23(↑ 7.09%),"B 工作环境与机会"由 3.54 提升至 4.22(↑19.21%),"C 考核评价与薪酬"由 3.87 提升至 4.22(↑9.04%),"D 培训与职业发展"由 3.32 提升至 4.10(↑23.49%),"E 学生学习成果"由 3.32 提升至 4.09(↑23.19%)(见图 4-12)。

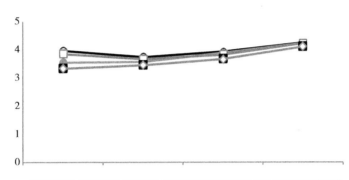

	2018年	2019年	2020年	2021年
◇ A学校制度与文化	3.95	3.74	3.91	4.23
● B工作环境与机会	3.54	3.57	3.87	4.22
□ C考核评价与薪酬	3.87	3.67	3.84	4.22
■ D培训与职业发展	3.32	3.45	3.66	4.1
➤ E学生学习成果	3.32	3.45	3.65	4.09

图 4-12　教师满意度二级指标历年调查结果趋势

数据来源:广东省高职教育人才培养质量跟踪系统——教师满意度调查。

3.企业满意度

企业对高职毕业生满意度维持在较高水平。自 2019 年至 2021 年以来,企业满意度二级指标,如"A 职业道德"由 3.87 提升至 4.4(↑13.70%),"B 职业技能"由 3.69 下降至 3.5(↓5.15%),"C 职业素养"由 2.69 提升至 3.56(↑32.34%),"D 岗位竞争力Ⅰ"由 3.63 提升至 4.18(↑15.15%),"E 岗位竞争力Ⅱ"由 3.63 提升至 4.07(↑12.12%)。2021 年,企业总体满意度 3.95,属于比较满意的范畴,与 2019 年(3.50)、2020 年(3.61)相比,有较大的增长。说明立德树人成效显著,广东省高职院校人才培养注重"德艺双修"(见图 4-13)。

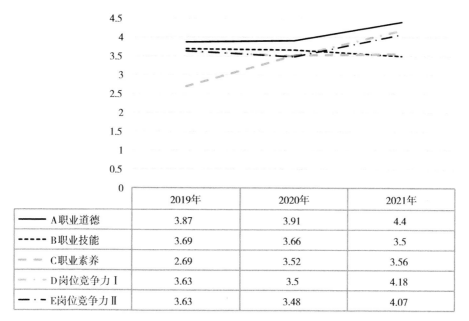

	2019年	2020年	2021年
——— A职业道德	3.87	3.91	4.4
- - - B职业技能	3.69	3.66	3.5
- - - C职业素养	2.69	3.52	3.56
……… D岗位竞争力Ⅰ	3.63	3.5	4.18
—·—·E岗位竞争力Ⅱ	3.63	3.48	4.07

图 4-13　企业满意度二级指标历年调查结果趋势

数据来源:广东省高职教育人才培养质量跟踪系统——2021年企业满意度调查。

(四) 就业情况

2021 年粤港澳大湾区高职院校毕业生就业总体情况良好,就业率为 94.56%,毕业平均薪资稳定增长。其中直接就业学生数 23.82 万人,占毕业学生总数的 91.55%,毕业三年职位晋升比例为 49.83%,比 2019 年提高了 10.27 个百分点。其中留到当地就业人数为 14.30 万人;到西部地区和东北地区就业人数为 1.42 万人;有 1.07 万人到 500 强企业就业;有 18.13 万人到中小微企业就职,比 2019 年增加了 5.33%。就业相关度高,其中最高的学科类别为理工农医类,专业与就业相关度达 71.63%。2021 届毕业生月薪资平均为 3362 元,比 2020 年增长了 9.3%,各专业大类收入均有所提高。除就业外,也有部分学生继续提升学历,实现专升本,占学生总数的 2.73%,参军人数占 0.1%,留学生人数占 0.12%,创业学生人数占 0.35%。

1.职业理想短视

根据调查显示,部分高职生在职业理想的规划上存在短视现象,且对待职业发展呈现功利主义心态,表现为不愿意将时间与兴趣投入到周期长、直接回报低的专业与课程中,导致自身全面发展、长远发展受到限制,从而影响就业水平与质量。调查显示,高职生在就业选择上最先考虑的是薪资与福利待遇、公司规模、工作晋升空间以及工作条件等,从而较少关注职业对组织文化与自身价值观的契合程度以及对社会发展带来的贡献等,职业短视会让高职生职业选择视野受限,并且缺少对未来的发展规划,无法充分挖掘自身的优势与特长,影响自身选择职业的宽度与广度。

2.就业流向趋同

据《广东省高校毕业就业质量年度报告》显示,广东省高职院校毕业生就业出现流动区域与流动行业趋同现象。第一,广东省高职毕业生就业流向大部分面向珠三角地区,造成就业区域产生较大覆盖,粤东西北地区的高职院校学生毕业后留在粤港澳9市的比例超过一半,而粤东、粤西、粤北地区选择留在当地的高职生最高比例依次为44.42%、28.18%、17.76%,且出现逐年递减趋势。而本身位于粤港澳地区就读高职院校的学生留在湾区内工作的比例则为80%以上,就业流向趋同造成了更大的职业就业压力(见表4-10)。

表4-10 2019—2021年广东省高职生就业区域流向

年份	粤西		粤北		粤东	
	A 高职	B 高职	C 高职	D 高职	E 高职	F 高职
2019	珠三角64.98% 粤西28.18% 粤东3.54%	珠三角53.34% 粤西18.10% 其他25.04%	珠三角82.76% 粤北5.19% 粤东6.74%	珠三角75.91% 粤西11.53% 粤北10.83%	珠三角70% 粤东20% 其他5%	珠三角46.30% 粤东48.94%
2020	广州24.44% 深圳13.3% 粤西12.5%	珠三角53.54% 粤西10.95% 其他4.43%	珠三角84.68% 粤北6.11% 粤东5.42%	珠三角70.56%	珠三角66% 粤东27% 其他7%	珠三角54.51% 粤东44.20%

续表

年份	粤西		粤北		粤东	
	A 高职	B 高职	C 高职	D 高职	E 高职	F 高职
2021	广州 30.80% 粤西 12.43% 深圳 11.73%	—	珠三角 86.13% 粤北 5.15% 粤东 4.27%	珠三角 76.73% 粤北 16.16% 粤东 4.09%	珠三角 72.72% 粤东 23.33% 粤西 3.95%	粤东 37.20% 深圳 15.10% 广州 8.90%

年份	广州		深圳		珠三角其他地区	
	G 高职	H 高职	I 高职	J 高职	K 高职	L 高职
2019	广州 45.46% 珠三角其他地区 32.89%	广州 53.55% 珠三角其他地区 28.50%	深圳 82.96% 东莞 3.01% 广州 2.88%	深圳 88.7% 广州 2.3%	广州 35.3% 佛山 20.2% 珠三角其他地区 30.9%	中山 66.89% 广州 8.50% 珠三角其他地区 19.49%
2020	广州 49.0% 深圳 16.6% 佛山 6.7%	广州 52.64% 珠三角其他地区 29.88%	深圳 85.48% 东莞 2.51% 广州 2.51%	深圳 91.3% 广州 1.7% 北京 1.0%	广州 33.7% 佛山 18.57% 珠三角其他地区 31.58%	中山 64.71% 广州 9.02% 珠三角其他地区 17.87%
2021	广州 48.3% 深圳 12.2% 东莞 8.7%	广州 56.84% 珠三角其他地区 25.85%	深圳 84.33% 广州 3.33% 珠三角其他地区 4.87%	深圳 93.1% 广州 1.2%	广州 36.14% 佛山 17.33% 珠三角其他地区 31.43%	中山 66.97% 广州 7.73% 珠三角其他地区 17.18%

　　第二,高职生就业流向行业趋向于教育业、制造业与服务业。不仅是粤东西北地区的高职毕业生就业走向如此,粤港澳大湾区高职毕业生同样如此,且从广东省 12 所高职院校就业数据可以看出,前三位的就业行业中出现次数最多的为服务业,其次是制造业和教育业,需要指出的是高职院校 19 个专业大类中,交通运输大类、农林牧渔大类、轻纺食品大类、石油化工大类、司法服务大类等专业的就业流向却十分短缺(见表4-11),反映出广东省经济服务业领域的强大,也反映出高职毕业生就业流向的趋同性。这将进一步加大就业竞争压力,影响高职生就业质量。①

---

　　① 参见陈丽君、田佩:《生态位视角下高职生优质就业研究》,《教育与职业》2019 年第 18 期。

表 4-11　2019—2021 年广东省高职毕业生就业行业流向

年份	粤西		粤北		粤东	
	A 高职	B 高职	C 高职	D 高职	E 高职	F 高职
2019	教育业 25.86% 制造业 20.63% 服务业 11.85%	建筑业 15.56% 服务业 15.56% 装饰业 9.4%	服务业 22.41% 专业技术 17.1% 制造业 0.92%	卫生业 19.6% 服务业 18.51% 制造业 13.24%	教育业 27.25% 制造业 13.76% 批发零售 业 11.90%	—
2020	教育业 34.6% 服务业 16.71%	装饰业 11.98% 土木工程建筑 10.36% 服务业 8.89%	制造业 28.93% 服务业 36.68% 专业技术 15.05%	卫生业 23.55% 服务业 9.12% 零售业 7.95%	教育业 33.62% 制造业 12.93% 信息技术 11.21%	教育业 31.2% 制造业 15.3% 信息技术 8.6%
2021	教育业 32.4% 服务业 14% 其他 12.3%	—	制造业 27.6% 服务业 32.25% 专业技术 16.41%	卫生业 15.66% 批发业 11.83% 服务业 9.69%	教育业 43.9% 制造业 10.2% 批发零售业 7.8%	教育业 34.25% 制造业 14.73% 批发零售业 9.07%

年份	广州		深圳		珠三角其他地区	
	G 高职	H 高职	I 高职	J 高职	K 高职	L 高职
2019	建筑业 25.22% 装饰业 11.82% 安装业 9.87%	体育业 27.2% 教育业 17.88% 零售业 9.83%	媒体及通信业 10.6% 建筑业 10.2% 金融业 9.9%	金融业及制造业 21.36% 服务业 9.83% 建筑业 9.57%	建筑业 25.18% 环保专业 17.6% 生态保护与环境治理 16.79%	制造业 39.86% 信息技术 11.6% 服务业 9.65%
2020	建筑业 42.22% 服务业 9.72% 信息及通信产业 5.28%	教育业 40.5% 娱乐艺术 15.9% 零售商业 9.5%	信息及通信业 13.1% 金融业 10.4% 制造业 8.3%	信息业 17.62% 服务业 13.4% 制造业 12.8%	环保专业技术 12.52% 生态保护与环境治理 12.05% 建筑业 8.92%	制造业 35.83% 信息技术 12.55% 批发零售业 11.24%
2021	建筑业 48.7% 服务业 10.18% 信息及通信产业 6.84%	教育业 36.2% 娱乐艺术业 10.6% 服务业 9.4%	媒体及通信业 11.4% 建筑业 8.8% 政府及公共管理 8.3%	服务业 19% 信息产业 16.97% 批发零售 11.97%	生态保护与环境治理 17.8% 环保专业技术 17.68% 建筑业 10.93%	制造业 32.34% 批发零售业 15.89% 服务业 10%

三、专业设置

（一）专业结构与布局

粤港澳大湾区高职院校专业布局主动适应湾区产业结构发展需要,促进专业与地方重点发展产业对接,积极调整优化专业结构,推动专业建设与发展。在专业开设方面,2021 年,粤港澳大湾区 9 市中,高职院校开设专业共426 个,覆盖专业大类 19 个,二级专业大类 79 个,专业布点数 3001 个,平均专业布点数 7.05 个。在校生规模最大的是财经商贸大类,占 25.49%,其次为电子信息大类,占 16.24%,专业大类中规模最小的为水利大类,仅占 0.17%。但围绕"中国制造 2025"主题设置的专业布点数与培养规模则平稳增加(见图4-14)。

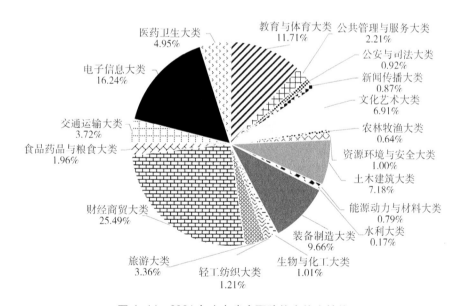

图 4-14 2021 年广东省高职院校在校生结构

专业布局方面,粤港澳大湾区正紧抓我国实施制造强国以及重新调整全球制造业格局的重大战略机遇,致力于打造具备国际竞争力的世界先进制造业基地。对接"中国智造 2021"十大重点产业的专业,2021 年布点数比 2019

年增加了 141 个,增长了 10.34%,专业规模逐年上升(见图 4-15)。专业布局在内部城市差异方面较为明显,由于粤港澳 9 市各自先天地理区位、发展基础和社会文化等条件的差异,各地市在高职教育发展水平、产业结构以及经济发展呈现出不均衡的状态。深圳、广州作为粤港澳大湾区大陆地区的经济发展中心城市,与港澳地区共同排名前四名。近年来,深圳发展迅猛,经济发展一度要超过香港。广州由于历史文化以及教育资源积淀深厚,高职教育发展较早,在发展规模与发展水平明显超过深圳、香港与澳门。粤港澳大湾区其他地市高职教育发展水平与广州仍有一定差距。佛山、东莞经济实力仅次于广深,二者均拥有 4 所高职院校,且专业总布点数较高,分别位居第二和第四,但由于专业设置重复化现象严重,其专业大类、专业二类、专业的覆盖率平均值并不高,佛山分别为 79%、38.4%、12.6%,东莞分别为 68.4%、39.4%、11.1%。珠海、惠州、中山、江门、肇庆等城市高职教育发展规模与水平接近,拥有高职院校通常为 1—2 所,专业设置相对滞后,专业覆盖率均值仅为 7.4%。

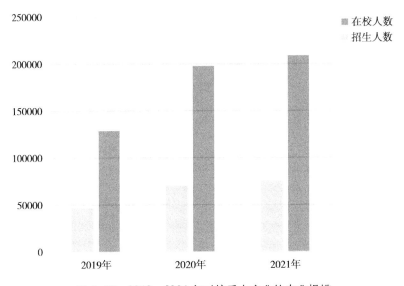

图 4-15   2019—2021 年对接重点产业的专业规模

（二）产业结构与就业态势

从粤港澳大湾区区域整体维度分析,其产业结构呈现出"三、二、一"的高级发展态势。虽然三大产业的比重从宏观上确定了一个地区经济生产的基本结构,但并不能与其在劳动力市场上的人才需求完全画等号。① 利用产业结构偏离度来表示产业结构与就业结构的差异程度(产业结构偏离度＝各产业的增加值比重/各产业的就业比重-1,绝对值越小,说明产业结构与就业结构二者之间的偏差越小,关系越协调,经济效益越好,偏差越大,关系越不协调,经济效益则越差②),从表4-12可知,尽管粤港澳大湾区三大产业结构与就业结构总体相似,但各产业仍存在较大偏差,尤其是第一产业负偏离绝对值较大,就业吸纳空间较大,部分农林牧渔专业大类的高职毕业生从第一产业向二、三产业转移。粤港澳目前的"三、二、一"产业结构,但内部各城市间发展并不均衡,其中广州、深圳、东莞、珠海和肇庆第三产业占据主导地位,而佛山、中山、惠州和江门第二产业占据主导地位。从产业结构与就业结构偏离程度来看,除了深圳、珠海、中山和东莞4 个城市之外,其他城市均属于一产负偏离,二、三产业正偏离,说明其第二、第三产业就业吸纳空间较大,需要引导部分劳动力从第一产业迁入第二、第三产业。

表4-12　粤港澳大湾区 9 市就业结构与三次产业结构比重

城市	三次产业比重 （%）	三大产业就业结构 （%）	偏离度（%）		
			一产	二产	三产
广州	1.0∶28.0∶71.0	7.2∶33.2∶59.6	-0.9	-0.2	0.2

①　参见张等菊、江洎:《高职院校专业设置与区域经济发展的适切性研究——以广东省为例》,《高教探索》2017 年第 3 期。

②　参见沈陆娟:《供给侧改革背景下高职专业结构与产业结构的适配分析——以浙江省为例》,《职业技术教育》2017 年第 17 期。

城市	三次产业比重（%）	三大产业就业结构（%）	偏离度（%）		
			一产	二产	三产
深圳	0.1 : 41.4 : 58.5	0.2 : 44.4 : 55.4	−0.5	−0.1	0.1
珠海	1.8 : 48.1 : 50.1	5.5 : 48.8 : 45.8	−0.7	0.0	0.1
佛山	4.3 : 52.7 : 40.9	4.9 : 56.7 : 38.4	−0.7	0.0	0.1
惠州	4.3 : 52.7 : 43.0	17.0 : 49.8 : 33.2	−0.7	0.1	0.3
东莞	0.3 : 48.3 : 51.4	0.9 : 68.2 : 30.9	−0.7	−0.3	0.7
中山	1.6 : 50.3 : 48.1	1.6 : 50.3 : 48.1	−0.7	−0.2	0.6
江门	7.0 : 49.2 : 43.8	7.0 : 49.2 : 43.8	−0.8	0.2	0.6
肇庆	15.5 : 36.6 : 47.9	15.5 : 36.6 : 47.9	−0.7	0.4	0.8

（三）专业与产业适配度

基于粤港澳大湾区整体结构来看，分析三大产业专业结构与产业结构偏离度绝对值的均值（见表4-13），粤港澳大湾区整体高职专业结构与产业结构匹配状况不太理想，偏离错位明显，高达 7.3%，这主要归结于粤港澳大湾区第二、第三产业与专业结构的正负偏离错位太突出。从三大产业各自的偏离度来看，第一产业专业设置与第一产业发展匹配度比较理想，其偏离度绝对值很小，仅为 0.3%，但第二、第三产业的专业设置与第二、第三产业发展的匹配状况不太乐观，三产偏离度的绝对值均超出了 10%，产业结构与专业结构倒挂严重，专业设置和布点主要向第三产业集聚，致使第二产业部分专业人才培养结构性失业现象与第三产业部分专业人才结构性过剩现象比较突出。

表4-13　2021年粤港澳大湾区高职院校专业设置与产业结构对比

产业分类	专业结构比重（%）	产业结构比重（%）	专业结构与产业结构偏离度（%）
第一产业	3.7	4.0	-0.3
第二产业	31.7	42.4	-10.7
第三产业	64.6	53.6	11
三大产业专业结构与产业结构偏离度绝对值的均值为7.3%			

　　基于粤港澳大湾区9市差异的维度来看(见表4-14)，粤港澳大湾区各城市高职专业结构与产业结构匹配度呈现出明显的梯度特征，可分为4个梯度：第一梯度仅有广州1个城市，其偏离度绝对值均值低于5%，仅为2.8%，居全省最低，专业结构与产业结构匹配较好，这与广州高职教育起步早、发展快和布局优密切相关；第二梯度有佛山、深圳、中山3个城市，其偏离度绝对值均值在5%~10%之间，且属于典型的二产专业设置不足、三产专业设置严重过剩的情况，二、三产正负差值约为10%；第三梯度包括东莞、江门2个城市，这一梯度城市高职专业结构与产业结构匹配较差，偏离度绝对值均值在10%~20%之间；第四梯度有珠海、惠州、肇庆3个城市，这一梯度城市专业结构与产业结构匹配状况很不理想，偏离度绝对值均值都超过了20%，尤其是二产与三产，产业结构与专业结构适配性较差，倒挂现象严重。① 从三大产业各自的偏离度看出，粤港澳大湾区高职院校在一产专业设置与产业结构匹配情况相对较好，而二产、三产专业设置的产业匹配状况相对较差。具体来看，一产偏离度除了广州、佛山、东莞为正值之外，其他城市基本上为负值，即粤港澳大湾区9市一产专业设置不足以满足产业发展需要的专业技能型人才。二产专业匹配度普遍较不理想，专业设置与布点不足，会导致制造业技能型人才培养

----

　　① 参见李海东、杜怡萍、刘慧慧：《高等职业教育专业设置与经济发展的适应性研究》，《中国职业技术教育》2013年第2期。

严重不足,进而企业工厂招人难、用工荒等难题。三产专业的产业匹配状况最差,三产偏离度除广州、中山为负偏离外,大湾区其他 7 市均为正偏离,即三产专业设置远远超出该城市对服务技能人才的需求,专业设置与布点的盲目聚集,必然导致三产部分专业人才市场饱和,造成结构性失业现象,学生就业压力也相应增大。

表 4-14　粤港澳大湾区 9 市高职专业结构与产业结构对比

比例 (%)	广州			佛山			深圳		
	一产	二产	三产	一产	二产	三产	一产	二产	三产
专业	4.1	29.1	66.9	2.1	47.9	50.0	0	27.1	72.9
产业	1.0	28.0	71.0	1.4	57.7	40.9	0.1	41.5	58.5
偏离度	3.1	1.1	−4.1	0.7	−9.8	9.1	−0.1	−14.3	14.4
比例 (%)	东莞			江门			惠州		
	一产	二产	三产	一产	二产	三产	一产	二产	三产
专业	1.2	26.5	72.5	0	31.6	68.4	0	23.7	76.3
产业	0.3	48.3	51.4	7.0	49.2	43.8	4.3	52.7	43.0
偏离度	0.9	−21.8	20.9	−7.0	−17.6	24.6	−4.3	−29.0	33.3
比例 (%)	珠海			中山			肇庆		
	一产	二产	三产	一产	二产	三产	一产	二产	三产
专业	0	14.0	86.0	0	37.5	62.5	0	15.7	84.3
产业	1.8	48.1	50.1	1.6	50.3	48.1	15.5	36.6	47.9
偏离度	−1.8	−34.1	35.9	−1.6	−12.8	−14.4	−15.5	−20.9	36.4

数据来源:2021 年《广东省统计年鉴》、广东省各高职院校官网统计数据整理计算。

四、教师发展

(一) 政策要求

专业师资队伍保证了高等职业教育的教学和管理水平,是高职教育的根本,增大专业师资队伍是发展高职教育事业最基本的要求,受到各级领导和社会各界的广泛关注。自2002年以来,出台了一系列政策文件。2021年,《中共广东省委广东省人民政府关于全面深化新时代教师队伍建设改革的实施意见》明确指出,"到2022年,职业院校专业课教师中双师型教师比例稳定在60%以上。大力实施'强师工程',深入实施职业院校教师素质提高计划,加强技术师范院校建设,大力培养适应现代职业教育发展的高水平师资"。2014—2021年,为鼓励企业、本科院校与职业院校共建"双师型"教师培训基地,广东省财政部在强师工程专向资金中设立"职业教育教师技能提升工程"专项资金,总额为8092.25万元。并鼓励企业与高等职业学校建立健全"双师型"教师培养机制。2021年,广东省高等职业院校中参与骨干教师培训项目人数共2265人,2016—2021年培训总人数达7508人。

(二) 双师队伍

2015年,广东省实施《高等职业教育创新发展行动计划(2015—2021年)》三年来,各高职院校切实推进体制机制综合改革,产教深度融合,校企紧密合作,激活了高职院校办学活力,不断深化特色专业群建设进程,"双师型"师资队伍不断壮大,改革人才培养方案,提升人才培养质量,致力于增强社会服务能力,提高国际影响力,加大国际交流与合作。教师整体水平逐年提高(见表4-15),2021年全省高职院校生师比由2019年的15.95提升为16.69,"双师型"专任教师比例达到64.84%。

表4-15　2019—2021年粤港澳大湾区高职院校教师情况

指标(中位数)	2019 年		2020 年		2021 年	
	广东省	全国	广东省	全国	广东省	全国
教师总人数(人/校)	564.50	443.00	576	453	632	518
生师比	15.95	15.22	16.41	16.00	16.69	16.37
硕士学位平均人数(人/校)	232.00	165.00	240.5	174	190	143

指标（中位数）	2019 年		2020 年		2021 年	
	广东省	全国	广东省	全国	广东省	全国
高级职称教师/人	153.00	127.00	153.5	130	146	129
专任青年教师（45 岁以下）/人	303.00	218.00	308.5	235	340.50	261
"双师型"专任教师比例（%）	65.01	56.07	62.38	54.42	64.84	70.03

（三）教师发展

在教师教学技能方面，广东省代表队在全国职业院校技能大赛中崭露头角，取得了优异成绩。比如在 2021 年，经过广东省高职院校教师的共同努力，广东省共有 28 名教师分别获得了一等奖以及二等奖，广东省获得"最佳组织奖"，成为一等奖以及二等奖获奖人数最多的省份，充分展现出了高水平的高职教育。同年，由广东省教育厅与广东省总工会共同举办的广东省第四届高校（高职）青年教师教学大赛中，荣获一二三等奖项人数分别为 45 名、90 名和 133 名，总决赛借助网易和广东教育资源公共服务平台同步向全国直播，共有超过 45 万人次在线观看大赛直播、参与互动交流。总决赛理工综合、文科综合荣获一等奖的优秀青年教师将被授予广东省五一劳动奖章。在教学名师培养方面，粤港澳大湾区高职院校不断努力克服制度障碍。21 世纪以来，粤港澳大湾区教师合作培养进入深化阶段，由以前的广东师范院校为港澳地区单向培养教师，转变为粤港、粤澳双向互派教师参访学习，学生交换培养的新局面。在师资培养方面，粤港澳大湾区高职院校充分利用位于改革开放前沿和湾区的优势，创新师资培养培训方式，积极参与国际交流合作，采用"请进来，走出去"的学习理念，取得了良好的效果。通过邀请港澳地区专家来授课，派教师到境外观摩学习、培训，拓宽了教师视野，促进广东教师队伍成长。同时，港澳地区也积极派专家学者参与广东省内教师教育论坛、授课等，促进粤港、粤澳双向沟通发展。如广东工贸职业技术学院与英国林肯大学共同组建中英"双导师"团队，探索工业设计专业人才培养，提升了教师国际合作能力。

五、培养方式

（一）协同育人

1.专升本三二分段

2019年，根据《国家职业教育改革实施方案》（国发〔2019〕4号）与《广东省教育厅关于开展2019年高职院校和本科高校协同育人试点申报工作的通知》（粤教职函〔2019〕9号）等文件精神，广东省决定为开展高职院校与本科高校协同育人试点工作，并设立"三二分段专升本协同育人实验班"以招收普通高考毕业生，并且单独编班，有效打开了高职生向上发展通道。根据高职院校的人才培养方案的要求，实验班学生的学制一般为五年，其中前三年一般是在高职院校完成高职阶段的学习任务，后两年需要到相应对口的本科高校进行深造。值得注意的是，实验班的学生从高职院校转到本科高校就读也需要经过各项考核，获得普通高职院校的毕业证书，以获取继续深造的机会。通过转段选拔考核合格的实验班毕业生则可进入相应对口本科高校学习两年，符合毕业要求的学生，则给予办法试点本科高校普通本科毕业证书与学士学位证。①试点项目的高职院校共40所，24所本科院校，94个专业点（见表4-16）。

表4-16　2020年三二分段专升本协同育人试点项目

序号	高职院校名称	试点高职院校专业名称	高职专业代码	高职招生计划数	本科高校名称	对应本科试点专业名称	本科试点专业代码
1	东莞职业技术学院	物流管理	630903	80	广东科技学院	物流管理	120601

---

① 参见广东省教育厅：《2019年高职院校与本科高校协同育人试点工作》，http://www.zhedu.net/？q＝node/16172，访问日期为2022年3月12日。

续表

序号	高职院校名称	试点高职院校专业名称	高职专业代码	高职招生计划数	本科高校名称	对应本科试点专业名称	本科试点专业代码
2	东莞职业技术学院	计算机应用技术	610201	80	东莞理工学院	计算机科学与技术	080901
3	东莞职业技术学院	会计	630302	60	东莞理工学院	会计学	120203K
4	东莞职业技术学院	工商企业管理	630601	60	东莞理工学院	工商管理	120201K
5	佛山职业技术学院	物流管理	630903	40	华南师范大学	电子商务(职业教育师范)	120801
6	广东工程职业技术学院	电子信息工程技术	610101	60	广东技术师范大学	电子信息工程	080701
7	广东工程职业技术学院	电气自动化技术	560302	60	广东技术师范大学	电气工程及自动化	080601
8	广东工贸职业技术学院	软件技术	610205	50	韶关学院	软件工程	080902
9	广东工贸职业技术学院	商务英语	670202	40	韶关学院	商务英语	050262
10	广东工贸职业技术学院	测绘地理信息技术	520304	50	嘉应学院	地理信息科学	070504
11	广东工贸职业技术学院	模具设计与制造	560113	40	肇庆学院	机械设计制造及自动化	080202
12	广东环境保护工程职业学院	环境评价与咨询服务	520808	50	韩山师范学院	环境科学	082503
13	广东环境保护工程职业学院	室内环境检测与控制技术	520803	50	韶关学院	环境工程	082502
14	广东环境保护工程职业学院	环境工程技术	520804	50	嘉应学院	环境工程	082502
15	广东机电职业技术学院	计算机网络技术	610202	80	广东技术师范大学	网络工程	080903
16	广东建设职业技术学院	建筑设备工程技术	540401	40	广东技术师范大学	建筑电气与智能化	081004

续表

序号	高职院校名称	试点高职院校专业名称	高职专业代码	高职招生计划数	本科高校名称	对应本科试点专业名称	本科试点专业代码
17	广东交通职业技术学院	机电一体化技术	560301	100	肇庆学院	机械设计制造及自动化	080202
18	广东交通职业技术学院	汽车检测与维修技术	560702	50	肇庆学院	车辆工程	080207
19	广东交通职业技术学院	汽车电子技术	560703	50	岭南师范学院	汽车服务工程	080208
20	广东交通职业技术学院	道路桥梁工程技术	600202	100	五邑大学	交通工程	081802
21	广东交通职业技术学院	轮机工程技术	600310	50	广州航海学院	轮机工程	081804
22	广东交通职业技术学院	船舶电气工程技术	560503	50	广州航海学院	船舶电子电气工程	081808
23	广东交通职业技术学院	电子信息工程技术	610101	100	仲恺农业工程学院	电子信息工程	080701
24	广东交通职业技术学院	计算机网络技术	610202	100	仲恺农业工程学院	网络工程	080903
25	广东交通职业技术学院	城市轨道交通机电技术	600602	100	广东石油化工学院	测控技术与仪器	080301
26	广东科贸职业学院	畜牧兽医	510301	50	仲恺农业工程学院	动物科学	090301
27	广东科贸职业学院	园艺技术	510107	50	仲恺农业工程学院	园艺	090102
28	广东科学技术职业学院	计算机应用技术	610201	70	肇庆学院	计算机科学与技术	080901
29	广东理工职业学院	物联网应用技术	610119	80	广东技术师范大学	物联网工程	080905
30	广东南华工商职业学院	会计	630302	50	中山大学新华学院	会计学	120203k

续表

序号	高职院校名称	试点高职院校专业名称	高职专业代码	高职招生计划数	本科高校名称	对应本科试点专业名称	本科试点专业代码
31	广东农工商职业技术学院	园林技术	510202	40	韶关学院	园林	090502
32	广东农工商职业技术学院	农产品加工与质量检测	510113	40	韶关学院	食品质量安全	082702
33	广东农工商职业技术学院	市场营销	630701	50	肇庆学院	市场营销	120202
34	广东农工商职业技术学院	数字媒体应用技术	610210	50	广东技术师范大学	数字媒体技术	080906
35	广东农工商职业技术学院	会计	630302	50	广东技术师范大学	会计学	120203k
36	广东农工商职业技术学院	电子信息工程技术	610101	50	嘉应学院	电子信息工程	080701
37	广东女子职业技术学院	电子商务	630801	56	广东技术师范大学	电子商务	120801
38	广东女子职业技术学院	动漫制作技术	610207	40	肇庆学院	动画	130310
39	广东女子职业技术学院	学前教育	670102k	50	肇庆学院	学前教育	040106
40	广东轻工职业技术学院	化工生物技术	570102	60	韩山师范学院	生物技术	070402
41	广东轻工职业技术学院	食品营养与检测	590107	60	韩山师范学院	食品科学与工程	082701
42	广东轻工职业技术学院	精细化工技术	570205	50	肇庆学院	化学	070301
43	广东轻工职业技术学院	软件技术	610205	40	华南师范大学	网络工程（职业教育师范）	080903
44	广东轻工职业技术学院	商务英语	670202	40	华南师范大学	英语（职业教育师范）	050201

续表

序号	高职院校名称	试点高职院校专业名称	高职专业代码	高职招生计划数	本科高校名称	对应本科试点专业名称	本科试点专业代码
45	广东省外语艺术职业学院	学前教育	670102k	120	广东技术师范大学	学前教育	040106
46	广东省外语艺术职业学院	英语教育	670106k	90	韩山师范学院	英语（师范）	050201
47	广东水利电力职业技术学院	数控设备应用与维护	560204	50	广东石油化工学院	机械设计制造及自动化	080202
48	广东水利电力职业技术学院	地下与隧道工程技术	540302	80	广东石油化工学院	土木工程	081001
49	广东松山职业技术学院	电气自动化技术	560302	40	韶关学院	自动化	080801
50	广东体育职业技术学院	运动训练	670401	100	广州体育学院	运动训练	040202k
51	广东文艺职业学院	动漫设计	650120	30	广东技术师范大学	动画	130310
52	广东邮电职业技术学院	移动通信技术	610302	80	广东技术师范大学	通信工程	080703
53	广东职业技术学院	服装设计与工艺	680410	55	惠州学院	服装设计与工程	081602
54	广州城建职业学院	国际经济与贸易	630502	60	广东白云学院	国际经济与贸易	020401
55	广州城建职业学院	市场营销	630701	60	广东培正学院	市场营销	120202
56	广州城建职业学院	工程造价	540502	50	广东技术师范学院天河学院	工程造价	080703
57	广州城建职业学院	机电一体化技术	560301	60	广东科技学院	机械电子工程	080204
58	广州城建职业学院	建筑工程技术	540301	100	广东白云学院	工程管理	120103
59	广州城建职业学院	旅游管理	640101	50	韩山师范学院	旅游管理	110206
60	广州番禺职业技术学院	计算机网络技术	610202	40	华南师范大学	网络工程（职业教育师范）	080903
61	广州番禺职业技术学院	商务英语	670202	40	华南师范大学	英语（职业教育师范）	050201

序号	高职院校名称	试点高职院校专业名称	高职专业代码	高职招生计划数	本科高校名称	对应本科试点专业名称	本科试点专业代码
62	广州番禺职业技术学院	机械制造与自动化	560102	50	广东技术师范大学	机械设计制造及自动化	080202
63	广州华立科技职业学院	会计	630302	150	广东工业大学华立学院	会计学	120203k
64	广州华夏职业学院	工程造价	540502	100	广东白云学院	工程造价	120105
65	广州科技贸易职业学院	社会工作	690101	30	广州大学松田学院	社会工作	030302
66	广州民航职业技术学院	计算机应用技术	610201	50	广东培正学院	计算机科学与技术	081201
67	广州南洋理工职业学院	服装与服饰设计	650108	150	广东科技学院	服装设计与工程	081602
68	广州松田职业学院	会计	630302	100	广东白云学院	会计学	120203k
69	广州体育职业技术学院	运动训练	670401	100	广州体育学院	运动训练	040202k
70	广州铁路职业技术学院	商务英语	670401	100	广东技术师范大学	商务英语	050258
71	广州铁路职业技术学院	机械制造与自动化	670202	50	仲恺农业工程学院	机械设计制造及自动化	080202
72	河源职业技术学院	旅游管理	640101	80	广东技术师范大学	旅游管理与服务教育	120904T
73	河源职业技术学院	数控技术	560103	50	广东技术师范大学	机械设计制造及自动化	080202
74	河源职业技术学院	电子信息工程技术	610101	50	广东技术师范大学	电子信息工程	080701
75	河源职业技术学院	音乐教育	670112k	30	嘉应学院	音乐学（师范）	130202
76	江门职业技术学院	学前教育	670102k	50	岭南师范学院	学前教育	040106
77	清远职业技术学院	食品生物技术	570101	50	肇庆学院	食品科学与工程	082701
78	清远职业技术学院	药品生产技术	590202	50	肇庆学院	制药工程	081302

序号	高职院校名称	试点高职院校专业名称	高职专业代码	高职招生计划数	本科高校名称	对应本科试点专业名称	本科试点专业代码
79	清远职业技术学院	护理	620201	50	中山大学新华学院	护理学	101101
80	清远职业技术学院	机电一体化技术	560301	50	广东技术师范大学	机械设计制造及自动化	080202
81	清远职业技术学院	计算机网络技术	610202	50	广东技术师范大学	网络工程	080903
82	清远职业技术学院	旅游管理	640101	50	韶关学院	旅游管理	120901k
83	深圳职业技术学院	计算机网络技术	610202	40	华南师范大学	网络工程（职业教育师范）	080903
84	深圳职业技术学院	商务英语	670202	40	华南师范大学	英语（职业教育师范）	050201
85	顺德职业技术学院	酒店管理	640105	40	广东财经大学	酒店管理	120902
86	顺德职业技术学院	会计	630202	40	广东财经大学	会计学	120203
87	中山职业技术学院	服装与服饰设计	650108	40	岭南师范学院	服装与服饰设计	130505
88	中山职业技术学院	产品艺术设计	650105	40	中山大学南方学院	公共艺术	130506
89	中山职业技术学院	动漫制作技术	610207	30	中山大学南方学院	数字媒体艺术	130310
90	中山职业技术学院	电气自动化技术	560302	100	电子科技大学中山学院	电气工程及自动化	080601
91	中山职业技术学院	模具设计与制造	560113	100	电子科技大学中山学院	机械设计制造及自动化	080202
92	中山职业技术学院	商务管理	630602	45	华南师范大学	电子商务（职业教育师范）	120801
93	中山职业技术学院	电子信息工程技术	610101	100	韩山师范学院	电子信息工程	080701
94	珠海城市职业技术学院	港口与航运管理	600308	50	广州航海学院	交通运输	081801

2.四年制本科协同育人

试点本科高校设立"四年制本科协同育人项目实验班",招收学生为普通高考毕业生,实行单独编班,并按照协同育人培养方案施行。全部四年均在对应高职院校培养,办学地点在高职院校;"2+2"试点专业实验班学生按照协同育人方案,前两年在本科高校培养,后两年在对应高职院校培养。试点本科高校是人才培养质量的责任主体,督促试点高职院校落实《普通高等学校本科专业类教学质量国家标准》完善教学条件与实训基地,配置相关教学资源,设置相关课程,并对课程教学质量进行评估督导。试点本科高校将负责管理学生的奖助学贷、入党申请、毕业证书与学位证书的授予以及学籍管理等相关工作。原则上,实验班学生不得转到其他专业;非实验班学生也不得转入试点专业实验班学习。这在一定程度上避免了实验班与非实验班由于生源质量、教学进度、课程衔接等问题造成的差异而无法实现有效教学的现象,2020 年广东省试点项目见表 4-17。

表 4-17　2020 年四年制本科协同育人试点项目

序号	本科高校名称	本科试点专业名称	本科试点专业代码	本科招生计划数	高职院校名称	对应高职专业名称	高职专业代码	试点类型
1	东莞理工学院	机械设计制造及自动化	080202	30	东莞职业技术学院	机械制造及自动化	560102	4+0
2	韶关学院	车辆工程	080207	40	广东机电职业技术学院	汽车电子技术	560703	4+0
3	惠州学院	软件工程	080902	50	广东交通职业技术学院	软件技术	610205	4+0
4	惠州学院	土木工程	081001	50	广东交通职业技术学院	城市轨道交通工程技术	600605	4+0
5	韶关学院	园艺	090102	50	广东农工商职业技术学院	作物生产技术	510101	4+0
6	广东第二师范学院	食品质量与安全	082702	100	广东轻工职业技术学院	食品加工技术	590101	4+0

序号	本科高校名称	本科试点专业名称	本科试点专业代码	本科招生计划数	高职院校名称	对应高职专业名称	高职专业代码	试点类型
7	广东技术师范大学	金融学	020301k	40	广州番禺职业技术学院	金融管理	630201	4+0
8	广东技术师范大学	建筑电气与智能化	081004	40	广州番禺职业技术学院	建筑工程技术	540301	4+0
9	韶关学院	机械设计制造及自动化	080202	40	广州番禺职业技术学院	机械制造及自动化	560102	4+0
10	韶关学院	软件工程	080902	40	广州番禺职业技术学院	软件技术	610205	4+0
11	广东技术师范大学	软件工程	080902	100	深圳信息职业技术学院	软件技术	610205	4+0
12	广东技术师范大学	网络工程	080903	100	深圳信息职业技术学院	信息安全与管理	610211	4+0
13	广东技术师范大学	自动化	080801	100	深圳信息职业技术学院	智能控制技术	560304	4+0
14	韩山师范学院	电子信息科学与技术	080701	50	广东机电职业技术学院	应用电子技术	610102	2+2
15	岭南师范学院	电气工程及自动化	080601	50	广东建设职业技术学院	建筑设备工程技术	540401	2+2
16	嘉应学院	食品科学与工程	082701	50	广东农工商职业技术学院	食品加工技术	590101	2+2
17	广东医科大学	应用化学	070302		广东食品药品职业学院	化妆品技术	580106	2+2
18	广东医科大学	药学	100701	35	广东食品药品职业学院	药学	620301	2+2
19	广东医科大学	中药学	100801	35	广东食品药品职业学院	中药学	620302	2+2
20	广东医科大学	生物医学工程	082601	35	广东食品药品职业学院	医疗设备应用技术	620805	2+2

序号	本科高校名称	本科试点专业名称	本科试点专业代码	本科招生计划数	高职院校名称	对应高职专业名称	高职专业代码	试点类型
21	嘉应学院	土木工程	081001	50	广东水利电力职业技术学院	地下与隧道工程技术	540302	2+2
22	广东技术师范大学	服装与服饰设计	130505	25	广州番禺职业技术学院	皮具艺术设计	650107	2+2
23	电子科技大学中山学院	电子科学与技术	080702	100	深圳信息职业技术学院	微电子技术	610103	2+2
24	韩山师范学院	电气工程及自动化	080601	45	中山职业技术学院	机电一体化技术	560301	2+2
25	韩山师范学院	电子信息工程	080701	50	中山职业技术学院	电子信息工程技术	610101	2+2
合计	10所本科		25个专业点	1340	11所高职			

（二）校企合作

1.订单班

订单班是高职院校与大型企业共同商议,并被提前签约学生组成的班级。高职生在校期间,通常是在第二学年左右,在相似的专业大类中选拔优秀的在校生组成"订单班",而后主要按照企业要求的人才培养目标与知识技能框架,修订学习计划,有效地提高了高职毕业生就业质量。订单班的形式实际上是为学生提供工学结合的平台,让未毕业的学生提前进入企业适应企业文化与实训技能,成为技术技能型人才培养的前置措施。对学生来说是双赢,既能通过实习实训修满学分,又能提前适应企业文化与技能需求,毕业即上岗,减少了摩擦性失业的风险。订单班的形式不仅缩短了企业培训员工的周期,同时通过企业高技能型人才引领学校技能实操教学,达到"为企业降低培训成本,也稳定了员工队伍结构"的成果。同时增加学生接触了解企业的时间,使学生在学习中熟悉企业工作的范围和环境、企业在施工实践中培养、考查学生,融合学校的知识教育、动手能力培养和企业的技能教学、职业素质培养为一体,实现真正意义上的高校学生职业生涯发展教育。2021年广东省订单培养学生共27634人,比2017年增加10.31%。

2.现代学徒制培养

现代学徒制是2014年教育部为贯彻落实国家职业教育发展方针政策,深化产教融合、校企合作,实现校企双主体育人机制,培养技术技能型人才的方式。[①] 强化学校与企业的主体作用,并深化合作效应,利用教师与师傅联合讲授,着重培养学生的职业技能。现代学徒制区别于以往的大专班和订单班,是由校企双方共订课程标准、培养方案和考核标准等,为行业、企业参与学校人才培养的全过程奠定基础,也为实现专业与岗位需求对接,教学过程与生产过程衔接,课程内容与职业标准对接,毕业证书与职业资格证对接等方面提供针对性措施。广东省根据社会和企业需求,积极开展现代学徒制试点,试点工作从个别试探性试点走向规模化试点阶段。经过近5年的发展,试点专业接近200个,深度参与的企业近200家,在读学生达7000余人。为确保现代学徒制的人才培养质量,一方面由学校和行业企业共同研制现代学徒制标准,保证学徒培养的规范化和标准化;另一方面由学校和企业不断完善现代学徒制教学管理规定,保证学徒培养的个性化。

3.产业学院

国务院于2017年印发的《关于深化产教融合的若干意见》对深化产教融合进行了详细的部署,并提出"鼓励企业依托或联合职业学校、高等学校设立产业学院。"高职院校产教学院是融合了立体化、全方位、深层次的校企合作的办学方式,成为深化产教融合的重要推手。[②] 随着《粤港澳大湾区发展规划

---

① 参见中华人民共和国教育部:《关于开展现代学徒制试点工作的意见》,http://www.gov.cn/xinwen/2014-09/05/content_2745818.htm.,访问日期为2021年9月5日。

② 参见吴显嵘:《基于产教融合的高职产业学院建设机理及路径研究》,《中国职业技术教育》2021年第29期。

纲要》等战略的部署以及区域供给侧结构性改革的深入推进,产业学院在区域经济发展中肩负着围绕区域产业需求开设专业、设置课程、培养人才的重任。[1] 目前,粤港澳大湾区产业学院建设共 11 所,大部分高职院校正在尝试,但还未普及。在共谋培养方式改革方面,根据产业和企业发展的需要,校企通过创新培养方式,共同培养培训人才。2021 年,参与高职院校产学合作的企业达到 20779 家,比 2019 年增加 7.84%;大湾区域内高职院校与合作企业以多种方式开展产业需要的人才培养,合作企业接收顶岗实习学生 109984 人,比 2020 年增加 8.5%(见图 4-16);学校为产学合作企业培训员工857495.5 人。

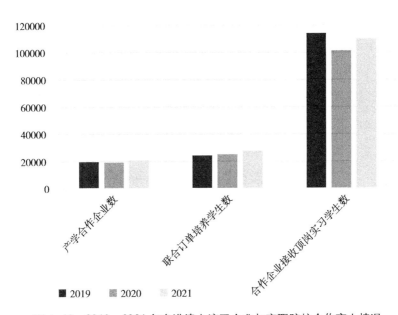

图 4-16　2019—2021 年粤港澳大湾区企业与高职院校合作育人情况

在合作开发课程情况方面,2021 年,产学合作企业与高职院校共同开发课程 4182 门,比 2019 年增加 11.94%;共同开发教材 2146 种,与 2019 年基本

---

① 参见李海东、黄文伟:《粤港澳大湾区视阈下区域产业学院发展的若干思考》,《高教探索》2020 年第 3 期。

持平(见图4-17)。在合作助推学生就业情况方面,企业通过校企合作订单班、现代学徒制、学生实习等途径了解学生情况,吸纳学生就业。2021年,粤港澳大湾区产业学院共接收毕业生就业45736人,比2019年增加10.42%;应届毕业生通过实训实习留岗人数为63931人,比2019年增加12.78%;全省企业录用顶岗实习应届毕业生175178人,比2019年增加1.72%(见图4-18)。

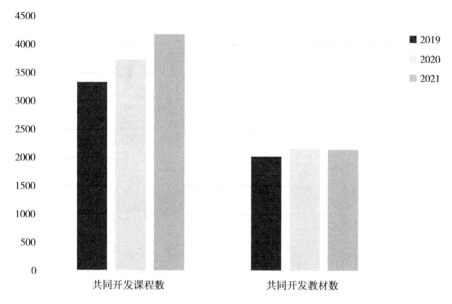

图4-17 2019—2021年粤港澳大湾区企业与高职院校合作开发课程、教材情况

据《高职院校人才培养工作状态数据采集与管理系统》统计,近三年高职院校中有合作企业的专业数均超过70%,校企合作企业录用顶岗实习与订单班培养人数逐年增加。但目前校企共创开发课程、教育教学硬件条件如教材数量等仍不充足,学校为企业提供员工培训、技术服务等方面工作还需进一步加强。校企合作重点放在专业建设和人才培养,在校企有效深度衔接上还有较大发展空间。①

① 参见刘富才:《产教融合背景下高职院校产业学院建设途径探析》,《高教学刊》2019年第23期。

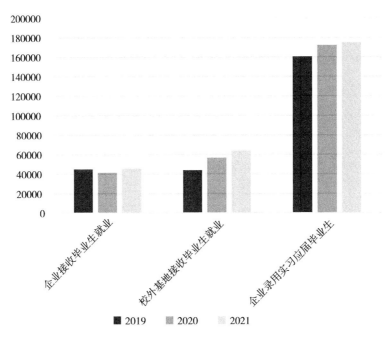

图 4-18　2019—2021 年粤港澳大湾区企业与高职院校合作就业统计

六、教育合作

通过获取广东省教育厅 67 所高职高专院校 2021 年合作与交流及港澳台事务工作总结的数据,对粤港澳大湾区高等职业教育的合作现状进行分析。高职高专院校与港澳地区的合作更体现职业性,具有高职高专的独特性,合作形式也从校际合作拓展到校企合作。粤港澳大湾区本科院校在合作方面实现了科技创新平台搭建、文化交流、学历提升等合作项目;港澳留学生招收、科研合作、培训研修、交换生、联合培养、合作办学等项目,已取得了较好的合作成绩。近年来,国家提高了对职业教育国际化的要求,高职高专也随之加大了国际化步伐,在参照粤港澳大湾区本科院校经验做法的基础上,初步探索出湾区高职高专国际化道路,虽在合作过程中尚不能满足粤港澳大湾区职业教育协同发展需求,但至少作为湾区职业教育合作发展的先驱,为京津冀、长三角甚至国际湾区职业教育合作发展提供借鉴参考。

目前,粤港澳大湾区高等职业教育合作取得了一定成效(见图4-19)。一是专业群产教联盟等联盟组织的建立,有利于深化粤港澳大湾区政校行企之间的融合,有助于高水平专业群的建立;二是校企合作项目的建设,有助于加强粤港澳大湾区高校与企业之间的交流合作,提高科技成果转化力度;三是师资交流与培训项目的建设,有助于粤港澳大湾区高水平"双师型"师资队伍建设;四是学生交流与学历提升等人才培养项目的建设,有助于粤港澳大湾区优化和升级人才培养结构;五是行业资格与职业技能等合作项目的建设,有助于粤港澳大湾区人才培养方式改革;六是文化教育交流项目的建设,有助于加强粤港澳大湾区文化往来,提升文化认同感和国家认同感。

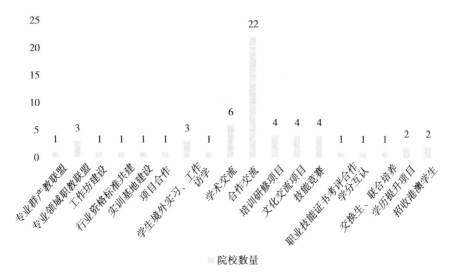

图4-19　粤港澳大湾区高等职业教育合作交流情况①

①　参见吴婷、谢杭铧:《粤港澳大湾区高等职业教育协同创新发展的路径研究》,《职业教育研究》2020年第7期。

七、社会服务

(一) 技术技能人才服务

广东高职院校根据省"十三五"规划提出的产业结构调整规划和重点发展产业目录,积极调整优化技术技能人才培养结构和布局,培养适合经济社会发展所需要的人才,服务于本省各类企事业组织。2021 年,广东高职院校在校生人数为 759085 人,比 2019 年 737334 人增长 2.95%;为社会输送了 252026 名毕业生,比 2020 年 237657 人增长 6%。就业人数为 238198 人,较上年 228578 人增长 4.2%。广东省产业结构调整规划和重点发展产业目录的匹配度越来越高。对本地中小微企业服务支撑作用明显。2021 年广东省高职院校毕业生就业走向留在本省的人数共 205689 人,比 2020 年 202111 人增加了 3578 人,本省就业比例为 94%,比 2020 年增长 8.16%。其中,留在所在地市的毕业生人数为 142982 人,本地就业率为 60.02%,比 2020 年增长 2.4%。截至 2021 年 8 月 31 日,应届毕业生留在中小微企业等基层组织机构就职人数为 181265 人,占毕业生的 71.92%,较 2020 年的 172088 人增长 5.33%。

(二) 应用技术创新服务

广东省高职院校坚持应用为主的科研特色,广泛整合专业科研资源,利用科研机构与企业优势,重视技术开发与应用型研究推进科研进展,各高职院校技术服务水平以及科研能力有显著提高。一方面是服务产业转型升级。2021 年,横向技术服务资金共计 27824.43 万元,相较 2019 年、2020 年分别增长了 114.31%、71.83%,横向技术服务产生的经济效益为 43157.33 万元,为落实广东建设制造强省、网络强省、数字经济强省的经济发展目标提供了强有力的技术支持,加速了广东省产业转型升级步伐。另一方面是服务农业农村现代化。广东省高职院校积极响应《广东省新型城镇化规划(2016—2020 年)》的政策要求,开设相应的农林牧渔大类的专业,为第一产业培养现代化、高技术技能型人才,扩大涉农专业人才培养规模。2021 年,共有 14 所高职院校开设了 14 个涉农专业、43 个专业点,人才培养规模比去年增长 8.5%。

（三）文化教育服务

广东省各高职院校按照省委、省政府统一部署,充分发挥办学资源优势,积极参与社会服务建设,促进社会协调发展。一是服务学习型社会建设。2021 年,广东省高职院校非学历培训到款额 48079.8 万元,比 2019 年、2020 年 33494.54 万元分别增长 24.64% 和 43.55%;公益性培训服务 1616716 人日,比 2020 年和 2019 年分别增长 77.22% 和 180%。二是服务脱贫攻坚战略。2020 年底前全省高职院校勇于承担精准对口扶贫任务,对口帮扶省份涵盖西藏、新疆、云南、四川及省内多个地市,在推动"产业扶贫、资产扶贫"的同时,积极创新"智力扶贫、教育扶贫"方式,充分调动师生员工扶贫积极性,将扶贫工作与专业建设、课程建设紧密结合,发挥品牌专业优质资源,为扶贫村脱贫提供智力支持。三是服务城乡融合发展。高职院校以校企精准对接、精准育人为导向,立足本地社会经济发展,通过校地对接等各种形式,建设生态宜居的美丽乡村,促进了城乡融合一体化发展。

第五章 粤港澳大湾区职业教育发展
存在的问题与原因

第一节 职业教育发展的不足

粤港澳大湾区被中央政策文件提上国家战略计划,已成为一个区域整体发展规划。职业教育在区域整体中的发展需经历合作发展、协同发展、转型发展与融合发展四个阶段的使命。合作发展(Development by Cooperation)是粤港澳三地教育起步阶段的基础性区域发展策略,其基本特征是:粤港澳三地教育各自独立、彼此分离,且主要是为了解决特定问题、实现某些特定的目标,在制度安排、体系结构、标准研制等方面缺乏共建、共享机制的情况下,各自按照自己的思路和制度,沿袭原有的经验和做法,临时共商对策,以完成自己在特定项目中的任务。协同发展(Development by Coordination)是粤港澳三地较高阶的区域发展策略,其基本特征是:尽管三地原有的教育制度、学校体系及实践方式并未发生根本性改变,但三地愿意围绕特定的问题和拟合作事项,进行专项的制度设计、结构调整,并能达到局部的制度整合和功能优化。融合发展(Development by Integration)是粤港澳三地最高层次的区域发展策略,也是粤港澳大湾区教育发展的最终目标,其基本特征是:以充分、深入的合作发展、协同发展为基础,粤港澳三地的教育不但在具体项目上能够无障碍地合作和协同,而且在教育制度、学校体系及实践方式等各个领域能够全面、系统地实现无壁垒、一体化发展。①

---

① 参见陈伟、郑文:《粤港澳大湾区教育合作的现实基础和实践理路》,《华南师范大学学报(社会科学版)》2019 年第 6 期。

但目前来看,港澳资本在粤港澳大湾区范围内的流动并没有与三地职业教育的交流与合作相配套,还存在较大空白与盲区,需要后续的主动努力与有意识谋划。

一、合作发展存在的问题

要了解粤港澳大湾区职业教育合作发展存在的问题,需明晰当前粤港澳三地职业教育合作的现状,包括合作机制、合作内容和范围等。粤港澳三地高职教育的合作具有区域性、互利性、多元性的特征,突破了地域、机构的限制,成立了学生、教师、课程、教学、信息、专业等教学资源等方面相互合作的组织,并形成了院校或机构之间自发的合作、依靠合作联盟机构推进的合作、依靠政府主导推进的合作三种合作机制。院校或机构间自发的合作机制主要是通过签订合作协议、建立校际联系等契约的方式形成合作,如教师培训、师生参观、共享图书资源和课程等。依靠合作联盟机构推进的合作,如粤港澳三地的本科院校在自发合作过程中为实现优势互补和资源的充分利用,已经探索出一种制度化和常态化的合作机制,即构建合作发展联盟,目前职业院校合作发展联盟也正在逐步构建中,这也为粤港澳三地职业教育的合作提供了另一发展方向。依靠政府主导推进的合作机制,由于粤港澳三地之间存在较多的制度、行政等方面的差异,在深化合作过程中会遇到诸多问题,因此,在考虑粤港澳三地合作过程中,还得基于政府工作的统筹和制度安排。

粤港澳大湾区在职业教育资源方面的合作内容和范围主要集中在师生培训和人员互访、跨境招生以及教师互聘与教学资源共享。师生培训和人员互访是粤港澳大湾区职业教育合作中最常见的合作内容,包括派遣教师、管理人员和学生到香港职业训练局或澳门职业院校进行专题培训或研习,港澳学生到广东职业院校参加短期培训或研学活动。人员互访则是通过参观访问、参与比赛和假期互访等方式进行粤港澳三地职业院校之间的沟通与交流。跨境招生则是粤港澳大湾区的职业院校通过跨越法律边界、经济边界、行政边界等而开展的院校或机构之间的资源流动和师生流动。教师互聘与教学资源共享目前在粤港澳三地职业教育的推进过程中属于起步阶段,珠三角和港澳地区的职业院校在教师互聘方面会要求部分专家担任顾问或兼职教师,同时资源共享方面,2021 年,粤港澳大湾区高校在线开放课程联盟已成立,并吸纳了 63 所本科院校共享了 1631 门在线课程,未来将会吸纳更多职业院校参与其中。从合作发展的现状也可以发现部分问题,当前粤港澳大湾区职业教育存在合作发展动力不够充足、合作机制不够完善、合作平台不够健全等问题。

（一）合作发展动力不够充足

粤港澳大湾区职业教育的合作发展涉及一个复杂的动态发展系统,而要通过科学的手段自上而下、基于自组织理论对复杂问题进行对症下药,需要在自组织系统内部形成强大的发展动力,遵循自组织逻辑,才能形成自组织发展系统,从而从根本上解决合作发展动力不够充足的问题。粤港澳大湾区职业教育合作发展受体制、平台、文化与制度四个方面的掣肘。首先,合作平台空间有限。合作平台空间包括实体空间(合作职业院校、合作治理机构、合作研究机构等)与虚拟空间(合作联盟、合作组织、合作网络)两类,目前粤港澳大湾区职业教育合作尚处于简单的交流合作方面,合作范围也较窄,较多局限于个别的机构事务之间的合作,包括学术研讨、师生学者互访等,在师资共享、联合培养、学生定期交换、合作兴办新型办学机构等方面还未构建良好的合作形式与合作平台。目前已形成由职业院校牵头,已成立了粤港澳大湾区职业教育产教联盟等多个大湾区职业教育产教合作、校校合作平台,但现有平台主要由三地院校自发组建的,合作形式较为松散,深度和广度十分有限,尚未形成有效合力。其次,三地文化存在较大差异性,也影响了合作交流的进程。港澳地区与内地教育文化存在一定的文化差异,一定程度上阻滞了合作行动过程中的价值理念的形成,因而合作过程较为受阻。最后,制度上的差异同样给职业教育合作发展在思维方式、教育流程以及组织结构上造成多维度迥异,形成职业教育合作发展共同价值认同一定缺失的情况。①

（二）合作机制不够完善

合作机制不够完善导致合作的资源整合不力。粤港澳大湾区职业教育的合作享有得天独厚的资源优势，但却因为合作资源整合不够得力造成不少资源的浪费及分散。粤港澳大湾区职业教育资源优渥，香港拥有法定公营职业教育机构 5 家，民办私营职业教育机构 6 家；澳门拥有职业教育机构 10 余所；湾区 9 市也拥有上百家职业培训机构与职业院校。并且拥有我国最大的高新科技产业集聚地以及制造业龙头企业，对接国际市场、参与国际竞争的资源优势。但因区域分工与区域竞争过于明显，加之资源流动受限，人才准入机制、产业发展政策差异、监管制度不同等问题阻碍了三地职业教育资源的合作往来，形成三地职业教育三足鼎立的冲突局面。但同时也受粤港澳三地的政治制度壁垒和行政隔阂，职业院校在合作中的行政审批程序相对繁杂，因而难以形成有效合作沟通机制和利益矛盾调解机制。问题协调机制不够成熟会导致跨境合作之间形成经费使用困难、教学人员收入重复征税、教学设备出入境费用过高等问题，也阻碍了粤港澳大湾区三地的职业教育合作交流。

粤港澳大湾区职业院校人才引进与激励的配置措施上有待优化。近年来，广东省在人才引进上作出大胆尝试，包括深圳的"鹏城英才计划""鹏城孔雀计划"、广州的"羊城人才计划""红棉计划"、惠州的"人才双十计划"、珠海和中山的"英才计划"、东莞的"特色人才特殊政策"等。通过社会政策优惠和经济补贴的方式，广泛吸纳符合城市发展需求的精英人才。但目前在职业教育领域，粤港澳大湾区对以职业院校为首的经济补贴和人才引进计划的政策优惠仍有待加强，同时也应该考虑三地在社会政策上的衔接不畅、制度差异导致港澳人才不愿到内地工作的心理，切实落实境外职业教育领域人才的落户、

① 参见安冬平：《粤港澳大湾区职业教育合作发展的理论逻辑构建》，《职教论坛》2019 年第 9 期。

子女入学、社会福利以及公共服务等方面的实际需求,使得境外人才愿意扎根粤港澳大湾区,推进粤港澳大湾区职业教育的合作与发展。

(三)合作平台不够健全

粤港澳三地的职业教育合作并没有引起广泛重视,很多职业院校与港澳地区的合作仅仅止于合作交流、学术交流,未能投入更多的人力、物力、财力去深入挖掘深层次的合作领域,这种合作往往流于形式,浮于表面,未能达到实质性的合作效果,更难称得上粤港澳三地协同创新、融合共生发展。数据显示,2021年调查67所高职高专中,有33所与港澳并无合作数据,中等职业院校与港澳地区合作更少,说明广东省目前职业院校对与港澳地区合作的重视程度还不够,建设力度不大,未发挥出职业院校在粤港澳大湾区发展过程的应有之义。另外,由于广东省高职高专增长速度较快,而办学水平参差不齐,资源分配也存在不均的现象,这导致粤港澳大湾区职业教育合作成效并不显著。

港澳地区在科技发展和经济实力方面具备引领粤港澳大湾区发展的势头,但要实现粤港澳大湾区职业教育的整体发展,需要通过科技和经济力量,打造区域性的职业教育合作联盟平台,进一步形成产学研有效对接的"职业院校—科研院所—企业"对接的科技创新平台,进而有效便利地对接世界前沿科技成果,互通粤港澳大湾区职业教育资源。粤港澳三地需要中间的合作平台予以对接,弥补当前粤港澳大湾区职业教育产业集群发展的系列问题,并实现有效的资源共享。然而当前可以解决粤港澳大湾区职业教育"知识链—技术链—产业链"链式合作沟通的平台仍然较为零散,且尚未形成职业教育合作体系,合作效果仍然存在部分信息沟通不畅、教学创新资源难以整合、合作风险预估等诸多问题。

二、协同发展存在的问题

协同理论秉承研究对象具有开放、自组织以及协同的特点,其子系统之间相互耦合、相互作用产生协同效应。强调系统协同效应的发挥,本质上是系统各要素相互作用促使整体系统的功能增大,实现"1+1+1>3"的协同效应。粤港澳大湾区是一个开放的复杂系统,协同发展存在人才协同发展受限与协同创新发展缓慢等问题。

(一)人才协同发展受限

1.战略协同理念相对滞后

粤港澳大湾区人才协同发展是建设人才高地的必然要求,也是实现粤港澳大湾区战略定位的重要保障,这就要求相关各方要从国家大局的政治站位、国际战略角度,深刻地认识到人才协同发展的价值。实施粤港澳大湾区战略规划,不仅是从粤港澳"9+2"个城市之间实现互补协同,也是从粤港澳区域发展大局出发,通过人才协同促进粤港澳三地政治、经济、文化的融合发展,形成整体性效应,推动粤港澳大湾区成为世界级城市群和国际一流湾区。当前,基于行政体制下的城市本位主义观念仍占主导地位,城市间人才竞争大于人才协同,城市人才发展缺乏从更大视域下观察的大局意识,城市人才发展缺少区域整体观念,这导致城市间对人才资源特别是高层次人才资源缺乏一定的共享意愿,城市间人才交流合作层次偏低,深度有限。

当前粤港澳大湾区职业教育的战略协同相对来说仍处于初步探索阶段,跨专业、跨区域和跨学科的职业教育合作活动开展得较少,港澳地区在职业教育改革和全球资源的整合过程已经位列世界前列,也有较多的可借鉴之处。但目前粤港澳三地的职业教育战略协同发展相对局限在短期的创业训练营、创新创业讲座,缺乏常态化的跨区域的人才交流合作体系。协同理念上也有待更新,更多地需要强调通过粤港澳三地的区域协调合作实现"1+1>2"的协同效应,强调粤港澳三地多主体多要素的协同互助、配合协作,发挥优质资源能够最大化利用的效益。

2.协同效应递减风险呈现

人才协同效应的持续发挥有赖于系统自组织的推动。当前粤港澳大湾区人才协同效应主要依靠政府推动,协同效应存在递减风险。也就是说,粤港澳大湾区人才协同发展必须是主动协同发展、自发协同发展,而非"被协同发展"。导致协同效应递减风险的原因在于,粤港澳大湾区人才协同发展的主导因素不明显。在粤港澳大湾区人才协同发展中,到底是哪些主导因素会影响到系统发生质变,目前仍不够明显。当前存在人才竞争无序化(人才政策同质化竞争)和人才资源低效配置甚至错配现象是造成协同效应递减的症结所在。一是各自为政的人才政策,造成了人才竞争的无序化。当前,粤港澳大湾区各市均先后出台了人才新政,人才竞争趋于白热化、无序化,以行政手段主导的"抢才大战"扭曲人才资源配置的市场规律,不利于人才资源的合理配置,也不利于人才的健康成长。二是人才资源开始出现低效配置甚至错配的现象。在人才无序竞争状态下,由于缺少区域人才协同发展的总体布局,各地市必然以抢到人才为目标,简单地以人才数量为考核指标,而较少关注人才与城市发展的匹配性和适应性,较少考核人才对城市发展的贡献率,人才资源配置低效甚至错配难以避免,既浪费了有限财政资源,也不利于人才健康成长。从人才资源配置来看,粤港澳大湾区人才协同发展,既存在政府对人才资源宏观配置的抓手不足问题,也存在各地市人才资源配置行政化倾向问题,同时还存在部分人才功利化逐利化问题。①

(二) 协同创新发展缓慢

第一,协同创新资源分布不均。前面提到粤港澳大湾区合作发展资源较丰富,同样协同创新资源亦如此,甚至居于全国前列,但协同创新资源目前分布极不均衡,资源分布落差明显。如广州、深圳职业院校、科研机构以及行业龙头企业都独占鳌头,成为粤港澳大湾区职业教育发展的先驱城市,创新要素集聚且具有丰富创新资源以及创新能力。佛山、东莞、中山也依靠毗邻广州的优势,与广州共创出许多创新产业集群,并推动专业集群的发展,但佛山、东莞

---

① 参见周仲高、游蔼琼、徐渊:《粤港澳大湾区人才协同发展的理论构建与推进策略》,《广东社会科学》2019 年第 6 期。

作为制造业发展中心,创新资源仍较为紧缺,科研力量相对较弱,专利申请授权量也相对偏低,研发经费投入较少。深圳、香港和澳门作为粤港澳大湾区的核心城市,引领湾区的经济发展与科研创新成长,创新资源丰厚,但职业教育协同仍然有待进一步加强。江门、肇庆、惠州和珠海相对来说协同创新资源匮乏,同时存在高层次人才比较缺乏、技术合同成交额偏低的现象,这为粤港澳大湾区协同发展造成了一定的空间异构性,意味着大湾区核心城市科技溢出效应仍需加强。①

第二,协同创新网络尚未形成。虽然粤港澳大湾区已建成港珠澳大桥,并致力于实现湾区1小时城市圈计划,构建成了良好的交通网络,且作为国家资助创新示范区在创新科技平台建设方面已取得重要成效,但湾区城市间协同创新网络仍尚未形成,形成了一"重布局,轻运行"的局面。同时,粤港澳大湾区职业教育的协同发展远远不及普通教育的协同水平。只能通过加强国家政策的力度,不同城市的职业院校间通力合作,互学互鉴,搭建良好的专业群,并聚集成适应产业结构的专业集群。

第三,协同创新要素流动受阻。一方面,港澳地区由于制度体系的差异造成内地与港澳地区往来需通过通行证才可流通,而这为港澳地区与内地人才交流、创新资源流动等方面造成了一定的阻碍。另一方面,湾区9市之间的职业教育资源流动也主要呈现出向广州和深圳流动的趋势,而反向流动较少。目前广深地区已形成强有力的"虹吸效应",协同创新要素大量积聚,但需进一步加强本身的溢出效应,形成协同创新要素双向流动的局面。

三、融合发展存在的问题

区域融合发展是现代化的重要标志,也是粤港澳大湾区实现湾区经济、教

---

① 参见龙建辉:《粤港澳大湾区协同创新的合作机制及其政策建议》,《广东经济》2021年第2期。

育、文化等多种生产要素融合的重要内容。粤港澳大湾区职业教育的融合发展主要面临动机需求差异、资源与实力差异、文化与价值差异、深度融合受限等问题。

（一）动机需求差异

职业教育融合发展的动机与需求可分为三类：寻求改善院校财经状况、提高教学质量与研究水平、吸引优质生源的数量和质量。融合发展所提供的公共物品及服务特征是影响职业教育合作的重要因素。[①] 同时，融合发展需充分考虑成本和收益，一方面，合作主体会对交易成本与预期收益作出判断；另一方面，合作收益测度与监控的难度会对湾区内职业教育融合的可能性带来持久性的影响。[②] 职业教育融合发展成本主要有信息交流、协调谈判、执行监督成本及承担融合发展的风险；融合收益主要包括经济收益、人才培养收益、提升院校声誉、提高教学质量和科研创新水平以及职业教育在社会的溢出效应。对于三地职业院校而言，广东省职业院校具有较强的融合发展动机与较大的内在需求。香港职业训练局对深度融合发展方式则存在矛盾心态，一方面，香港职业训练局对融合发展可能带来的院校知识创新能力和科技成果转化水平提升、改善机构财经状况以及培养高技能型人才表现出浓厚兴趣；另一方面，香港职业训练局也对融合发展的潜在风险表示担忧，这种动机差异与需求影响了粤港澳大湾区职业教育的融合发展。

（二）资源与实力差异

粤港澳大湾区三地的职业教育在发展规模上并不均衡。广东省的职业教育规模较为庞大，专业布局和专业结构较为均衡，而港澳地区的职业教育规模

---

① See Andrew S. A., Regional Integration Through Contracting Networks: An Empirical Analysis of Institutional Collection Action Framework, *Urban Affairs Review*, 2009.

② See Feiock R. C., Regional Choice and Regional Governance, *Journal of Urban Affairs*, 2007.

则相对较小。但港澳地区的职业教育受到国外文化和制度的影响,办学质量相对更高。一方面,从办学水平上来看,三地职业教育的质量参差不齐,发展水平不一。目前高等职业教育板块属广州最多,发展势头迅猛,并且在发展水平上相对较高。而粤东西北地区的职业教育办学质量相对粤港澳大湾区的整体发展偏弱,在办学实力上也有一定差距,这对三地职业教育的融合发展有一定的阻碍作用。另一方面,从办学资源上来看,粤港澳三地职业教育的办学经费来源也有较大差异,粤内职业院校的办学经费主要来自政府的财政拨款,校外资助相对较少。而港澳地区的职业院校一方面能够从特区政府获得较高的办学经费,同时还能够筹集社会各方的经费资助,获得大量办学经费。不同的办学经费体现在日常的教学工作上也会有所差异,对融合发展过程的经费分配、教学物资、实训基地等各方面均存在较多问题。从教学资源来看,港澳地区的职业院校师资与海外交流更广,国际化程度更高,技术技能也更为前沿化,而广东省内的职业院校多以国内的合作为主,在资源和实力方面与港澳地区的职业教育仍然存在一定的差异,抑制了粤港澳三地职业教育的融合发展。

（三）文化与价值差异

粤港澳三地虽同属岭南文化带,但港澳地区特殊的历史进程造成了文化和价值上与内地存在较大的差异。从办学理念上来看,广东省内职业教育的发展严格遵守政府的管理和干预,具有一定的自主办学权力,但主要权力集中在教育部和政府部门。而香港则是秉承以往贯彻实施的"积极不干预政策",特区政府对职业院校和培训机构的干预相对较少,尤其是高等职业教育的办学自主权相对更大,基本上是在自治理念的基础上根据社会需求实施自主办学。

（四）深度融合受限

粤港澳大湾区在经济制度、政治体制、行政管理制度、法律制度和教育制度等多方面存在较大差异。三地合作办学存在制度缺失,既增加了三地职业院校合作办学的风险,也不利于深度融合发展,一定程度上挫伤了三地融合发展的积极性。在办学体制上、内部管理体制上、评价体系上、运行机制上都存在明显的差异,成为粤港澳三地职业教育深度融合发展的掣肘。同时,由于三地在职业教育规模方面存在较大不均,职业教育资源分布与实力不均衡也影响了粤港澳大湾区职业教育的深度融合发展。

第二节　职业教育发展不足的原因

一、法治多样化

粤港澳大湾区"9+2"城市群之间的立法、司法、执法、法治文化等各方面有较大的差异,影响了各城市整体的法治发展,进一步导致城市与城市之间发展不均衡,出现这种现象并非偶然。首先,经济发展水平的差异是造成法治多样化的基础原因,城市的运转离不开法治建设的支撑,法律制度也能为城市的发展提供更加公平和谐的环境。其次,粤港澳三地法律归属于不同的法系,三地立法体制、执法体制与司法体制、法治价值理念等方面存在诸多差异,也促使粤港澳大湾区法治呈现多样化,并对粤港澳大湾区职业教育的合作、协同、融合发展产生较大的干预效应。

二、价值观念不同

(一) 文化价值差异

粤港澳三地虽然同属岭南文化区,但港澳特有的历史进程以及"一国两制"方针的实施使得粤港澳大湾区成为一个独特的场域,使现有的粤港澳高等教育融合发展面临生活习惯、思想观念、文化价值上的差异。制度环境上的局限带来的更多的是"硬层面"影响,同样不可忽视的还有三地在社会观念、民众思想及生活习惯等"软层面"上的差异。这一差异对粤港澳大湾区的影响可分为两个方面。首先,三地民众由于长期生活在不同的社会制度下,很多情况下对政治、经济和法律制度的理解有不同的看法,这便存在他们对未来粤港澳大湾区合作过程中形成的各种制度、机制的接受程度各异问题。其次,可以预见在粤港澳大湾区合作的影响下,各种区域性事务必然增多,粤港澳三地之间通行也将更加便利,人口流动显著增加这并不局限于日常旅游方面,也将体现在长期的工作和生活中。而由于三地民众生活习惯上的不同,随着来往的增多,也可能产生一些纠纷和争议,如果没有在争端的预防与解决方面进行充分的考量,对粤港澳大湾区实现宜居宜业宜游的优质生活圈的目标会有较大影响。①

尽管港澳在根源上同属岭南文化,但是港澳深受西方文化的影响,可以说湾区一直处于中西文化的博弈之中。文化差异给职业院校的协同发展带来了障碍,主要表现在教学通用语言上。虽然粤语是三地的共通语言,但这种语言并非三地职业院校的通用教学语言,广东的学校基本实行普通话授课,香港和澳门高校多以英语授课,三地的学生来源又具有多样性,在学生的交换上始终存在着语言关难题,这种语言障碍也是目前三地职业院校学生互换的数量较少和专业范围较窄的原因之一。在未来互换学生增多后,分设单独课堂进行授课,实际上也起不到真正的交流作用,学生对大湾区的认同感和归属感会比较低。就师资的整合而言,尤其是三地资深的教授,在异地授课或课程共享中也存在着语言障碍问题,若都另配翻译助教,会大量增加教学成本。职业教育要从简单的合作走向深入协同发展,共同的文化观念和价值认同非常重要。

在办学理念上,广东的职业院校接受严格的政府管理和干预,虽有一定的办学自主权但还显得不够,香港特区政府对职业院校的管理秉承"积极不干预政策",对院校干预较少,主要由香港职业训练局进行管理,基本是在职业教育自治理念下根据市场需求自主办学。在高等教育思想方面,港澳高校历

---

① 参见滕宏庆、张亮:《粤港澳大湾区的法治环境研究》,华南理工大学出版社 2019 年版,第 146 页。

来奉行实用主义教育思想。近年来,香港加强了道德教育、爱国主义教育、中国历史教育和民族认同教育。三地高等教育只有在教育制度、意识形态、教育理念等领域扩大交流与合作,达成共识,才能实现融合发展。

(二) 思想观念差异

由于不同的历史文化影响,粤港澳三地人们在思想观念上存在差异,会产生一定的隔阂与误解。这些隔阂与误解容易引起纷争。

三、制度环境差异

(一) 职业院校的管理权

湾区内 9 市职业院校由政府主管,政府在职业教育上充当主导角色,公立院校还未达到自主办学的程度,职业院校的招生、办学经费、学科专业的设置等问题都需要各级政府主管部门的审批。而港澳的职业院校多采用西方大学管理方式,政府实行的是"积极的不干预政策",往往只运用拨款作为杠杆调节,实际的运行由大学的管理者们决定。[①] 香港职业训练局负责管理相关职业教育的各项事务,是目前香港最具规模的政府所属的职业教育专业培训机构,下辖 13 个机构成员。通过以能力为本、就业为导向的教育方针,促进香港职业教育质量的提升,同时加快香港经济社会的发展,为亚太地区构建培养职业教育专才。注重实用,强调实践。澳门的职业院校的管理权则主要归属于澳门教育暨青年局,澳门职业教育的特征是注重全人发展,不仅强调职业教育的社会服务,同时又根据职业院校的办学特色,成立相关的科研机构。三地由于制度的差异造成职业院校在管理上的差距,为职业教育合作、协同与融合都带来了一定的困难。

---

① 参见杨移贻:《互补与对接:21 世纪粤港澳高等教育合作展望》,《高教探索》1996 年第 3 期。

（二）职业院校办学制度

广东多为政府拨款的公立职业院校,民办职业院校的发展相对落后于公立,办学形式呈现单一化;港澳地区职业院校的办学也相对单一。目前粤港澳大湾区职业教育合作是在《中外合作办学条例》构架下进行的。该条例第五十九条明确规定"香港特别行政区、澳门特别行政区和台湾地区的教育机构与内地教育机构合作办学的,参照本条例的规定执行"。据此,香港和澳门难以独立在内地办学,其职业院校只能以合作办学的方式进驻广东。[①] 而合作办学方式与共建大湾区的目标存在着一定差异,办学风险相比内地合作办学更高,导致三地的职业教育对于合作办学望而却步。

（三）职业院校评价体系

职业院校评价体系作为我国职业教育从注重规模扩张向强调内涵发展的关键环节,有效提升国民职业教育工作水平。广东的职业教育以政府评价为主,缺乏多元化的评价体系。香港的职业院校评价机构众多,以校外专业的评价团队为主。澳门职业教育评价体系主要以院校自身评估为主,每所学校都有自己的评价体系。广东、香港、澳门高职院校的办学评价方式不同也会对湾区职业教育协同发展产生一定的阻碍。[②]

四、体制机制壁垒

粤港澳三地不同的政治体制势必造成三地体制机制的壁垒,教育、经济、金融等领域均缺乏共同的制度与法规,分属于三个独立的关税区,在院校管理、教育合作与交流上同样存在差异。且港澳地区由于是我国的特别行政区,职业教育具有单独的管理权,而广东地区职业教育则主要受国家和地方政

---

① 参见卢建红:《粤港高校人才培养深度合作路径探析》,《现代教育论丛》2017 年第 4 期。

② 参见郭芳燕:《粤港澳大湾区高教协同发展的问题与出路》,《东莞理工学院学报》2020年第 4 期。

府教育行政部门管理,体制机制的壁垒一定程度上阻碍粤港澳大湾区三地职业教育衔接、合作交流,成为湾区职业教育发展的屏障与阻碍。①

(一) 经济体制和社会制度的差异

港澳地区与广东省在经济体制、政治制度、社会管理体制以及日常生活方式等多方面均存在较大的差异。这种差异在教育水平和活动上造成不同程度的影响,香港和澳门地区的职业教育均不由政府统一管理,而是通过香港职业训练局和澳门教育暨青年局进行管理,一方面是给予职业教育较大的管理权,港澳地区的职业教育发展方向目前也主要是吸取国外优秀职业教育经验,有利于对标国际标准施行相关措施。但也不可避免地导致由于缺乏政府权力港澳地区职业院校无法持续参与科技创新活动,在一定程度上降低了职业教育科技创新发展的动能,无法积极适应产业结构创新需求。而内地如广东省,则主要受政府与教育行政部门统一管理,一方面政府与教育行政部门的宏观调控对产业结构与专业结构的调整有明显的监管作用,但也会因为政府与教育行政部门过度干预和繁冗的审批流程造成院校间合作、协同和融合的成本增大,从而潜移默化地影响了三地之间的协同创新与融合发展。

(二) 粤港澳三地的关境障碍

广东、香港、澳门分属不同的关税区。港澳两地可自主制定关境政策,对人员、资金、信息等多维度的跨境流动施行流通限制,这对广东省试图与港澳地区合作交流造成较大影响。在没有流通限制的情况下,广东、香港和澳门之间也要通过关境的监控与检查,这在一定程度上给人员流通制造了障碍。同时,历史沉淀下粤港澳三地形成了不同的技术标准与行业准入资质,都构成要素流通的主要障碍。如香港和澳门有出台各类人才计划,但是这些人才计划

---

① 参见曹细玉:《粤港澳大湾区城市群协同创新发展机制研究》,《统计与咨询》2021年第6期。

对于内陆有较大的名额限制;虽然目前内地奔赴香港和澳门的商务签注申请较为便捷,但是存在较大的停留限制;内地也对港澳地区跨境要素流动有严格的审查机制,影响了粤港澳三地跨境职业教育资源的合作交流。职业教育的合作往来包括个人与机构共同的跨境运作,但由于内地对与港澳往来的资金与信息等要素的限制较多,从而影响了湾区职业教育的互动合作。关境政策导致的三地要素流通障碍阻碍了湾区形成科技创新溢出效应和经济聚集效应,放大了湾区三地不同关境政策的负面影响。

（三）缺乏合作治理的长效机制

粤港澳大湾区三地政府缺乏合作沟通的长效机制,且目前粤港、粤澳合作联合会议的会面时间短、会面频率低,在三地具体的事项讨论方面无法深入进行,影响合作交流质量。不过近年来粤港澳大湾区进一步推进了《关于建立更紧密经贸关系的安排》《粤港合作框架协议》《粤澳合作框架协议》等文件,在落实三地教育合作治理与协同发展方面给予了一定的政策支持,需要注意的是在政策落实与效力实施方面还有待进一步加强。需注重粤港澳三地的政策协同功能,提高湾区政策协同效率,加快粤港澳大湾区合作治理成效。[1]

五、教育管理差异

粤港澳大湾区职业教育在教育管理上存在较大差异。粤港澳大湾区广东省内城市的职业教育均按政府指导、企业参与、院校管理的形式进行。香港的职业教育则是由香港职业训练局负责指导和管理,并且分为全日制教育与业余制教育,透过其辖下的机构成员提供全面的职业专才教育与培训服务;职训局开办多元化的全日制及兼读制课程,颁授中三以上学位程度的正规资历。澳门的中等职业教育由澳门教育暨青年局负责,高等职业教育则由澳门高等

---

[1]　参见毛艳华:《粤港澳大湾区协调发展的体制机制创新研究》,《南方经济》2021 年第12 期。

教育局负责。此外,与职业教育关系密切的劳工事务局,负责协助制定及执行职业安全健康和职业培训政策。可以看出,广东、香港、澳门三地职业教育的主管部门、办学形式以及管理方式等都存在较大差异。要想实现粤港澳大湾区职业教育的融合发展,需突破制度、法律等方面的硬性障碍,同时也要积极改善思想观念,提高职业教育的认同度,加快粤港澳大湾区职业教育人才、资源等方面的流动与共享,促进粤港澳大湾区职业教育融合发展。

第六章　粤港澳大湾区职业教育发展的典型案例

第一节　上汽通用 ASEP 校企合作课程开发实践
——广州市交通运输职业学校

汽车维修服务技能校企合作项目(ASEP)由美国通用汽车公司于 1979 年在北美首先创办。2005 年,上汽通用汽车有限公司(以下简称"上汽通用")借鉴美国 ASEP 校企合作项目 26 年的成功运作经验,将其引入中国。至 2021 年年底,全国已有 40 所 ASEP 合作院校,覆盖 22 个省、区、市。ASEP 校企合作项目整合了参与各方的优势资源,上汽通用提供项目运作指导和技术支持,院校提供社会公共教育平台,特约售后服务中心提供现场实习岗位,校企合作培养具有通用汽车产品服务能力和专长的初、中级维修服务技能人才,最终实现上汽通用、合作院校、特约售后服务中心和学员的多方共赢。广州市交通运输职业学校作为全国五所上汽通用校企合作项目新教材试点院校之一,全程参与了课程开发的各个环节。通过该订单班的实践表明,新课程能有效促进教产对接和校企合作人才培养的质量提升。

一、校企共同开发订单班新教材

ASEP 新教材不同于其他职业院校专业教材和企业培训教材,产教融合、校企合作特色鲜明,主要表现在以下三个方面:

第一,领军企业主导,校企多方参与开发。ASEP 新教材由上汽通用组织专业人员进行新教材大纲和内容的编写,内容基于维修服务企业的实际需求,并参考了教育部相关专业教学标准和汽车维修行业标准,借鉴了美国 ASEP 项目教材的优点。依托 ASEP 校企合作平台,上汽通用汽车培训中心、技术支持中心、特约售后服务中心、汽车维修行业协会、合作院校和教育行政部门等多方参与了新教材的开发,相关领域的专家对新教材大纲和内容进行评审,整个过程充分听取校企各方的意见和建议,确保了新教材能够满足校企各方的需求。

第二,教学内容理论实践一体,更强调实际应用。ASEP 新教材为"理实一体化"教材,主要针对上汽通用旗下的新一代车型开发,内容具有较强的先进性、针对性和实用性。全套教材内容以"适用、够用"为原则,涵盖了汽车售后维修服务工作的主要方面。理论部分共 132 个单元,设计 491 学时,占总学时的 48.3%。理论部分内容丰富,结构严谨,图文并茂,文字通俗易懂,适合学员自学。实际操作部分基于企业真实工作任务开发了 57 个实训项目,设计 526 学时,占总学时的 51.7%。实际操作部分内容涵盖了汽车售后维修企业绝大部分日常实际工作,同时也考虑到中高职院校教学实际,确保了教学内容和工作内容的有效对接。

第三,教学目标层次清晰,符合中高职院校人才培养的实际需要。目前,ASEP 校企合作项目包括中高职院校,考虑到中高职学生在年龄、学习特点和中高职院校人才培养目标等方面的差异性,新教材大纲中将各门教材内容划分为 P1、P2 和 P3 三个能力层次,中职院校要求达到 P1、P2,高职院校要求达到 P1、P2 和 P3。P1 主要包括车辆系统识别、清洁、维护和总成拆装等初级维修技能,P2 主要包括维修资料的应用、检查、测量、调整及校验等中级维修技能,P3 主要包括测试、故障诊断、维修、故障排除和性能分析等高级维修技能。通过合理划分能力层次,较好地满足了中高职院校人才培养的实际需要。

二、校企共建一体化教学场地

ASEP 校企合作项目新课程的顺利实施需要一体化教学场地作为支撑。

一体化教学场地应同时具备学校教学和企业生产要素,能同时满足教学活动和实际生产活动需要,它是开展新教材教学的重要基础条件之一。需要通过校企共建的方式,建设符合新教材要求的一体化教学场地,并配备充足的一体化教学资源。

上汽通用参照企业维修车间和培训中心场地建设标准,为各合作学校制定了订单班教学场地建设标准,对 ASEP 教学场地的外观形象、功能分区和文化布置等都作了明确规定。学校根据最新场地建设标准,积极争取财政资金,对教学场地进行改造升级,建设能够进行 25—30 人规模班级授课的、较为完善的一体化课室及整车实训场。一体化课室建设理论授课区、总成拆装区、专用工具区和资料查询区等功能区域,整车实训场按企业维修车间的标准,建设若干个整车教学工位。

通过上汽通用支援和学校配套相结合的方式,校企共建 ASEP 教学资源。上汽通用支援学校整车、零部件与总成、维修手册及用户手册等,所有支援物资持续更新,在技术上与目前市面上在售车型一致,确保学员能够学到最新的上汽通用产品知识和实用技能。学校根据新教材教学需要,配套采购相应的专用工具和通用工具、教学车辆、设备和耗材等。

三、校企共培"双师型"教师队伍

ASEP 校企合作项目新课程的顺利实施同时需要"双师型"项目教师团队作为支撑。"双师型"教师是具有学校教育教学能力和企业技术能力双重属性的复合型人才,是开展新教材教学的另一个重要基础条件。新课程对项目教师的技术能力、教学能力和学生管理能力等都提出了很高要求。新教材的教学顺利实施的关键在于有一支"双师型"项目教师队伍,这已经成为校企合作各方的共识,且需要认识到培养"双师型"离不开校企双方的共同努力。

一方面,上汽通用定期组织院校教师开展新教材培训和教师同级认证培训,提升项目教师利用新教材教学的能力和技能水平。项目教师新教材培训按照九门新教材分别进行,培训内容包括新教材的教学理念和方法、实际操作能力提升等方面,项目教师经考核合格后获得相应的培训证书。新教材培训确保了项目教师具有使用新教材最基本的教学能力。教师同级认证培训参照维修企业技术人员认证方式进行,主要内容包括发动机机械、手动变速器与驱动桥、自动变速器、转向与悬架系统、电子电气、制动系统、空调系统、发动机控制系统等同级核心课程的理论学习和现场实际操作培训、考核,项目教师通过同级认证后可获得与维修服务企业相同含金量的同级技能证书。

另一方面,合作院校鼓励项目教师参加各类教师专业技能竞赛、教研、教学培训等活动,同时组织项目教师参加企业实践,促使项目教师主动掌握先进的职业教育理念、方法和手段,提升自身技能水平,以满足新课程的需要。通过参加企业实践,项目教师深入了解汽车行业发展现状,了解培养对象在实习岗位的主要工作内容和应具备的主要职业技能与职业素养。一线技术专家的"传、帮、带",不仅能弥补教师自身实践经验和动手能力的不足,而且能拓宽教师的职业视野、促进对学校教学过程的反思,有助于教师在学校教学中更加自觉地强化教学内容与实际生产的联系。同时,为进一步弥补学校教师动手能力和实践经验的不足,校企合作的职业院校应聘请实践经验丰富且教学能力优秀的专家担任校外兼职教师,与校内专任教师共同参与教育教学工作,共同对学员进行授课。[1]

第二节　基于产业园区的"产教融合"育人机制
——广州科技贸易职业学院

广州科技贸易职业学院动漫游戏产业学院经申报获得了广州市产业学院的立项,首批入驻广州市开发区产业园区"产教融合示范区",开展以动漫游戏产业学院为主的建设工作,积极探索如何利用产业园区的优势开展产教融合。

---

[1]　参见何才:《基于产教融合、校企合作的职业院校课程开发实践与探索——以上汽通用ASEP校企合作项目为例》,《职业教育(中旬刊)》2019年第7期。

一、构建产教融合的"四三三"建设机制

广州科技贸易职业学院根据产业园区产业结构与岗位需求,与企业实行校企合作利用双方资源共创产业学院人才培养方式,建成集学历教育、职业培训、技术研发、生产服务为一体的产教深度融合、校企合作共同体,促进双精准育人。以动漫游戏产业为例,构建"政校行企"四主体投入共同建设的方式,具体如下。

(1)政府方面。广州市政府、教育局与开发区共同支持搭建产教融合平台,为广东省产教融合发展提供必要的政策支撑、软硬件设施的搭建与支持,政策引领和资金支持等。

(2)学校方面。学校动漫游戏专业整合广东省高校动漫影视学术委员会等的学术资源,学院为专业配置必要的设施设备,提供优秀的"双师型"教师培养队伍,优化动漫游戏专业人才培养方案,加强招生就业、教育教学、教学管理、教学创新改革、教学质量监控与评价体系的管理与建设。

(3)行业方面。广州动漫制作行业、动漫产业链包括上中下三个产业链:上游行业——动漫设计行业(含艺术设计与文化创意行业),需培养创新理念的设计类人才;中游行业——动漫产品及影视产品制作行业,作为制造业的核心环节,将产品设计转化为实体产品;下游行业——动漫产品的品牌经营与管理(含商务服务与品牌管理),即动漫产品的销售与服务。三个产业链共同助力动漫游戏产业学院的建设,为产业学院发展提供行业人才需求分析、跨企业共性培训模块、实习的企业岗位;投入相应的实训软平台;组织国家职业考证、毕业生就业职业能力测试的数据跟踪;产业学院的大数据收集和分析。

(4)企业方面。精准对接产业链上的岗位需求,与职业院校合作培养动漫类人才,整合产业资源,为职业院校提供实习岗位、技术需求和生产性软平台,共创人才培养模式与校企共建协同机制。

对接动漫游戏产业链的"政校行企"四个建设主体,瞄准动漫游戏产业链

上游、中游及下游三产业领域,进行专业与产业对接,依链建院、依链成院,形成同步运转、相互支撑的运行机制,逐步构建"政校行企四方参与,针对产业链上中下游三区域,进行文化育人、协同育人、复合育人三育人"的"四三三"的建设机制。

二、构建"产业学院理事会领导下的院长负责制"

在确保校企共同利益的前提下,利用市场合作、产业分工,构建"产业学院理事会领导下的院长负责制"协同育人运行机制,实现产业学院"产教融合"体制机制的创新。理事会的指导单位为广州市教育局、广州开发区管委会等政府相关机构,负责产业学院理事会的政策及理论指导;共建单位为光宝电子(广州)有限公司等科学城区企业,提供产业学院的实训教学条件等;参与成员为相关兄弟高职院校及相关高职教育领域社会专家。产业学院建立理事会领导下的院长负责制,理事会为产业学院的决策管理机构。院长在理事会的领导下全权管理并有效管理产业学院。理事会成员由学校相关领导会议决议确定,主要由广州市相关政府机构成员、开发区科学城企业成员、相关高职院校成员及高职教育社会专家构成。

产业学院理事会领导下的机构有:教产组(负责教学组织、运行与管理及产教融合工作中生产组织与管理)、学工组(负责学生管理工作)、综合组(负责综合协调与管理工作)、创新工作室(负责创新创业项目的组织与管理工作)、创业基地(负责创业的实施与运行管理工作)、活动中心(负责校企优秀文化的融合与活动管理工作)、研发车间(负责技术研究及产品开发等管理工作)。这些机构分工合作,确保产业学院的资源统筹、规划制定、产教的实施和人才培养质量诊断等工作的有效开展。由产业学院理事会领导的"院长负责制"协同育人机制,使行业企业人员在校企合作中的地位从顾问上升至决策者,并参与产业学院人才培养、教学改革的全过程,促使产业学院的教师们改变附从者的角色,增加教师话语权、决策权和执行权,在集思广益基础上,激发了教师们干事创业的活力,从而实现学校与合作企业及相关利益主体协同育人。①

三、对接产业园区,推进"两两三"工程

产业学院高度重视"合作育人、服务经济、融入地方、携手行企、共同发展"的办学机制和校企合作、产教融合、工学结合人才培养方式,以学院省级"现代学徒制"试点专业为引领,丰富"系统培养""现代学徒制""分段递进方式""项目导向方式"等人才培养机制的内涵与价值。实现人才培养方式改革与创新发展,逐步形成专业人才培养机制特色。进驻产业园区的各专业,充分发挥开发区雄厚企业资源和科研平台优势,推进"两对接、两访问、三落实"工程。"两对接"指产业学院中各类专业的课程标准与企业的岗位要求相对接,各专业的专业标准与行业的产业结构标准相对接;"两访问"指产业学院各专业团队要全方位访问开发区的企业,全方位访问校友;"三落实"指产业学院每个专业都要落实对接3—5家企业,落实校企互聘互用、共建共享师资团队,落实师生共同参与并完成校企合作项目3—5项,创新人才培养方式改革,夯实产业园"产教融合"内涵建设。

第三节　校企文化融合建设工程
——广东轻工职业技术学院

校企文化融合是促进校企合作,帮助学生实现从学生到社会人角色转变以及提高企业核心竞争力的必然抉择。主要基于文化层次论的校企文化融合包括物质文化、精神文化、制度文化以及行为文化四个方面。它们之间既有各自的特点,同时又有相应的关联性。

---

① 参见尹婷婷:《基于产业园区"产教融合"育人模式的实践——以广州科技贸易职业学院为例》,《湖北开放职业学院学报》2020年第13期。

一、校企物质文化融合

一方面,高职教育的实训基地布置应体现院校特色和职教文化,通过将企业工作场所与院校教学场所布置设置为相近的格局,使学生快速适应企业文化和工作环境,加快高职学生对企业文化的理解。广东轻院酒店管理专业设有咖啡厅、中西餐实训室、葡萄酒实训室和茶艺室等多功能实训室,并从室内环境、实训场地布置等方面与企业保持大体一致,让学生们在学校学习过程中提前适应企业工作环境。另一方面,利用学生顶岗实习和创新创业的机会,为学生提供企业实践过程中的真实项目演练,直接参与项目对接与市场产品需求,走进真实的职业工作氛围中锻炼,提升高职学生的职业素养与能力。通过邀请企业技术专家进校园担任兼职教师、师生走入企业实地学习考察、校企共创文化与教育讲坛、技术技能与教学技能大赛等方式,加快校企合作进程,促进产教深度融合发展。创建校企文化合作交流的平台,并通过课程与专业、教师与教学将企业文化融入学生的日常学习过程中,使学生们能够理解并接纳企业文化,为未来从学生的角色转变为员工的角色做铺垫,缩短了员工培训时长和成本,而且也从多视野、多元性的角度凸显出广东轻院的职教特色,提升了高职院校物质文化建设的文化品位。

二、校企精神文化融合

精神文化方面主要集中在"创新创业"与"团结合作"的精神,通过校企创立"创新创业学院",实行双导师制联合培养职业技能人才,制定严格的考核标准,选择专业技能优秀的学生进入该学院进行学习。在教育教学中强调创新创业过程中的风险与机遇,并着重从抗风险能力、博约进取以及创新精神与能力三个方面培养学生,并根据专业特点与学生的兴趣进行个性化培养。广东轻院一直以来遵循融合企业"客户至上"的理念,为学生、企业和家长等顾客提供满意的服务,并连续十年聘请麦克斯数据有限公司对"顾客"需求进行跟踪调查,并整理数据进行分析,并以此完善专业课程建设、人才培养方案以及相关制度的制定。将企业的团队精神文化融入学校专业群建设与教学管理上来,各个科研团队、教学团队和服务团队均以团队的方式进行展开和协作,有效地提高团队的工作效率和克服困难的进度,推动院校、教师和学生的快速发展。

三、校企制度文化融合

校园制度文化与企业制度文化在制定的目标维度与内部运行机制方面有一定的相似性,这也为校企制度文化融合创造了良好机会。校园制度文化是由国家确定的教育教学法规和保障学校各类秩序有效进行的规章制度构成,企业制度文化则是根据国家关于确定企业生产、经营、管理的法律法规和为保障企业内部秩序良好运转的规章制度组成。两者在制定上均遵循国家的法律法规的基本要求,同时也保障了内部正常运行的岗位制度、人事制度、管理制度和道德约束等。随着社会发展行业企业对技术技能型人才的需求不断扩大,广东轻院也探索出了一套关于"政校企行多元联动"的制度文化整合机制,确立了"探索—发展—规范—创新—探索"的闭环工作方针,紧紧围绕校本文化特色,同时借鉴企业制度文化中的管理标准,形成独具特色的广东轻院校园制度文化。

四、校企行为文化融合

职业院校的行为文化主要指师生在教育教学、人际往来过程中产生的体现学校物质文化、精神文化、制度文化、道德文化等多方面的规范。校企行为文化融合是指通过校企双方在前面提到的四个文化方面实现共融性,且能够利于学生提前适应企业的各种行为规范打下基础。目前来看,高职学生在行为上出现的自我认知能力较差、诚信意识不足、吃苦精神缺失的问题不利于校企行为实现融合。因此在校企业行为文化整合的过程中,广东轻院注重从以下三个方面进行。

（一）强调教师主导

广东轻院对教师的硬性要求为必须具备"3+2"的经历（教师有 3 年的学校教学经历和 2 年企业工作的经历）。注重教师在校企行为文化融合过程中的重要性，且指导教师在日常的教育教学组织、课程行为设计、实践技能培养以及师生关系构建方面都有意识地融入企业行为文化。

（二）培养学生职业行为

广东轻院注重学生职业道德的培养的同时也不断加强学生的职业行为素质，并成立"创新创业学院"，在学校团委和学生会以及创新教育发展中心等部门的协作下，邀请企业技术专家进校园开展讲座、聘请优秀毕业生回校演讲、开展技术技能大赛比拼，将职业技能、职业道德、职业礼仪、为人处世等职业行为渗入日常教学活动中，培养学生必须具备踏实努力、诚实守信、无私奉献、吃苦耐劳等优秀品质，有意识地在学校内培养企业的行为文化，注重职业素质和职业能力的培养。

（三）注重校企合作管理

广东轻院在学生管理、教学管理和行政管理等多方面依托合作企业的用人需求量身定制，并根据广东轻院学生的特点发挥出行为文化的独特作用。在混合式办学、订单班培养以及现代学徒制的校企合作管理过程中充分发挥行为文化的导向作用，灵活处理校企合作行为，合理安排学生在学校学习和企业实习的时间，形成校企合作行为文化有效性管理。①

---

① 参见刘福英、程时用:《校企文化融合研究与实践——以广东轻工职业技术学院为例》,《中国轻工教育》2017 年第 5 期。

第四节　"立德树人"四维模式培养建工人才
——广州番禺职业技术学院

以广州市番禺职业技术学院建筑工程学院为例,通过"四维模式"——教学内容、实践平台、育人机制、环境氛围四个方面,检验其"立德树人"的培育成效。

一、建设"立德树人"教学内容

广州番禺职业技术学院建筑工程学院于 2017 年开始加强师资队伍建设,设立各个专业教研室主任,并组织教师定期开展教学工作研讨会。此外,还有专业/学科带头人对学院专业课程设置、教学授课计划等方面开展不定期研讨会议,主要为了改进教学内容,革新教学方式。在教育教学内容中融入"立德树人"的职业道德观,并将部分课程从直观的理论式教学转变为任务驱动式教学,且培养学生个人思考与实践能力和团队合作能力,提升能力和思想领域,潜移默化地在交流中培养社会公共道德。

二、打造"立德树人"实践平台

"三下乡"实践是开展"立德树人"教育的有效途径。从 2016 年开始,广州番禺职业技术学院建筑工程学院借助"精准扶贫"的契机,建立了"三下乡"实践导师制,导师们利用精准的专业知识,结合当地建筑发展需要与现代建筑设计理念引导学生开展"三下乡"实践活动,通过对下乡活动的组织策划、选配人员、技术指导、全程跟踪、后勤保障等一系列流程的细致考虑和周密安排,实现下乡活动的顺利进行。下乡过程中也可以通过学生们的职责分工和开展特色实践活动培养学生的道德行为。2017 年广州番禺职业技术学院建筑工程学院开办了首届建筑文化节,举行了建筑类系列的活动,如"以升杯"纸桥比赛、测量比赛、CAD 绘图赛、室内设计大赛、邀请专家教授开展讲座等,帮助学生深刻了解企业和社会需要的职业道德,让职业道德根植于学生们的心中。

三、建立"立德树人"育人机制

广州番禺职业技术学院建筑工程技术专业启动 IEET 认证工作。IEET 认证是台湾工程教育会的教育认证工作,成立于 2003 年,为台湾地区非官方、非营利的社团法人。IEET 工程及科技教育认证已加入华盛顿协定、首尔协定、悉尼协定、堪培拉协定等国际性教育认证协定,在专业认证上具有专业性、权威性,拥有优质的教育资源和专业的评估能力。该认证将学院的专业建设与国际专业进修横向对比,完善教育机制,优化课程结构,改革课程教学,补齐教学过程质量监督的短板,让学生在未来工作和学习中真正掌握技能本领,感恩校园。①

四、营造"立德树人"环境氛围

学院始终紧跟我国建筑行业的发展不断地开发新的建筑工程实训教学项目和引进更新的实训教学设备,新建了工业化装配检测实训室、结构无损检测体验实训室、建筑工程 VR 检测体验实训中心和地下管线探测体验实训室等。2017 年,建筑工程学院在完善现有的实训教学设备和条件的基础上申报批准成立了省级"绿色建造和检测工程技术""课题研究实训中心""绿色建筑"国家级特色实训学院。优质的专业实训教学和专业文化的建设,体现了建筑工程技术学院的改革和发展处处为广大学生着想和服务,为广大学生实现自己能够在优质的建筑工程教学实践环境、教学的氛围中健康成长不断地建设和优化改造,为广大学生实现自己能够在各个专业和领域上的成才不断地整合和优化实训教育资源。学生在这样一个充满了正能量的教学实践环境中培养形成良好的价值观和学习生活习惯,培养良好的职业道德和文化,共同弘扬和促进学生互助互爱的传统美德。

---

① 参见郭翠敏:《以"立德树人"四维模式培养建工人才——以广州番禺职业技术学院建筑工程学院为例》,《产业与科技论坛》2019 年第 1 期。

第五节　"四位一体"实习管理人才培养机制
——广州市商贸职业学校

一、校企一体化

依托于广州商贸职教集团,学校在各年级专业实习指导委员会的组织和引领下,常态化地组织政、行、校、企职业教育专家共同召开"校企合作人才培养质量提升"专题研讨会及校企组织到实习单位企业共同召开校企合作研讨会,为校企合作人才培养质量提升方向准确掌舵,明确了实习的方向和定位、实习的组织过程、实习的过程考核制度、实习的过程组织指导机构、管理机构、过程的监督机制、考核和评价机制等阶段和环节。学校以对现代职业教育的理念实践为基础和导向,研究制定《广州市商贸职业学校学生实习管理办法》(以下简称《办法》),将一年级学生的实习工作视为是实现职业教育的培养目标,增强和培养学生的综合素质和能力的基本手段和环节,是现代教育职业教学的一个核心组成部分。《办法》将一年级学生实习工作划分为一年级认识毕业生实习、跟岗实习和毕业生顶岗实习三个阶段和环节。在中职一年级,开展实习认知,由学生校企共同组织到有职业实习的单位进行对职业实习的认知教育,营造良好的职场实习氛围;在中职二年级,与学校的专业课程紧密结合,校企共同组织开展工学与管理相结合的大型企业管理实践和培训活动;在中职三年级上学期,由教育部与学校合作办、教学部根据专业的培养目标,共同组织考察企业,依据学校对企业的遴选考核机制,与具有一定的教育实践情结、培训管理体系较为成熟和完善并具有一定的品牌和社会美誉度的大型企业进行合作,开展跟岗管理实习,在校企双导师的共同指导下相对独立开展参与实际管理辅助工作的实习活动;在中职三年级下学期,开展顶岗实习,组织初步具备实践管理岗位独立意识和工作能力的管理专业学生,到相应企业进行实习,参与实际辅助工作的实习活动。

二、理实一体化

将教师和学生的实习技能教育定位于企业项目实施性教育和教学的一个重要环节,学校的学生按照专业培养目标的要求、人才培养的方案及其实施性课程和教学计划的安排,按照学校的统一安排定期到企(事)业等单位组织进行实践性专业技能和实践性职业综合素养培养学生的实践性职业技能教育和教学活动。在企业项目实施的过程中,按照学校的育人为本、学以致用、遵循规律掌握学生的职业发展与成长的规律和学生职业综合能力培养形成的规律,在实践性岗位遴选的阶段确保学生实习的岗位与学校和专业的培养目标基本实现有效对接;在专业教师上岗培训阶段,校企专业导师联合将学生实习的内容纳入企业项目实施课程化,学校的专业技术教师每周依照实施性教学计划的规定课时和专业安排定期到企业与学生共同组织参与学校和企业的实践培训项目,强化校企的协同育人,与学校和企业的导师联手按照教学理论与企业实践有机结合的教学原则共同组织企业项目实施,将学校的职业技术教师精神素质养成教育的过程贯穿于学生进入企业实习的全过程,促进教师的职业技能与学生的职业素养和精神高度的融合,服务于学生全面职业发展,提高与技术职业技能相关人才培养的质量和学生就业创业的能力。

三、导师一体化

学校将紧紧抓住双导师发展的机遇,站在双导师全人共同发展的战略高度,组建专业的实习工作管理双导师团队,助力双导师人才培养和质量的提升。实习管理学校是教育部推荐的跟岗学生实习、顶岗的实习管理单位。学生双导师实习工作开始前,学校组织教学部与实习管理单位的相关部门经理、主管共同研究制定双导师和学生的各阶段实习工作计划,明确每一个阶段双导师实习的目标和内容,明确教学部和校企双导师共同负责实施过程管理的重要性和职责,学生双导师实习工作考核评价的过程管理指标体系及双导师实习工作考核评价的指标体系等,建立过程性的管理机制。

四、工学一体化

把学校的学生既可以视为是学校的中职实习专业学生,同时又可以作为学校或企业的中职员工,依据学校中职生的特点和专业学生成长的规律,在我校的实习前期、实习过程中、实习后三个阶段进行"工学一体化"的全员、全程、全方位的跟踪实习管理。在我校的学生首次参与企业实习前,学校主要组织教师开展了实习数据分析调研、实现了企业考察与实习生遴选、召开企业实习动员会,举办实习生职场心理、求职面试、职场安全等一系列岗前的培训活动,举行了实习知识宣讲会、召开实习生的家长会、组织教师为实习生进行考试志愿填报、组织教师为实习生推荐企业填写《实习生(毕业生)推荐表》、召开了实习推荐会、学生与推荐的企业签订三方合作协议,为我校的学生毕业后作为一名准职业技术人才发展铺平道路。在组织学生参与企业实习的过程中,学生在复合型商道校园文化和复合型企业经营管理文化的双重熏陶下,学生将"勤、诚、健、变、和"的复合型商道校园精神与复合型企业员工守时、守信、百折不挠、改革创新的企业团队精神完美相结合,以作为企业经营管理员工的重要身份,在校企双导师的指导下顺利从一名实习学生到复合型职业经理人的成长和转变。在学生参与实习课程结束后,学生成功从一名普通的实习管理学生逐步成长为复合型企业经营管理员工,将在学生参与实习的过程中所积累和练就的自身职业管理文化素养、知识技能、职业经营管理能力的运用扩大到企业的日常生活与经营管理工作,成为一名优秀的复合型企业经营管理员工。

该"四位一体"的实习管理机制以战略眼光、现代理念和国际视野抓住了国家对实习管理质量提升的发展机遇,加快发展现代职业教育。实习培训环节的课程管理系统化,培养目标更贴近了市场需求。目前学校将企业实习人才培养作为指导学生进行综合技能实践的一门综合性课程,校企共同研究制定了人才培养的目标、共同实施促进人才培养的方案、共建人才考核与评价体系等机制,人才培养的质量更贴近了市场需求。实习培训过程企业化,校企双导师培训过程全方位为企业育人。通过校企合作双方按照学校和企业的运营管理规律,遵照中职院校学生的职业发展与成长的规律和学校与企业的管理机制,企业实习导师管理进行学校企业项目培训与指导,专业培训教师实行学校专业培训与指导相结合,全方位有效地促进了学生的职业发展能力的提升。企业实习培训过程管理的系统化,全面有效地提升了人才培养的质量。从前期的准备到实施的各个环节,实习的管理经过了企业遴选、培养目标、培养方案、岗前培训、双选导师会议、企业培训、过程管理、后续跟踪等各个环节,都要求学生有一个严谨、系统的实习管理体系,形成一支稳定、高质量的专业化校企双导师管理培训团队,人才培养的质量也得到了企业、社会的普遍高度认可。[①]

第六节 "双轨制"创客教育模型实践
——深圳职业技术学院

一、实践效果

深圳职业技术学院创新创业学院自成立以来,就基于项目孵化与人才培养并行的"双轨制"创客教育模型开展教育教学,为此专门组建创新创客班,采用小班化教学方式,每班限额 30 名学生,以校级拓展专业的形式,基于个人兴趣与专业背景,面向全校一年级学生公开遴选,来自不同学院、不同专业的学生将在创新创客班接受为期 3 个学期的创客教育,并以跨界团队形式完成创客项目,完成考核指标的学生可以置换 15 学分的选修课。创客教育的学生学业考核标准区别于学科教育,以发展性评价、过程性评价为主,结业成果可以为创业项目、产品原型、知识产权证书、商业计划书或产品需求文档。目前已经累计培养 180 名学生创客,累计孵化手机游戏手柄、意念控制机械手等

---

① 参见冼碧霞:《实习管理机制创新 助力校企合作人才培养质量提升——以广州市商贸职业学校实习管理机制的构建与实施为例》,《中国商论》2021 年第 4 期。

23 项产品原型,获得发明、外观、实用新型等专利授权 31 项,手机游戏手柄等 3 款产品转化为创业项目,实现了公司化运作,意念控制机械手等 14 款产品原型先后亮相中国国际高新技术成果交易会、中国—亚欧博览会等展会,部分学生毕业后入职华为、腾讯等世界五百强企业。

二、典型案例

手机游戏手柄项目发起人为该院数控技术专业学生,同时也是一名手游爱好者,加入创新创客班的第一学期,在《产品价值与痛点挖掘》课程"挖掘用户痛点与激发项目创意"模块学习中,结合自身经历,生成做一款手机游戏手柄的想法,提出这款手柄要能缓解长时间用手疲劳,提高游戏操纵性,通过《创客前沿技术导论》课程学习,了解了三维扫描、3D 打印技术的发展现状后,很快确定手机游戏手柄的定制化方向,针对不同玩家的不同抓握手势专门定制。创意生成后,项目发起人在创新创客班里公开招募了两位工业设计专业、一位模具数字化设计专业及一位市场营销专业的同学组建成跨学科项目团队,并对目标用户需求、市场竞争等外部因素综合分析后,确定产品定义。随着第二学期《创客技术与实践》《卓越产品力》相关课程的开展,项目团队在掌握创客技术、产品管理等理论知识的基础上,借助三维扫描仪、3D 打印机、激光切割机等设备,快速完成了首批 5 个游戏手柄的三维建模与原型制作。第三学期开设的《商业计划与项目路演》《创客项目会诊室》课程,为产品的商业推广及团队协作发展提供知识储备与理论支撑,项目团队在教师的指导下完成商业计划书和融资计划,并成立了企业进行产业化推广,其设计的产品于 2019 年 7 月摘得了世界工业设计大奖德国"红点奖"。①

---

① 参见王新涛、韩晓洁:《项目孵化与人才培养并行的"双轨制"创客教育模型构建与实践——以深圳职业技术学院创新创客班为例》,《中国培训》2020 年第 7 期。

三、应用思考

项目孵化与人才培养并行的"双轨制"创客教育模型是高校开展创客教育的一次尝试,是高校通过创客教育践行"大众创业、万众创新"路径,培养创新型人才的一次探索,对目前的教学改革具有一定的启示性,该模型融合了创客文化倡导的"跨界融合""造物技能"理念,强调项目孵化与人才培养相结合,项目实践与课堂教学相融合,引导学生面向真实生活进行探索,让学生在创造、分享和实践中深度学习,培养其创新精神与实践能力,促进创新型人才的成长,对当前高校开展创客教育中存在的诸多问题提出了解决方案。当然,任何一个模型从提出到成熟应用都需要一个过程,虽然在深圳职业技术学院创新创客班进行了实践应用,但由于实践院校及学生数量有限,其应用的可操作性仍有待更多的实践数据进行进一步的论证。

第七节　"一二三四"特色订单班人才培养机制
——广东省理工职业技术学校

广东省理工职业技术学校一直以来也非常重视校企合作育人之路,开展了很多校企合作的实战探索,针对不同类型的企业采取不同的合作策略,学校选择与区域内大型民营企业东鹏饮料(集团)股份有限公司开展合作,合作机制不断创新,合作领域不断拓展,合作效果不断增强。

一、一个核心

在东鹏企业和理工学校决定共同携手走上校企合作之路时,就对校企合作人才培养的核心点进行了确定,那就是"一切以学生成长和发展为核心"。目前我们面对的学生大多数为"95后"甚至"00后",大多数学生个性张扬,强调自我,传统的教育教学方式显然不再适合现阶段学生的学习诉求,因而我们要探寻更加适合当代学生、人才培养与企业需求相结合的新的教育方式。从根本上了解每个学生对专业的认知和热爱程度,掌握不同类型学生的学习习惯、学习能力、生活习惯,明确每个学生对未来就业预期想法和态度,"因地制宜"犹如"裁缝制衣"一般对每位学生的职业生涯蓝图进行规划,再结合企业对人才的需求特点,分析企业各岗位的核心要求,制定出行之有效的教学方案。让每位学生在订单班的生活和学习中都能得到成长,让订单班成为他们梦想起航的地方。

二、两个融合

(一)校企融合

在校企合作前期,学校和企业就人才培养方案和实施细节做了多次全方位的沟通,将学校与企业对学生的培养做了全面、均衡的方案设计;在人才培养实施过程中,要求企业也积极参与到学校教育教学环节中,并与学校每学期的核心课程进度保持一致,让学生在理论知识的学习中也得到实践能力的成长;在教学实习的过程中,学校实习负责教师亲自带着学生下到生产第一线、销售第一线去体验实习生活,除了陪伴学生的实习成长,实习教师个人的企业实践能力也得到了提高。在订单班成长之路的每一个环节,都有学校老师和企业人员的共同参与,真正做到了校企深度融合,共建人才培育之路。

(二)专业教育与素质教育融合

学校和企业在人才培养方式中还共同确定了另一融合:要让学生在专业技能上得到培养和提升,更要让学生在素质教育方面得到全方位的培养,为社会和企业培养爱国守法、明礼诚信、团结友善、勤俭自强、敬业奉献的高素质人才。在人才培养过程中,校企教师们在专业课程中融入思想政治教育,把价值观培育融入课堂,润物无声,立德树人。学校与企业共同组建各种团体活动,让学生在活动中得到素质的培养和提升。每个订单班除了校方班主任,还配备企业班主任,共同在日常生活中呵护学生的成长。专业教育与素质教育的融合,把做人做事的基本道理、社会主义核心价值观的要求、实现民族复兴的理想和责任融入了人才培养中的各个环节,深入系统地推进立德树人工作。

三、三个体系

(一) 理论教学体系

在学校与企业的共同参与下,全方位构建了适合学生的理论教学体系,包括公共基础课程、专业核心课程与专业素养课程,同时企业制定了与理论教学课程相匹配的企业课程授课计划,每两周由企业专家来给学生授课,让学生所学的理论知识又在企业课程中得到了升华。

(二) 实践教学体系

为更进一步提高学生的专业学习兴趣、动手能力和职业认同感归属感,同时提高人才培养与企业岗位需求的契合程度,学校与企业共同制定了完善的实践教学体系。实践教学体系主要包括的课程有企业认识实践、营销实训、教学实习、跟岗实习、顶岗实习等。

(三) 全面保障体系

为了理论教学课程与实践教学合理而有效地开展,使学生全身心投入到校企共育中,学校和企业为学生建立了全面的保障体系,包括生活条件保障、班级拓展基金、助学金、奖学金等,为学生创造一个安全、稳定,又有竞争与挑战的学习生活氛围。

四、四个保障

(一) 管理体制保障

要做到为企业培养一线服务、基层管理的高素质应用型人才,就要求学校方建立一系列的适应专业发展、为校企合作办学提供有利条件的新型管理体制。首先,学校方加强与社会、企业之间的交流,整合对专业有利的社会教育资源,真正做到开门办学。其次,在校企合作过程中,通过对政府劳动保障部门相关政策和法律法规制度的了解、研读,制定出行之有效的校企合作办学管理办法,学校与企业共同组建了"订单班"管理机构,通过签订"校企合作人才培养协议书""定向培养三方协议书"等措施,保障学生、学校、企业三者的共同利益。

（二）资源配置保障

学校为订单班配置了既有理论教学能力,懂教育、善沟通,又具备实践操作能力的专业教师,在教学过程中既能顺利地讲解,又能顺利地示范,还能对学生提出的各种专业相关问题应对自如。企业参与到学生企业课程培训的讲师们都是在企业一线工作多年、经验丰富的专业人士,他们将自己一线工作得到的经验与方法总结成企业课程,配合学校的教学实施进度给学生进行讲授,让学生的理论知识在企业实践中得到更高的升华。在专业硬件设备设施方面,学校配备了现代化的课堂教学设施,主要包括信息化多媒体教室设施及功能齐全的实训室。

（三）文化氛围保障

学校方与企业方共同营造订单班校企融合共育人才的氛围,让学生在整体环境中感受到与其他专业不同的文化氛围。首先,通过对教室、学生活动室、实训室、办公室、走廊等地方进行专业化布置,营造专业环境氛围;其次,营造专业精神氛围,包括从教师到学生所表现出来的整体精神风貌、理想追求、价值取向、学习态度、交流方式等,通过一系列的专业学习、活动、竞赛等增强学生对专业的热爱程度,营造了专业精神氛围;最后,通过结合学校管理和企业行业要求,建立一系列规章制度及贯彻执行的方式措施,从制度上规范学生行为,为以后走上岗位奠定了良好的基础。[①]

[①]　参见邓莎莎:《基于"校企合作、立德树人"的探索与实践研究——以广东省理工职业技术学校为例》,《现代营销(经营版)》2020年第5期。

（四）信息沟通保障

学校方与企业方在学生日常培养中的各个环节保持密切沟通,前期预想问题提出预设方案;有活动有困难及时沟通,共同努力解决;利用电话、微信、公众号等信息手段及时将信息在学校、企业、学生家长三方之间进行沟通与交流,确保了人才培养方案顺畅、高效的实施和信息的及时与透明。

第七章　粤港澳大湾区职业教育发展对策

第一节　合作发展策略

一、职业教育转型策略

（一）完善战略谋划，强化政府职能

自 2020 年 1 月以来，广东省委便强调要遵循粤港澳大湾区的发展规则，深入实施贯彻"弯曲通"工程，形成"一事三地""一策三地""一规三地"的制度安排，从战略层面把握粤港澳大湾区合作发展的方向。一是加强组织领导。国家层面需要将顶层设计纳入粤港澳大湾区建设领导小组的框架中，联合教育、人社以及财政等部门为粤港澳大湾区职业教育的合作提供资源整合优化服务。基于问题导向，瞄准粤港澳大湾区职业教育合作过程中的诸多矛盾，从制度、机制、政策环境等各方面予以解决，增进粤港澳大湾区人民的互信与交流。鼓励建立粤港澳大湾区职业教育合作发展基金，实施大湾区内外部国际生实习交流计划试点，允许达到一定职业技能的实习生赴有关国家进行半年至一年的实习，通过实践实习，拓宽国际视野，提升职业技能。二是依托粤港澳三地政府间的协调建立合作平台和对话通道，充分发挥粤港澳合作联席会议制度的功能，通过定期开展的职业教育专题会商，形成长效合作沟通机制，为粤港澳三地职业教育的合作发展建立一条"绿色通道"。政府统筹下的粤港澳三地职业教育应加强交流合作，包括香港职业训练局和澳门的职业教育机构与广东省内职业院校建立合作交流机制，如粤港澳大湾区学术委员会、职

业教育管理委员会、第三方职业教育认证与评估机构等,分别承担参谋咨询、协调领导和公正评判的作用。三是建立粤港澳三地职业教育合作平台,共建合作发展联盟和高技能人才培养联盟。通过合作平台,共商粤港澳三地职业教育专业设置、课程改革、学分认证、资格认证的问题,切实发挥平台的链接作用,树立粤港澳大湾区职业教育品牌效应,提升粤港澳大湾区在世界的影响力,同时也提高我国职业教育办学水平,推动粤港澳三地职业教育技能型、综合型、应用型人才的培养。①

政府层面还应不断增加财政资金的保障力度,为粤港澳大湾区职业教育合作提供有力的资金保障,给予投入的力度甚至需要高于普通教育。建立专项经费,以及健全的拨款机制,政府方面根据职业教育的实际情况,制定具有合理性的生均公用经费标准,职业院校方面则应根据该标准进行足额的教育经费拨付。同时,不断地进行职业教育收费标准的调整和优化,为其发展转型奠定坚实基础。此外,粤港澳大湾区应为职业教育转型发展拓展融资渠道,加大资金扶持力度。可通过建立企业参与举办职业教育的激励机制,引导校企和行业之间的协同促进。政府根据企业投资职业教育的金额,进行培训规模的确定,根据比例进行上缴教育费附加的返还。粤港澳大湾区应大力引入民间资本,不断促进资本的多元化,进而促进公办、民办职业教育的协同促进发展。

(二) 坚持体制改革,促进合作创新

粤港澳大湾区背景下职业教育发展转型,必须要革新传统的思想理念,当前关于职业教育发展转型方面缺少成功可借鉴的经验,无法直接套用其他的方式,需要粤港澳大湾区进行不断的探索和创新,才能够实现真正的突破和发展转型。如果始终受到传统思维和理念的拘束,那么必将在发展转型过程中

---

① 参见刘慧:《推进粤港澳大湾区职业教育合作研究》,《高等职业教育探索》2021 年第 1 期。

故步自封,无法实现职业教育的创造性改革,教育教学成果也无法得到有效的改善。因此,一是更新职业教育理念,基于科学发展观的基本要求,建立职业教育的创新机制,促使职业教育发展转型走向创新之路,并将发展转型作为职业教育的核心和重点。二是开拓视野,粤港澳大湾区应大力推进职业教育与企业、行业、社会的联动,继而使发展转型中遇到的问题可以得到协调解决。三是粤港澳大湾区政府应制定相关的发展优惠政策,重点发展一批具有鲜明办学特色、较强师资队伍和长远发展潜力的职业院校,同时,培养一些小型、专业、优质的院校。四是创新粤港澳大湾区职业教育办学方式,建立职业教育与产业协调沟通价值,促使职业教育与企业、行业开展合作办学,通过多元化教学体系,校企协同的方式,强化职业院校的人才培养,实现粤港澳大湾区职业教育发展良性循环。

首先可以从法律法规上,加强政策开放创新。国家和地方政府部门可联合制定"粤港澳大湾区职业教育合作办学条例""粤港澳大湾区职业教育产教融合深度发展框架协议"和相关实施办法,确保为粤港澳三地中职业教育的合作办学提供基础的法律政策保障,解决粤港澳三地因体制机制的障碍而无法实现互联互通。例如通过师资交流、学分互认、课程共享等方式,放宽因公赴港澳条件的入境次数和条件的限制、解决港澳职校学生的签证、增加港澳职业院校在粤招生的指标等问题。其次,需建立粤港澳大湾区三地职业资格互认制度,强化职业教育资历认证框架,设置统一的职业资历认证标准,促进三地的学历、资格证书的融通。完善粤港澳大湾区职业教育资格认证框架体系,扩大职业技能鉴定试点和"一证多试"的职业技能认证范围,推进港澳地区副学士学位与内地专科层次教育的学历互认,同时也为内地学生到港澳学校接受高等职业教育提供机会。

（三）重构专业框架,专业对接产业

专业设置是职业教育服务区域经济以及产业发展的重要环节。粤港澳大湾区背景下,通过科学地设置职业教育专业结构,并在实际中不断调整和优化,使其能够精准与产业对接,适应产业的不断发展,这不仅是粤港澳大湾区背景下职业教育发展转型的重要路径,同时也是区域产业结构优化的重要举措。基于省市角度来说,应对职业教育的专业设置做好针对性的调控,引导职业院校面对当前的高端产业,开设相关的专业,培养当前紧缺人才,严格把控职业院校专业的反复设置,以及重复专业的招生规模。应逐渐形成职业院校专业动态调整机制,致力于专业集群的打造工作,通过专业群为产业链提供精准服务,同时,通过打造具有特色的专业集群,促进职业教育的个性化、特色化发展转型。进而实现专业链精准对接产业链、专业结构精准对接产业结构,促使职业教育向培养高端技术人才转型发展。

一是结合粤港澳大湾区产业结构发展,建立特色职业教育产业园,创新粤港澳大湾区职业教育跨境办学方式与合作发展机制,致力于将粤港澳大湾区打造成世界级的职业教育交流中心。探索职业教育特色园区内的"政校企研的创新平台、以混合制方式共建的产业学院"的发展方式,精准对接粤港澳大湾区高端技术技能型人才的培养需要。二是推进粤港澳大湾区职业教育共同体合作发展方式,支撑湾区内部以港澳深穗为主轴,以其他城市多中心共同发展的城市群发展定位,吸纳粤港澳大湾区内部各职业院校共同参与、共同建设一批特色化、专业化、国际化的优秀职教团队,鼓励粤港澳三地职业院校主动对接当地产业结构的发展需求,配合产业结构链式发展需求进行错位发展,探索交叉学科,推进校企合作、产教融合、坚持开放合作,改革创新,为大湾区提供强有力的人才保障。三是推进粤港澳大湾区职业教育人才、课程、实训基地等方面的资源共享。扩大合作内容与合作范围,动态调整职业教育院校结对名单,落实合作与进度。

(四)深化产教融合,推进成果转化

当前职业教育发展过程中,产教融合、校企合作是主要的办学特征,同时,也导致职业教育陷入发展的现实困境。通过深化产教融合,解决当前职业教育校企合作中的诸多现实问题,是促进职业教育高质量发展的重要路径。粤港澳大湾区应借助企业的主体力量,鼓励和引导企业通过多种投资方式,参与职业教育的举办,企业在职业教育投入资本过程中,能够享有办学应有权利,不断促进职业教育的股份制改革。同时,为职业教育建立多种形式的产教融合渠道,譬如产学研联盟、产业学院等。通过这样的方式,促进粤港澳大湾区职业教育培养更多应用型技术人才。职业教育与企业方面的联合办学不断深化,能够有效解决职业教育实践教学的问题,建立企业合作分院,是促进粤港澳大湾区背景下职业教育多元化发展转型的重要措施。[①]

在成果转化过程中需培育和发展职业教育合作的中介机构,改进粤港澳大湾区职业教育的服务水平并提高科技成果转化效率。粤港澳三地在科技和教育领域的基础性制度壁垒导致跨区域的教育合作存在较大的技术、法律和行政障碍,亟需通过中介组织进行协调融合。当前粤港澳大湾区职业教育尚未实现产学研一体化的发展,在成果转化和投入市场方面应该保障技术拥有者能够通过相应的测试和评估,符合相应的国家标准的创新成果,进而促进成果转化,提高产学研的合作效益。

二、利益主体支持战略

由于粤港澳大湾区三地职业教育合作过程中成员之间的角色扮演类型有较大差异,在职业教育合作过程中产生较大影响。合作成员们主要分为举办者(职业教育机构与职业院校、参与校企合作的企业)、服务者(政府、教育行政部门、行业协会以及社会服务组织)和执行者(教师与学生)。因此,可从职业教育合作的举办者、服务者和执行者这三大利益主体层面进行构建。

(一) 举办者:立体构建嵌入式合作机制

粤港澳大湾区职业教育举办者通过纵横交错的网络式立体构建合作交流

[①]　参见杜怡萍:《粤港澳大湾区背景下职业教育的发展转型》,《高等职业教育探索》2021年第4期。

网络,致力于为粤港澳大湾区经济社会发展精准培养职业技能人才,三地应在课程教学、师资建设、专业发展以及人才培养上以"四中心"为合作理念的浸入式合作机制。并打造一体化的合作平台,破解制约湾区职业教育合作发展的体制机制和观念束缚,组织大湾区各职业院校、行业协会、

首先,在课程教学方面,设立"职业教育课程与教学质量评估中心",根据广东省和港澳地区职业教育特点开设特色型课程与教学方式,避免三地课程建设出现完全同质化,追求"百花齐放"。在实现三地职业教育沟通衔接机制后,在课程教学方面也应设置良好的衔接课程和教学方式,以供课程教学实现有效衔接。其次,在师资建设方面,合力开设"职业教育师资培育与认定中心",一是为粤港澳三地职业院校的教师提供标准化的考核与认定服务,二是为不同教育层次的职业院校教师提供精准的职前培养与职后培训服务,三是为粤港澳三地职业院校教师提供教学竞赛、技能竞赛和技术交流平台,设立奖励机制,鼓励教师在教学上创新、技术上革新。再次,在专业发展方面,为粤港澳三地职业院校合作成员提供专业建设与改革的咨询服务,保证专业建设精准对接产业结构需求,同时也为院校在专业设置上提供经验交流与分享平台,加强三地职业院校的专业建设的交流合作。最后,在人才培养方面,合理创办"学生职业技能资格认定中心",一是为学习者提供精细的职业技能咨询指导服务,二是为学习者提供科学的考核认定服务,三是为学习者提供规范的职业技能水平评估与认定服务。

(二) 服务者:系统构建联盟式合作机制

粤港澳大湾区职业教育的服务者应基于公共利益最大化的追求目标实现合作机制的整体式构建。通过构建粤港澳大湾区合作联盟服务平台,从政策供给、战略规划、制度安排、治理选择与制度保障五个方面实行互利合作的联盟式合作机制,共创粤港澳大湾区职业教育合作发展长效机制。

从政策供给方面来看,基于粤港澳大湾区职业教育发展格局已从独自摸索到融合发展的对话时代,面向粤港澳大湾区未来职业教育发展规划的公共

服务联盟平台应基于三地合作发展的实际情境,从三地社会服务以及公共利益诉求出发,整体性优化粤港澳大湾区职业教育社会服务能力,并为此设计相关职业教育公共服务政策以保证措施贯彻落实。从战略规划层面看,粤港澳大湾区职业教育合作发展已从单一的行政区划布局发展为跨域性的公共事业发展战略,粤港澳大湾区职业教育合作联盟平台应基于三地的整体利益对公共服务管理与规划作出最优的立场统筹制定。从制度安排层面来看,合作的视角需要考虑粤港澳三地制度层面的差异,但又积极利用差异为职业教育合作发展带来契机,通过"制度桥梁"的建立与嵌入,形成优势互补的粤港澳职业教育合作制度体系,有效化解三地因制度壁垒造成的合作乌龙事件。从治理选择层面来看,治理过程通常需要政府层面的宏观调控,但政府参与职业教育治理的目的通常在于谋取自身利益的最大化,这就在粤港澳大湾区职业教育合作过程中造成局部利益与全局利益之间、短期利益与长期利益之间的矛盾争端,可能导致粤港澳大湾区职业教育合作治理陷入僵局,因此需要引入第三方治理的形式,通过三地政府购买服务合同等方式支持第三方非营利组织代表粤港澳三地政府行使粤港澳大湾区职业教育合作发展的治理权利。从投入保障层面来看,基于"盈利"理念,粤港澳大湾区职业教育合作联盟平台可对其职业教育的投入与产出进行统筹规划,确保投入总量保持不变的情况下,实现最大的产出效率。基于"众筹"理念,可通过合作联盟平台策划出职业教育合作发展基金会,吸引中外社会资本投资职业教育发展事业。

（三）执行者:动态构建阶段式合作机制

粤港澳大湾区职业教育合作的执行者需通过时间结构动态构建合作交流机制,并按照合作需求调查、合作方案设计、合作行动开展、合作效果评估四个阶段来动态构建合作形式。在合作需求调查阶段,通过系统内的问卷调查与系统外的线下访谈等方式对粤港澳三地职业院校的教师与学生以及职后培训的学习者的合作需求进行调研,了解三地职业教育合作的基本需求,为设计方案打下基础。在合作方案设计阶段,应该对粤港澳大湾区职业院校的教师与学生在教育教学、合作交流的需求进行资料收集与分析整理,按照协同利益共同原则,筛选出粤港澳三地的交集需求,从而设计合作方案,并进行模拟合作,并从模拟合作实践过程中发现问题,及时预防。在合作行动开展阶段,将方案进行院校间甚至区际间的落地实践,粤港澳大湾区职业院校的教师与学生都处于沉浸式的合作交流活动中,并为合作交流作出积极努力,这是实现有效合作沟通的关键。在合作效果评估阶段,通过合作的行动开展结果与方案和预合作过程中出现的偏差实行量化呈现,并予以调整和纠正。①

第二节　协同发展策略

一、人才协同策略

粤港澳大湾区人才协同发展的核心是跨区域协同机制的构建。② 针对粤港澳大湾区人才协同发展面临的现实困境,充分借鉴粤港澳人才合作示范区的先行先试经验,构建了基于人才引进协同、人才交流合作、国际猎头培育、平台载体建设、人才流动畅通、人才环境优化六个维度的协同机制。树立人才战略观,充分消除影响要素便利流动的制度性障碍,打破行政地域壁垒,畅通三地人流、物流、资金流和信息流,并进一步推动实现与国际接轨的深度开放,更好地培养、吸引和使用港澳国际化人才,逐步扩大"人才特区"试点范围,健全与国际接轨的人才引育、流动、配置、使用、评价和激励保障机制,形成具有国际竞争力的湾区人才制度优势。

(一) 深度实施精准引才与柔性引才

一是对接产业需求实施精准引才。在深入了解广东省各地区产业发展基

---

① 参见安冬平:《粤港澳大湾区职业教育合作发展的理论逻辑构建》,《职教论坛》2019 年第 9 期。

② 参见钟韵、胡晓华:《粤港澳大湾区的构建与制度创新:理论基础与实施机制》,《经济学家》2017 年第 12 期。

础及重点产业布局的基础上,围绕产业链需求配置创新链、资金链,集聚大学、人才、孵化器、创新平台等创新创业资源,制定区域人才需求目录,实现引才引智与产业需求、创新驱动发展有机结合。在此基础上以更大力度推进"珠江人才计划",引进在战略性新兴产业领域的科技领军人才与战略科学家和具有较强自主创新能力的学科带头人。二是对接人才需求健全柔性引才。逐步按国际惯例,建立柔性引进国际化人才的机制,"不求所有,但求所用"。借鉴上海市"候鸟型"引才机制的做法,升级海外专家来粤短期资助计划,实现每年柔性引才为广东省产业发展匹配海外专家,实行科技攻关、项目交流以及战略合作的活动,加大对海外人才的开发力度。

（二）深化人才交流合作

一是落实广深科技创新走廊规划。借鉴美国"128 公路"创新通道,将打造广深科技创新走廊作为推动大湾区建设的重要抓手和引擎。发挥好广州和深圳作为中心城市的创新资源作用,不断优化创新走廊周边创新资源布局,进一步集聚国际人才、高校、创新平台等创新资源,促进人才、技术、资金、信息等创新要素自由流动、深度融合,使创新走廊成为珠三角乃至粤港澳大湾区的"创新辐射源"。二是深入推进粤港创新合作。继续推进粤港澳人才合作示范区建设,支持港澳高校、科研院所等机构与广东省企事业单位开展全方位合作,利用香港在高科技设备进口、科技人才及资金流通等方面优势,促进两地产业及科技创新方面的合作;深入推进粤港科技创新合作计划,在科研人才与项目引入、研发资金筹集、成果转化与商业推广等方面,加强区域产业和市场优势紧密结合,促进粤港学者合作交流,建设自主创新品牌。

（三）培育国际化猎头市场

注重发展各类国际化人才服务中介机构,着力培育国际化、市场化、专业化猎头机构,建立链接全球的引才网络。一是探索扶持"政府猎头"。选择广州、深圳等人才集聚度高的城市,探索由政府牵头建立国际猎头机构,并依托广东省驻海外机构和海外社团在全球人才聚集的城市逐步设立办事处或联络站,在全球搜索、关注、接触、挖取高层次人才,并充分发挥政府组织优势,对接市场服务。二是大力培育市场化猎头机构。通过财政支持、购买服务等各种手段,扶持建立国际化、市场化、专业化的本土猎头机构,尤其要大力扶持广东省重点发展领域以及紧缺领域的专业型猎头机构。例如,对通过猎头机构从海外引进高端人才的用人单位给予"猎头补贴",引导用人单位和猎头企业积极开展合作。

（四）打造引才育才的平台载体

一是强化教育资源合作共享。构建三地教育信息交流与合作平台,充分利用香港的教育资源培养优秀人才。首先,必须充分发挥高水平大学合力,三地高水平大学科技合作迫切需要建立高等教育联盟,通过建立协调联络机构,实现资源分享与共建,并共同建设一流大学和一流学科,培育高水平科研机构和新型智库。其次,大力支持中外名校在粤合办国际学校,率先在全国建立"教育特区",实行特殊的开放政策和优惠政策,建立若干个国际学校及人才培养基地。[①] 二是强化创新资源合作共享。与港澳各类科技园区和孵化器开展全方位合作,共享公共平台、实验室等研发资源,搭建集孵化器全链条、"双创"平台、PE/VC 于一体的创新多元服务平台,探索粤港或粤澳政府间联合资助研发项目资金、仪器设备跨境使用方式,联合承接国际高新技术企业研发转移,积极承接和孵化港澳科技项目。

（五）畅通人才流动与合作机制

加快探索推进粤港澳及国际职业资格互认。引进国际通用职业资格认证

---

① 参见黄崴:《建立粤港澳大学联盟:打造世界高水平科研和人才培养高地》,《高教探索》2016 年第 10 期。

制度,积极探索粤港澳从业人员的资格互认,推进粤港澳人才自由流动。建议争取国家支持,对人才职业资格互认工作进行自上而下的系统设计,研究制定粤港澳人才合作示范区对港澳专业人士资格认可清单,以及支持港澳专业人才便利执业的专项措施。支持广东自贸区充分发挥优势,探索开展"一试多证"人才培养评价方式试点,加快推进粤港澳职业资格互认,大力培养评价国际通用的高端技能人才。建立境外专业人才职业资格准入负面清单,对清单外的职业资格,取消执业从业门槛,对清单内的职业资格,通过单方认可、资格互认、考试互免协议、合伙联营、备案等特殊机制安排,逐步降低职业资格准入门槛,吸引境外专业人士前来执业从业。

（六）优化国际化人才发展环境

一是打造激发国际化人才创新活力的社会环境。首先,要打造开放性文化兼容环境,创建具有兼容性和开放性的文化环境,从而吸引国际化人才,助推人才国际化战略。其次,营造尊重劳动、尊重知识、尊重人才、尊重创造的社会环境,形成开放多元、诚信守法的文化氛围。最后,营造鼓励创新创业、宽容失败的创新文化环境,完善重实绩重贡献的、规范的、有竞争激励作用的分配机制。① 二是完善人才保障政策。对海外人才实行便利的准入政策与特殊的优待政策,在人才落户、出入境、长期居留、永久居留、医疗、子女入学、配偶安置、社会保险、入住人才公寓等方面予以政策保障,努力解决人才的后顾之忧。允许境外高端人才和紧缺人才,在缴纳和提取住房公积金方面享受所在市市民待遇,且可享受贷款购房资格。②

---

① 参见陈杰、刘佐菁、陈敏等:《人才环境感知对海外高层次人才流动意愿的影响实证:以广东省为例》,《科技管理研究》2021 年第 1 期。

② 参见陈杰、刘佐菁、苏榕:《粤港澳大湾区人才协同发展机制研究——基于粤港澳人才合作示范区的经验推广》,《科技管理研究》2019 年第 4 期。

二、创新协同策略

（一）开拓深层次与宽领域的合作方式

粤港澳大湾区职业教育应加强交流合作,提高重视程度,开拓多层次、宽领域的合作方式。除了加强与港澳两地本科院校的交流合作力度外,还应重视粤港澳三地职业教育同等层面的交流合作。香港职业教育在职业教育改革和整合全球优质教育资源方面已经走在了世界前列,必然有很多先进经验可学习借鉴,也有很多合作领域可发现挖掘;澳门高等职业教育虽然相对来说弱一些,但也有其自身的发展优势。因此,三地之间职业教育应该加强交流合作,比如培训研修、学术交流、文化交流、技能竞赛、在线精品课程开发、学分互认、联合培养、学历提升、合作办学等,取长补短、相互学习、相互促进,构建湾区内职业教育资源共享共用的命运共同体。通过以下三种合作方式建构跨越地域界限、制度限制的深层次、宽领域的合作新局面。一是同领域同层次合作——高等职业教育与高等职业教育合作。这种合作方式可开展师资培训研修、学术交流、文化交流、技能竞赛、在线精品课程开发、学分互认、联合培养、招收港澳留学生等合作内容。二是同领域不同层次合作——高等职业教育与本科普通教育合作。这种合作方式可开展师资培训研修、学术交流、文化交流、学分互认、联合培养、学历提升等合作内容。三是不同领域合作——政、校、行、企合作。这种合作方式可开展校企合作教材开发、工作坊建设、实训基地建设、校企合作项目建设、行业资格与职业资格标准建设、协同创新平台建设、境外研习基地建设、"企业大学"建设、学生实习项目建设等合作内容。

（二）对接湾区内产业转型升级培养创新型技术技能人才

一是通过专业群为抓手优化专业结构。湾区内职业教育应以湾区内的产业需求为契机,以专业群为抓手,不断优化专业结构,打造专业品牌,凝练专业特色,以建构一流专业群为核心。由于湾区内职业教育资源分配不均,办学水平参差不齐,可通过专业群的方式进行结对帮扶,实现优势互补,协调发展,提高人才培养质量,从而有效对接湾区内的岗位群,服务于湾区内的产业链,并及时根据湾区内产业群的发展变化动态,升级和优化专业群,使得专业群建设与产业链建设能够有效对接。二是以人才质量为核心加强"双师型"队伍建设。粤港澳大湾区职业教育协同创新发展,应以人才质量为核心,建立互联互通机制,整合优质教育资源,搭建教师教育协同创新发展平台。[①] 同时,应以合作共赢为目标,坚持人才引进与人才培养"两条腿"走路,加强校企合作,与大中型企业合作共建"双师型"教师培训基地,聘请企业高级技术人才到学校兼职,鼓励在职教师到企业实践锻炼,通过这种多途径的方式建设结构合理、素质优良的"双师型"教师队伍。三是通过深化校企合作打造产教融合实训基地。充分发挥粤港澳大湾区职业教育产教联盟的作用,汇聚粤港澳三地政府、高等职业院校、企业优质资源,建设一批资源共享,集实践教学、社会培训、企业生产和社会技术服务于一体的具有辐射引领作用的高水平专业化产教融合实训基地,将教学过程与生产过程有效对接,将理论教学与实践教学有机融合。采取工学结合的方式,学校教师与企业师傅共同承担教学任务,形成双导师制。通过师傅带徒弟的形式,实现校企一体化育人,并将企业实训纳入学分制管理。课堂教学与企业实训不断融合,融合结果又能反作用于实训基地运营方式的不断改善与创新,从而进一步提升创新型、复合型技术技能人才的培育质量。四是通过对接产业链共建产业特色学院。《国务院办公厅关于深化产教融合的若干意见》明确指出,推进人力资源供给侧结构性改革,迫切需要深化产教融合,促进教育链、人才链与产业链、创新链有机衔接,而有机衔接的最有效路径便是产业特色学院的建立。产业特色学院的建立需要联合政府、学校、行业、企业四方力量,政府提供政策、资金支持,学校提供人才输出,行业提供人才需求分析,企业提供人才岗位需求,四者之间相辅相成,共融共建,将

---

① 参见张宇萌、谢薇:《建设世界一流湾区需打造一流湾区教育——首届粤港澳大湾区发展与教育创新高端论坛会议综述》,《现代教育论丛》2019 年第 1 期。

产、学、研、用有机融合。粤港澳大湾区高等职业教育作为技术人才的输出主体,更应加强与湾区内的行业、企业的合作。通过借助湾区三地政府的力量,联合共建产业特色学院,引入国际职业资格认证体系或建立湾区内统一的职业资格认证标准,开展"1+X"证书制度试点,实现校企精准育人,服务于湾区的产业发展。

(三) 打破体制壁垒促进湾区文化协同共生

当前,粤港澳大湾区人文交流合作亟须凝聚人文交流合作共识,促进文化融合共生。对此,我们应以岭南文化基因作为建构人文湾区的重要文化支撑,在三地之间建筑起一条特色的文化纽带,通过这条文化纽带,增强人文力量的辐射与扩散,进一步提升粤港澳三地的文化认同感,从而提升国家认同感。打破体制壁垒,共建人文湾区,具体可通过以下路径实施:一是建立良好的文化协同机制。充分利用粤港澳大湾区文化产业联盟、文学联盟、文化创意产业促进会、文化教育交流中心等多个文化联合组织机构,加强组织领导,统筹协调,整合大湾区优质文化资源,加快推进大湾区文化圈建设。对此,粤港澳大湾区职业教育应借助大湾区文化圈这一强有力的支撑,建立良好的文化协同机制,搭建好文化协同创新平台,发挥好职业教育在粤港澳大湾区文化圈建设中的作用。二是加强粤港澳大湾区文化交流。粤港澳大湾区有着不同的体制特征和法律体系,有着不同的文化背景,且港澳两地受西方文化影响较多,国际化程度较高,这使得粤港澳三地本土化文化特色彰显。大湾区协同创新发展,离不开湾区文化的相融相生,而最接地气的融合方式便是文化交流。对此,我们可通过"粤港澳青年文化之旅"、香港"青年内地交流资助计划"和澳门"千人计划"等重点项目的实施,促进大湾区文化交流。粤港澳大湾区职业教育可协同相关部门举办或参与一系列的特色文化交流活动,创新人文交流方式,丰富文化交流内容,提高文化交流水平,以开放包容的姿态增强大湾区文化融合。三是打造粤港澳大湾区岭南文化品牌。在岭南文化的弘扬与传承中,职业教育也发挥着积极的作用。我们可通过建立岭南文化育人"双导师"培养机制,聘请岭南文化传承人担任学校的兼职教师,采取"师徒制"的传授方式,培育下一代岭南文化的传承人,并与文化主管部门多方合作,协同打造岭南文化品牌,增强岭南文化的感染力和辐射力。四是推进文化创意产业建设。文化创意产业是知识密集型产业,不仅需要政府对其引导和帮扶,更需要高等职业教育提供智力支撑。粤港澳大湾区高等职业教育应以"创新、合作、发展、共赢"为宗旨,充分利用移动电子终端、大数据、云计算等互联网技术,健全完善文化创意产业体系,培育专业文化创意产业人才,促进文化产业转型升级。[①]

三、融合发展策略

融合代表了粤港澳大湾区的文明程度与城市精神,既是一种价值观也是素养,职业教育融合发展包容差异、尊重差异、面对差异才是未来的发展方向。粤港澳大湾区职业教育融合发展不仅需要解决法治建设问题,同时还需进一步协同构建职业资格框架以促进湾区职业教育发展。

(一)法治建设

1.促进立法保障合作交流

粤港澳大湾区"一个国家、两种制度、三个关税区"的特殊环境下,法治建设尤为重要。立法保障是实现粤港澳大湾区目标的客观需要,唯有以法治才能形成粤港澳大湾区制度稳步落地的根基,借由较为完备的区域法律体系——特别是立法保障,赋予区域职业教育合作以法律效力保护。为了克服各种制度性障碍及满足实际需要,必须为粤港澳大湾区未来职业教育的发展匹配充分的立法保障,明确湾区职业教育合作中各项模糊问题,以增强湾区职业教育合作实效,使湾区规划能够更好、更稳落地。且立法保障必须科学、合

---

①　参见吴婷、谢杭锋:《粤港澳大湾区高等职业教育协同创新发展的路径研究》,《职业教育研究》2020 年第 7 期。

理、有效,兼顾效率与公平,兼顾法制统一性与发展的灵活性。在职业教育合作发展的过程中,应主要采取中央推行统一立法与地方立法相结合的方式,具体而言,应当由中央颁布统一的"区域教育合作法"对区域职业教育合作的基本问题进行规定,而区域合作过程中的具体问题则由地方合作主体在宪法和区域合作法等法律的授权与框架下分别进行。

2.中央—地方多层次协作机制

粤港澳大湾区的建设应当由中央把握宏观调控,但这并不意味着湾区规划不用考虑三地政府的需求与意见。因为尽管三地在法律上是平等的,但行使不同范围、大小、性质的权力,加之各地制度环境、文化等方面有所差异,中央权威的加入有助于促进三地之间政府权力关系的平衡,形成合作的制度环境氛围,同时也为粤港澳三地充分地行使教育自主权,形成具有创新性的区域职业教育特色。

3.设立各专业委员会

粤港澳大湾区在规划过程中应当重视发挥各类职能范围明确的使专业小组或专业委员会的作用,保证各领域内容上的专业性。设立专业委员会不仅能够集中解决资源问题,实现专向管治,高效率推动区域事务发展,减轻政府负担,更能够通过小组或委员会的方式,软化湾区内行政区划的刚性,避免地方政府互相推诿等问题的产生,真正实现区域事务的协同治理,有利于克服不同地区民众生活习惯上的差异,提供针对性的公共服务。粤港澳大湾区专业委员会的制度搭建可依据三种方式进行:一是借用当前粤港澳合作过程中形成的基本制度框架,优点在于节约制度成本,有利于形成统一、系统的粤港澳教育合作治理;二是专项专设,形成专门治理;三是混合方式,借用之前的制度框架,但部分围绕粤港澳大湾区教育问题专门设立,可节约制度成本,同时有针对性地解决大湾区职业教育发展中的具体问题。

4.打造政府—社会共同治理体系

粤港澳大湾区的建设应当持有开放、包容的理念和态度,改变以往主要借助政府权力强推的治理方式,转向由整个区域共同协作、全方位协作的治理体

系。当下区域治理必然离不开社会力量的参与,粤港澳大湾区职业教育的建
设过程中同样如此。根据《深化粤港澳合作　推进大湾区建设框架协议》,我
们应当强化粤港澳合作咨询渠道,广泛吸纳内地及港澳各界代表和专家的参
与,深入研究各方面、各领域合作的发展策略和问题,充分发挥智库等机构的
作用,支持工商企业界、劳工界、专业服务界、学术界等社会共同参与大湾区的
建设。只有逐步打破刚性机制造成的体制壁垒,重视并充分支持社会公众参
与湾区教育治理,才能够实现粤港澳大湾区治理中由政府管理向政府—社会
协同治理的多元化治理的转变,克服区域资源与禀赋的差异性带来的各种问
题与约束。①

（二）融合发展制度同构

制度同构理念是社会学制度主义的核心理论之一,具有强制性、模仿性和
规范性的特点,起初始于韦伯对官僚制度理论的研究,强调制度最终必然有趋
同的趋向。粤港澳三地属于不同的制度和行政管理体系,通过制度同构解决
当前粤港澳三地职业教育融合发展的具体问题,将从根本上解决三地融合发
展的困境。②

1.强制性制度同构

制度同构的强制性源于政策法律对制度的合法制约作用。当前粤港澳大
湾区职业教育融合发展过程中,政府是制度同构的主体,通过政府制定政策制
度和法律制度,消除三地制度和行政壁垒,促使各类社会组织获得社会认可
度,同时也能促使粤港澳大湾区职业教育融合发展获得依据。另外,粤港澳大
湾区制度同构的强制性源于当前主流的社会价值观和社会文化观念,并形成
一种非正式的社会压力,在粤港澳三地形成统一的价值观和社会观念,共同影

---

① 参见滕宏庆、张亮:《粤港澳大湾区的法治环境研究》,华南理工大学出版社 2019 年版,
第 147—152 页。
② 参见许长青、卢晓中:《粤港澳大湾区高等教育融合发展:理念、现实与制度同构》,《高
等教育研究》2019 年第 1 期。

响着粤港澳三地职业院校的发展模式和办学方向。这种政府的合法制约和社会文化观念的共同约束为粤港澳大湾区职业教育融合发展提供了双重保障。

一是优化顶层设计,加强法制建设。粤港澳大湾区职业教育的融合发展过程中受以往制度性制约的影响,形成了区划壁垒、行政壁垒和结构壁垒,大大提高了三地职业教育融合发展的成本。粤港澳三地融合发展过程中需减少各类成本,充分发挥各自的优势和长处,打造一个面向全世界的职业教育融合发展湾区中心。基于当前粤港澳三地经济发展的基础,考虑三地需从法制建设着手开展顶层设计,制定相应的法律法规,减少融合发展的摩擦与冲突,巩固融合发展的成效。法律法规方面,可以从制定"粤港澳大湾区职业教育融合发展办学条例"等规章制度上,有效提高粤港澳三地因制度原因导致的制度壁垒。协调机构方面,通过建立粤港澳大湾区职业教育协调机构,形成职业教育融合发展框架体系,建立信息互通互享的平台和共享机制,积极发挥协调机构的组织引导和规划仲裁机制。当前,基于我国"一国两制"方针,可成立由中央政府主导,教育部、教育厅、教育局共同牵头的粤港澳大湾区职业教育协调委员会,提高湾区职业教育融合发展的合理合法性、制度常态化。同时,粤港澳三地可建立职业教育融合发展联席会议制度,制定相应的会议章程,并为粤港澳大湾区设立职业教育融合发展基金,共同督促和监督,保证三地职业教育融合发展平稳进行。二是适当放宽职业院校办学管理权限,同时落实政校企合作细节。在粤港澳大湾区三地融合发展基于我国"一国两制"的制度前提下,人员、资金往来、信息流通以及教科研平台使用等方面都有较多的限制,需制定这些方面的便利政策才有利于粤港澳大湾区职业教育的融合发展。如加强港澳与内地的职业教育学分认证和资历互认制度,制定专门的政策推动粤港澳三地职业教育融合发展,鼓励民间资本投入职业教育办学中来,鼓励通过资本市场筹集资金作为职业教育发展经费,鼓励成立民办职教集团等品牌化职业学校。

2. 模仿性制度同构

模仿性制度同构是指组织基于发展的不确定性,对环境变化的感知而主动模仿更为成熟和合法的组织发展方式,帮助组织快速高效地采取制度建构的规避风险机制,以此来减少风险成本和搜索成本。法国的高等教育治理方式中就有积极借鉴欧洲其他国家的高等教育治理方式,从国家中心转向市场导向,体现了模仿性制度同构的理念。在粤港澳大湾区职业教育融合发展的过程中,一方面需要国家自上而下的强制性制度同构,予以规范且具有强制性的顶层设计,另一方面也需要制度改革的主体进行自下而上的积极变革。

一是粤港澳大湾区职业院校需要校际合作发展的联盟平台,实行资源互通共享。通过建立职业院校联盟,整合优质职教资源,利用三地院校间的地缘优势,扩大粤港澳三地职业院校形成的区域专业集群效应。同时,积极调控专业集群内部资源流向,促进职业院校联盟与区域社会之间形成一种规范化、紧密化、牢固化的融合发展关系,促进粤港澳三地职业教育一体化发展。二是基于联盟平台,形成区域特色的职业教育专业集群,扩大职业教育辐射效应。专业集群是以区域内重点建设的特色专业为中心,促使社会公共基础、技术基础、资源基础以及相关专业间形成合力,为提高区域经济社会发展能力而组成的专业集合体。粤港澳大湾区目前的产业集群已形成规模,职业教育的专业与产业集群联系紧密,可参考产业集群建设范围的同时结合各职业院校地缘情况,建设一批具有高水平有特色高创新性的专业集群,结合其他湾区职业教育融合发展方式进行改革创新。

3. 规范性制度同构

规范性制度同构是指组织内具有相同的世界观和认知基础,并通过认知共同体获得共同的旨趣和价值,这种共享成功经验和模仿成功制度的过程,实际上就是拥有共同的认知基础和共享成功经验的合法过程。规范性的制度同构首先需要规范合作平台,促进粤港澳大湾区职业教育的融通整合。融合发展平台主要包括粤港澳三地的职业院校、地方政府和行业企业,大湾区融合的建设目标是为了以技术、资本、人才流、信息流为主导的流量经济,而这些资本和流量的载体则必须是以促进要素流动的信息服务平台和组织机构。在职业教育领域,融合发展平台的主要功能则是为职业院校和企业、政府等组织形成合作制定框架计划,提供创新科技成果孵化、科技金融和科技中介等服务。从学术资源的角度来看,可在融合发展平台上通过建立三地职业教育资源库、学者交流分享库、课程智慧共享库等形式,实现三地职业教育资源共享。从政府层面来看,粤港澳大湾区职业教育的融合发展需要从体制机制上予以改革和创新,推进职业教育治理能力和治理体系的现代化。其次需要规范融合的内容,提高粤港澳大湾区职业教育融合发展的水平。融合发展的内容包括优化粤港澳大湾区职业院校教学与社会服务的制度体系,包含人才培养、科技创新、社会服务、校企合作等方面。人才培养上,三地可实施联合培养方案,落实职教与普教融通发展,衔接发展通道,建立学分互认机制和资格互认机制;科技创新上,共享科技创新资源和平台,积极吸纳优秀企业创新战略,形成职业院校科技创新新局面,同时也需形成产业、市场等多要素的融合式创新互动,通过产业促进专业发展,推动粤港澳大湾区职业教育的融合发展。最后需要规范融合发展的方式,促进多元融合。融合发展方式包括职业院校校际之间的专业集群合作、政府—企业—职业院校三方合作、职业院校与企业之间的产教融合等多种融合发展。

(三) 构建职业资格框架

构建粤港澳大湾区三地通用的、具有世界认可度的《粤港澳大湾区职业资格框架体系》是作为湾区职业教育友好精准合作、走上湾区职业教育国际化舞台的重要一步,而这一资格框架体系需具备四个特征:"跨界性""跨境性""跨级性""跨时性"。"跨界性"是指粤港澳大湾区职业教育资格认证和学历文凭受到国际上的认可,在考核方式、考核内容与考核标准方面应对标国际标准。"跨境性"是指粤港澳三地的关境之间要素流动畅通,允许三地协同构建跨境准则。"跨级性"即能够满足职业技能提升及不断被认可的需求,所以它应有一套完整的从初级、中级到高级的资格证书体系及获证标准体系。"跨时性"是指能够突破学历教育或非学历教育学制的限制,满足终身学习的需求,促进培训内容革新紧跟行业企业技术变化。[①] 协同构建职业资格制度路径有四点。

1.科学界定职业资格制度定位

职业资格制度的科学定位应充分考虑我国国情与教育制度的设置,这是我国建立国家职业资格框架的首要任务,并积极吸纳国际职业资格框架的成功经验。充分发挥职业资格制度框架的协调性,促使粤港澳大湾区职业教育与普通教育中高职衔接顺畅,且在三地之间实现互相沟通衔接机制,减缓内地与港澳之间因制度壁垒造成的教育壁垒。为接受职业教育的学生搭建终身学习平台,且通过实习实训、顶岗实习等方式帮助学生快速适应企业文化与岗位职责。保障学习者的职业尊严、经济利益与生活质量,通过职业资格制度促进学生们的实践经验、工作经验与学习成果的积累、转化、认定与转换。发挥职业资格制度框架的融通性,在人力资源市场与资历资格框架之间保持有效衔接与转换,并可作为市场对技术技能型人才需求的导向性指标,为学习者提供自我学习的方向,同时为培训机构提供市场实践的质量标准。重视职业资格制度的通用性,一方面体现在粤港澳三地之间的资格互认,并可适用于我国其他地区职业教育资格认证的范围。另一方面体现在融入国际职业资格认证标准体系,建立与国际上100多个国家合作协同的对接机制,从而提升我国职业教育资格制度的深度与广度。

2.顶层设计资格资历等值等级

确定资格资历框架的等级结构与标准,应带领学习者不断学习、终身学习,这是我国建立国家资历框架的重要核心,也是为学习者提供技能提升和资格提升的重要动力来源与衡量标准。粤港澳大湾区职业教育在设计资格资历等级时应充分借鉴国际经验,注重"需求性""开放性""等值性""科学性"并举的特征。"需求性"是指从我国国情以及粤港澳大湾区经济社会发展水平

---

① 参见安冬平:《国际经验追踪下的粤港澳大湾区职业教育精准发展路径创新探寻》,《职教论坛》2019 年第 5 期。

出发来设计资历资格框架,且资历资格框架应紧紧围绕产业结构的用人需求和院校的人才培养来设计。"开放性"是指资格资历框架并不局限于学历教育与非学历教育,而是以理论、实践知识和技能水平为标准,多方式、多路径地为学习者提供资格提升和资历认证的条件,摆脱唯学历的拘泥。"等值性"是指职业资格证书与学历资格证书有对应关系,如高级技工对应教授职称,且应享受教授职称级别的福利待遇与社会认同。并设立多层次的职业教育,如拓宽职业教育发展空间,加深职业教育纵向发展通道,打通专科层次、本科层次、硕士层次、博士层次的职业教育的上升通道,大力推进职业教育资格的融通与整合。"科学性"是指应以学习者的职业成长与发展为基本准则,按照从低到高到专家的上升序列进行等级设定,为每个资历等级设立相应的能力标准、实践知识以及行业动态的科学认识与描述,建立严格的考核制度与分级标准。

3. 统筹考虑沟通衔接转换办法

实现资历资格沟通衔接是我国建设资历框架的重要指向。从 20 世纪 90 年代的"双证书"制度到 2019 年的"1+X"证书制度的试点,都不断表明资格资历框架衔接转换的重要性。目前"1+X"证书制度试点领域主要面向现代服务业、现代农业、先进制造业和战略新兴产业等技能人才短缺的领域,在教育层次上主要面向中等职业教育(不含技工院校)和高等职业教育层次,本科层次的职业教育试点学校以及应用型本科高校和国家开放大学等机构也积极参与。一方面,致力于打破粤港澳三地职业教育衔接的障碍,可以通过学分银行进行学分转换以及职业资格证书、学历资格证书认证实现三地之间中高职衔接、高本有效衔接。另一方面,促使粤港澳职业资格资历框架与国际接轨,为学习者提供国外学习的上升通道空间,这必须充分依托学分银行,实现职业资格认证的转化以及国际学分互认,大大减轻了学习者的学习压力和资金成本,同时也为学习者提供了一个职业教育国际上升通道和发展机会。

4. 建立职业资格考评质量监督机制

实施严格的职业资格考评质量监督机制是我国为打造国家化资历框架体系的关键环节,在正式的资格框架出台之前应提前规划,稳步推进。首先,应强化立法工作。加快修订我国的《国家学位条例》《职业教育法》《高等教育自学考试暂行条例》等相关法律法规,并确定"终身教育法"的具体内容,为职业教育国家资历框架的建立与实施提供法理依据。其次,应设立专门化的质量考评监督机构,为职业教育的发展、改革与优化提供借鉴参考,同时负责国家资格资历框架的建设标准,并要求粤港澳大湾区职业教育资历框架的建立与实施接受其评估与监督。另外也应该接受学习者的申诉、申报等相关事宜,确保实施过程中的公平性、公开性和合法性。最后,应引入第三方评估机构,定期对国家资质资历框架的实施过程与阶段性成果实行评估与测量,及时发现漏洞并予以优化,在阶段性的评估后定期为政府部门、教育机构与行业协会提供专业化的改进意见,确保框架体系的及时修正与调整。①

---

① 参见李浩泉、陈岸涛:《我国职业资格制度框架的困境、借鉴与展望》,《职教论坛》2019年第8期。

附录　世界三大湾区职业教育发展的经验

第一节　旧金山湾区职业教育发展经验

一、旧金山湾区职业教育发展概况

旧金山湾区是世界四大湾区之一,由美国西海岸加利福尼亚州北部的七个郡组成,主要包括旧金山区域、南湾区域以及东湾区域,主要城市包括旧金山半岛上的旧金山、东部的奥克兰和南部的圣荷西等。旧金山湾区是一个集经济、政治、科技、教育、人文等为一体的世界级的湾区,尤其在科技发展方面处于世界领先地位,世界著名的高科技研发基地硅谷就位于旧金山湾区的南部。为了更加了解旧金山湾区职业教育的发展概况,我们需要先对美国职业教育的发展历程作一个简单的梳理。

(一) 美国职业教育发展历程

1. 18 世纪美国的职业教育

18 世纪的美国主要盛行三种类型的中等学校,分别是殖民地时期的拉丁文法学校、南北战争以后的中学以及建国初期盛行的文实学校,其中文实学校是既有普通教育性质,也有职业教育与培训性质的中等学校。

文实学校的产生主要是受到当时生产力的发展、教育行业的经营理念以及政府推动的影响。首先,生产力发展、人口数量剧增为文实学校的兴起奠定了基础。18 世纪,美国工商业发展迅速,因商业发展需要,劳动力市场急需各方面的人才,如工程技术人员、水利人员、航海人员、企业管理人员等。产业革命使城市兴起和中产阶级兴旺,中产阶级希望子弟不仅仅接受初等教育,但是他们缺乏足够的能力让其子弟接受高等教育,因此文实中学便成为了许多中产阶级的选择。其次,当时教育行业盛行的经营理念是"兴办学校是有利可图之事"。美国费城商人兴办私立学校,英国和德国大批技术人员的涌进让学校的招生人数急剧上升,学校收费也随着需求的增长而增长,教育生意十分兴隆。加上政府对其现象不加以法律约束,更是让教育偏向于商业化,教育质量水平较低,教师们更倾向于吹嘘学校与教学成果,但实际上却是"江湖教师"或"知识商人"。[①] 还有就是政府对文实学校的推动促进了职业教育的发展。政府因实科学校的积极作用,逐渐在政策上给予其支持,从物质上予以补助。1797 年,麻省议会决定,州政府向各县拨地兴办文实学校,促进中等教育的发展。纽约州、宾夕法尼亚州、马里兰州的田纳西、印第安纳州等也纷纷采取这种措施促进实科中学的发展,但是办学质量良莠不齐。

文实学校最初是在东部和北部地区开设,后来南部部分发达地区也跟随设立了文实学校。建国以后,文实学校开始大规模地开办,南方忽视办学的地区,浸礼会、卫理会、长老会以及其他教派也纷纷成立文实学校。尽管文实学校的办学质量有待提高,并且随着资产阶级与工业革命的相继爆发,欧美等国以手工劳动为基础的学徒制度开始崩溃,有些文实学校开始走向滑坡路,但是文实学校对于 18 世纪的美国中等职业教育来说是不可缺少的一部分。

2.19 世纪美国的职业教育

19 世纪,随着技术革命和社会生产力的进步,美国教育发生了巨大的变化,1821 年,基于文实学校,以就业为办学宗旨的公立中学出现,并成为南北战争后美国中学的主要类型。1862 年,国会通过《莫雷尔法案》,各州除成立农工学院外,中学也开展学农运动。1880 年麻省理工学院创立工业中学,到

---

① 参见王川:《西方近代职业教育史稿》,广东教育出版社 2011 年版,第 182 页。

1900 年已有百座城市设置了同类学校。1903 年英国莫斯莱委员会代表团考察美国的工业与商业学校,对美国实施的学校职业教育大加赞赏,尤其对学校职业教育的科学性和可行性留下了深刻印象,哈瑞·莱克尔描述了美国 10 座城市的工业中学,认为这是美国教育最夺目的亮点之一,建议在英国也应建设同类的学校。①

19 世纪初期,资本家为了减少工资的投入,在劳动力过剩的情况下解雇了许多熟练工人,聘请了许多 15—20 岁的徒工。因为徒工技术水平较低,大多需要通过职业培训才能提高他们的技术水平以适应工作的需求。当时比较盛行的工人职业培训活动场所有机械工人讲习所和普及科学知识讲座,还有一些人通过手工以及职业教育进行职业培训。

机械工人讲习所是向徒工和技术工人提供免费教育的场所,讲习所的讲习任务一般由夜校承担,主要的课程内容有建筑设计、机械设计、装饰造型等。机械工人讲习所一般是设立在工业城市里,但是在美国的小城镇里,普遍的是通过设立科学知识讲座提高技术工人的职业水平。普及科学知识讲座是较为常见的一种职业培训活动,这种形式的灵活性比较强,操作简单,便成为了比较受欢迎的一种职业培训活动。美国的手工及职业教育的目的是通过劳动增强体质又增加收入,以吸引劳动者参加职业培训,但是这种形式的职业培训主要针对的是农业而不是工业,因此在工业革命的背景下,手工职业培训的发展并不长远。

19 世纪的文实学校发生了巨大的变化。有些文实学校兼顾实用和升学两种职能,所以在 19 世纪初期出现了专科教育性质的文实学校。到 19 世纪中叶,许多教育者意识到,仅仅以办学为生财手段的文实中学不会长远,并且文实学校缺乏系统的课程计划,教学质量较低。1821 年,波士顿学校委员会向市议会提交报告,提出了创办新型公立学校的建议以及详细的计划,公立中学开始兴起,实科学校开始衰败。

---

① 参见王川:《西方近代职业教育史稿》,广东教育出版社 2011 年版,第 297 页。

以上阐述的更多是美国中等职业教育的发展,而美国农工学院的诞生标志着美国职业教育向高等教育层次的发展,是美国教育史中的大事。① 自独立以来,美国农业和工业急速发展,美国社会对工人的技术水平有了较高的要求,文实学校的职业培训并不能满足工人们的需求,因此许多人通过选择延长修业期限以提高自身的技术水平,农工学校或学院应运而生。说起美国高等职业教育,1862 年出台的《莫雷尔法案》在其中起到重要的作用,可以说对美国的高等职业教育以及世界的高等职业教育都产生深远影响。《莫雷尔法案》规定了各州分配土地的方法,并明确表示,要将土地的所得收入用在建设"讲授与农业和机械工业有关的知识"的学院上。这些学校就是美国著名的"农工学院"或"赠地学院"。农工学院的发展为美国职业技术,尤其是农工业职业技术的发展培养了大批的技术技能型人才。

3.20 世纪美国的职业教育

众所周知,20 世纪以来美国已成为世界发达资本主义国家。美国工业发达,商贸繁荣,国内产业一片兴旺,职业教育也得到了前所未有的发展,并逐步形成了完整的职业技术教育制度。

那时美国工商业得到了快速的发展,而美国职业教育发展迅速,得益于工商业界的积极参与。当时许多工商业界的人士和有识之士纷纷指责普通学校不能反映现实生活和生产的需要,②对公立学校的经费支出是浪费纳税人的钱,③因此他们提出学校必须工业化才能赢得社会的认可,办好高质量的工业教育和职业教育是促进社会发展的重要事务。工商业界和教育界的人士和有识之士希望在联邦政府内设立专门的职业教育委员会,提高职业教育办学质量,促进职业教育体系的完善。在工商业界人士和全国职业教育促进协会的组织和支持下,20 世纪初,美国陆陆续续制定了一系列对职业教育提供国家财政补助的方案。随着职业教育在教育界地位的提高,职业教育体系的不断

---

① 参见王川:《西方近代职业教育史稿》,广东教育出版社 2011 年版,第 306 页。
② 参见王川:《西方近代职业教育史稿》,广东教育出版社 2011 年版,第 431 页。
③ 参见王川:《西方近代职业教育史稿》,广东教育出版社 2011 年版,第 432 页。

完善,美国逐渐确立建设职业性学科的综合中学,普通教育也开始职业化。由于美国产业的兴旺与职业教育的急速发展,单纯的学校职业教育难以满足美国产业发展的需求,产业界也开始兴办职业教育,产学协作的职业教育方式开始流行,各个公司企业开始自己设立职业培训学校,在工人掌握技术的过程中,采取集体教育的方式进行技能培养。到今天,美国的产学协作职业教育培养方式仍然对世界职业教育的发展有重要的参考价值。

表附录-1　20世纪初美国职业教育财政补助的部分法律文件

时间	名称	主要内容
1914 年	《斯密斯—休斯法》	美国必须发展不同种类和不同等级的职业教育,美国的每个地区均迫切需要发展职业教育;发展职业教育对社会和教育同等重要;各州各阶层一直确认发展职业教育对民族未来的福利绝对必要;各州需要国家资助才能发展职业教育。
1929 年	《乔治—里德法》	明确联邦政府从 1929 年开始,连续四年对农业家庭经济的职业教育每年拨款 150 万美元。
1940 年	《国际训练法案》	针对美国军事产业的职业教育。

（二）旧金山湾区职业教育发展的概况

旧金山湾区的中等职业教育主要是依靠各种类型的综合中学开展,而高等职业教育则是依靠社区学院和专业型机构开展。其中研究型大学、综合型大学、学士学位大学、社区学院、营利性机构、专业型机构是目前旧金山湾区高等教育机构的重要组成部分,不同类型的学校有其独特的办学特点,面向不同类型的人群,发挥着不同的功能。虽然美国旧金山湾区高等职业教育主要是通过社区学院和专业型机构开展,但是社区学院占更加主导的地位。社区学院在众多的类型大学中脱颖而出,成为旧金山湾区最受欢迎的大学类型。调查研究显示旧金山湾区内社区学院的入学人数几乎是湾区所有其他类型大学的两倍,如果政府资金能够跟上招生规模的话,入学人数间的差距将会更大。

表附录-2　美国旧金山湾区高等教育机构及其功能

高等教育机构类型	功能
研究型大学	以研究与教授文化课程为主
综合型大学	结合知识传递、研究、再创造和人才培养为主
学士学位大学	以提供博雅教育为主
社区学院	以职业教育为主满足更广泛的学习需求
营利性机构	以教育与营利性为导向
专业型机构	以职业为导向

　　旧金山湾区内以职业教育为主满足更广泛的学习需求的社区学院发展迅速,这与旧金山湾区的产业发展与人才需求密不可分。例如位于湾区内的旧金山为美国西部的金融中心,产业发展以服务业为主,金融业和国际贸易也较为发达。在工业方面,主要以传统的服装、食品、印刷为主,新兴产业主要有宇航、汽车装配、电子、炼油等。在农业方面,热带农业也十分发达,盛产热带蔬菜和各种亚热带水果以及热带花卉。值得注意的是,世界著名的高新技术制造产业区硅谷便坐落在美国旧金山湾区,可见旧金山湾区的高新技术产业发达。又如临近港口奥克兰拥有繁荣的商业和工业,奥克兰港货物吞吐量和船舶集散能力在太平洋沿岸的港口中均占重要地位,因此奥克兰港口是连接美国西海岸同其他世界主要海运系统的重要交通枢纽。正因为旧金山湾区产业发达,对高素质的技术技能型人才的需要量大,社区学院开展与经济发展联系最为密切的职业教育,毫无疑问成为许多学生的选择。

二、旧金山湾区职业教育的特点

(一)清晰的职业学校办学定位

　　社区学院是美国职业教育主要的形式,因此社区学院的整体状况可以反映出美国职业教育的特点。美国社区学院的前身是 19 世纪末 20 世纪初的初级学院,当时的初级学院更多是注重通识教育,学生学习高深的学科知识和进行科学研究,较少会关注到职业技术教育,当时的初级学院的办学定位是为中等教育延伸和高等教育做准备。到了 20 世纪三四十年代,随着美国工业化的快速发展,社会对技术人才的需求不断提高,因此越来越多的人开始关注如何通过教育的形式培养技术人才。1932 年卡耐基基金会发布的研究报告明确指出,社区学院的性质是向普通民众提供一般性教育和半职业或职业培训。[①]由此可见,20 世纪三四十年代,社区学院的办学定位由关注通识教育转变为关注职业教育。到了 20 世纪 50 年代,产业发展多元化,不同年龄段不同行业的人们对职业培训的需求也呈多元化的态势。为了适应这一现状,社区学院开始拓展自身功能,调整办学定位,其核心是为区域文化、经济和教育服务,不仅为普通工人提供职业技能培训,也为退伍军人、妇女、黑人等社会群体提供必要的职业技能培训。到了 20 世纪 80 年代,美国社区学院逐步走向成熟,不仅承担社会必要的职业技能培训,更是成为许多低收入家庭和少数民族家庭学生的就读选择。这时美国的社区学院的办学定位更为明确,即是为人们提供专业化的职业教育和定制性的技能培训。随着终身教育的提出,如今的美国社区学院的办学定位不仅关注职业教育,更是把职业教育和终身教育密切联系起来,致力于推动美国职业教育与终身教育的协同发展。

(二) 科学的职业学校办学机制

旧金山湾区社区学院蓬勃发展还得益于科学的办学机制。美国是实行三权分立与制衡的政治制度,在教育办学方面也是呈现分权制衡的特点。旧金山社区学院主要是以州政府为领导,以社区学院为办学主体、以学校董事会为管理机构的多元化、立体式的管理体制,政、企、校、行、民各界广泛参与,呈

---

① 参见朱浩、廖煜:《美国社区学院办学定位转变的历史沿革与特征分析》,《职业教育研究》2017 年第 6 期。

现分级分权制衡开放的特点,有效地保证社区学院工作有序开展。① 美国联邦政府主要是对社区学院进行宏观调控,为社区学院提供法律上的援助以及教育经费上的支持,所以无论是从政策保障还是经费支撑方面来说,社区学院比普通公立大学更能保障弱势群体受高等教育的权利,这也是为什么在旧金山湾区社区学院比普通公立大学更受人们的欢迎。

（三） 灵活的职业学校教学机制

旧金山湾区职业学校除了具有清晰的办学定位和科学的办学机制,还具有灵活的教学机制。也正是社区学院多元的办学定位以及特殊的办学机制,需要其采取灵活的教学机制。美国社区学院所面对的群体是多元化的,包括不同民族、不同肤色、不同年龄段的人们。面对不同的群体应该采取何种教学方式才能实现因材施教? 为了满足不同群体的需求,社区学院开始采取灵活独特的课程设置和教学方式,不仅有传统的讲授式教学,还有分组教学、小班教学、多媒体在线教学等。为了使教育更好地与产业相匹配,社区学院还把生产一线的工作内容转化为课程,让学生真正地学习到与实际相结合的职业技能知识。为了保证教学质量,社区学院招聘具有扎实专业知识和丰富实践经验的教师,在学历上保证教师的专业性,同时还从企业生产一线招聘技术管理人员担任兼职教师,有效地保证了教师队伍的专业性以及实践性。

第二节　纽约湾区职业教育发展经验

一、纽约湾区职业教育发展概况

纽约湾区是世界四大湾区之一,也是美国占地面积最大的湾区。区域规

---

① 参见詹瞻远:《高职院校落实百万扩招任务的路径研究——基于美国社区学院发展历程启示》,《继续教育研究》2020 年第 1 期。

划协会于 2017 年 11 月 30 日发布了纽约湾区规划,其中明确了纽约湾区总面积达 33484 平方公里,是涵盖了纽约州、新泽西州和康涅狄格州内共计三十一个郡县的大都市区。纽约湾区是以纽约为中心的美国东北部大西洋沿岸城市群,包括华盛顿、波士顿、纽约、费城等一系列大城市,城市化水平极高,也是美国人口密度最高的湾区。

在上一节我们对美国职业教育的发展历程有了整体的了解,在这里不再赘述。与旧金山湾区一样,纽约湾区内的社区学院也是开展职业教育的主要阵地,纽约湾区内的社区学院约 200 所,因此本部分将对典型的社区学院进行简单的介绍。

纽约城市大学下属的六所社区学院是美国典型的职业教育阵地。纽约城市大学始建于 1847 年,是纽约市的公立大学系统的总称,也是美国最大的公立大学系统之一。纽约城市大学系统内不仅有四年制学院,还包括两年制的社区大学以及独立院校。其中两年制的社区大学主要开展职业教育,包括布朗克斯社区大学、皇后社区大学、曼哈顿社区大学、国王郡社区大学、拉瓜地亚社区大学以及侯斯托斯社区大学。朗克斯社区学院始建于 1957 年,建校以来一直致力于为纽约地区的居民提供最优质、高效的学习课程和技术培训,为学生提供专科学位课程和非学位的毕业证书培训课程,包括工商管理、社区和学校健康教育、计算机科学、膳食与营养科学、工程学科学、数学、会计学、人类服务、环境科学等;皇后社区学院建立于 1959 年,学院提供超过 20 种副学上学位课程以及证书认证、继续教育项目,还帮助学生升入四年制大学或为就业做准备;曼哈顿社区学院成立于 1963 年,学院旨在为商业界提供职业教育培训,同时也提供给学生一般教育,也为了准备给一些职业文科学生转入四年制大学奠定基础;国王郡社区大学始建于 1963 年,建校以来一直致力于为布鲁克林地区居民提供最优质高效的学习课程;拉瓜地亚社区大学始建于 1968 年,建校以来一直致力于为朗恩岛地区居民提供优质高效的学习课程,给学生提供多个文科专科学位、理科专科学位、应用科学专科学位、非学位毕业证书课程,曾被评为国际杰出机构,也是全美三大社区学院之一;侯斯托斯社区大学始建于 1968 年,致力于为布朗克斯地区居民提供最优质高效的学习课程,学院包括联合健康学院、行为与社会科学院、商学院、教育学院、英语学院、人文学院、自然科学院、数学院等,开设的专业包括文科、工商管理、电子工程科学、土木工程、会计学、护理学等。

二、纽约湾区职业教育的特点

(一) 良性的社区学院与大学学制的衔接

纽约湾区和旧金山湾区的社区学院的特点相差不大,基本上与大学学制都有良性的衔接。大学、学院和社区学院共同组成了美国高等教育的结构,社区学院因为学生提供高等职业教育技术服务而颇受欢迎。社区学院的学生除了可以接受高等职业技术教育之外,还可以通过社区学院升入四年制本科大学或学院继续接受普通高等教育,因为社区学院和大学签订有校际间、全州范围内的协议,保证其毕业生顺利转学,大学承认社区学院学生所修课程和学分,经过申请,学生可直接进入大学三年级继续学习攻读学士学位。调查显示,20 世纪 80 年代,美国有 36% 的人读社区学院的原因是为了向四年制学院或大学转学,有 34% 的人是为了掌握一项新职业所需要的技能,[①]也就是说,美国社区学院的职业教育功能和转学功能是其不断发展的主要动力。

(二) 明确的区域产业分布促进职业学校专业设置

纽约湾区具有明确的区域产业分布。华盛顿、费城、纽约、波士顿是纽约湾区的中心城市,城市特征明显、区域产业分布明确。例如华盛顿是美国的政治和金融中心,各国驻美国大使馆和美国联邦政府都坐落在华盛顿地区。除此之外,许多银行或基金组织的总部设在华盛顿;费城是纽约湾区的工业、交通和文化中心,制造业发展快速,其制造业产值位于纽约湾区城市首位;纽约是著名的金融和贸易中心,《财富》相关数据显示,2019 年有 22 家位于纽约的

---

① 参见郭德红:《美国社区学院与大学学制衔接分析》,《教育与职业》2004 年第 9 期。

企业入选世界五百强企业；作为美国最古老、最有价值的城市，波士顿是纽约湾区高科技产业和教育最为密集的城市。波士顿大都会区拥有超过 100 所大学，超过 25 万名大学生在此接受教育。产业的发展必然会对职业教育产生巨大的需求，为了与纽约湾区产业发展相适配，纽约湾区社区学院的专业设置也主要围绕纽约湾区区域产业布局开展。

（三）课程设置面向不同需求的人群

根据教育功能可以把社区学院的课程分为五类，分别是基础教育、综合教育、社区教育、升学教育和职业教育，以培养学生传统的基本技能以及听说读写能力为主的课程主要是基础教育课程，以加强学生通识水平为主的是综合教育课程，以拓展学生的训练技能以及服务社区能力为主的是社区教育课程，为将来学习本科知识，升学做准备的是升学课程，还有以就业为导向，培养学生就业能力，提供就业服务的是职业教育课程。根据这五大功能社区学院开设的专业将近 100 多种，涉及文、理、工、农、经、商、管、法、医、家政、服务、环境、交通、食品、通讯、保健、维修等诸多方面，①因此接受职业教育的学生可以根据自身不同的需求去选择合适的课程。

第三节　东京湾区职业教育发展经验

一、东京湾区职业教育发展概况

东京湾区是世界四大湾区之一，以面向太平洋的东京湾为依托，由东京都、神奈川县、埼玉县、千叶县等一都三县组成，湾区内有东京、横滨、川崎、船桥和千叶 5 个大城市，以及市原、木更津、君津等工业重镇，占地面积约 13562

---

① 参见黄海燕、郑永进：《美国社区学院何以保持学生数的稳步增长》，《中国职业技术教育》2019 年第 30 期。

平方公里,占日本全国面积的 3.5%。① 围绕着东京湾,东京湾区形成了由横滨港、东京港、千叶港、川崎港、木更津港以及横须贺港六个港口首尾相连的马蹄形港口群。庞大的港口区带动了东京湾区产业集聚和人口集中,也锻造出日本最大的工业城市群和最大的国际金融中心、研发中心、娱乐中心、交通中心、商贸中心和消费中心。② 职业教育作为与经济联系最为密切的教育类型,日本东京湾区的发展毫无疑问离不开日本东京湾区的职业教育。为了更深入了解东京湾区职业教育的发展概况,我们需要对日本近代以来职业教育的发展做一个简单的梳理。

（一）日本近代以来的职业教育思想

日本职业教育思想主要受到欧美国家职业教育的影响,尤其是"实学"的影响。19 世纪日本明治新政府成立,提出"富国强兵、殖产兴业、文明开化"的基本国策,同时还提出了要建立国民教育制度,普及国民教育,培养国民的现代意识。在这样重视教育的背景下,日本先进知识分子对职业教育有了新的看法,代表性人物有福泽谕吉、津田仙、井上毅、森有礼、手岛精一和平贺义美。

福泽谕吉(1835~1901 年)是日本资产阶级文化教育思想的先驱者,被称为"日本近代教育之父"。在 1860 年至 1867 年,福泽谕吉应德川幕府聘请从事翻译工作,以随员兼翻译员的身份三次随幕府遣外使节赴欧美考察。正是由于这一次欧美的考察经历,他意识到西方先进的文明制度、近代科学、资产阶级民主主义思想给西方社会带来的繁荣,他把对西方发展的观察与思考汇集成文,出版了《西洋情事》,向日本极大传播了西方近代文明。福泽谕吉认为"当今之急务固然属于富国强兵,然富国强兵之本唯在专心培养人才",

---

① 参见曾伟玉、吴业春:《粤港澳大湾区建设与广州发展报告(2021)》,社会科学文献出版社 2019 年版,第 66 页。
② 参见广东省社会科学院:《粤港澳大湾区建设报告(2021)》,社会科学文献出版社 2021 年版,第 67 页。

1868 年福泽谕吉辞去了政府的职务,专心从事庆应义塾的教育工作,主要培养应用型人才。1873 年 10 月福泽谕吉开设庆应义塾医学所,次年 1 月又在庆应义塾内设置幼稚园,1890 年成立大学部,通过设立应用型学科加强应用型人才的培养,如设立文学、法律、经济。福泽谕吉是明治维新时期重要的教育代表人物,他从欧美发达国家学习西方先进的文化思想,并将其吸收引入到日本教育发展中,极大促进了明治维新时期的文明开化与思想启蒙,尤其是在职业教育方面,福泽谕吉提出要提高日本国民素质,才能达到富国强兵的目的。这为日本职业教育思潮的进步以及职业教育机构的开设奠定了基础。

津田仙(1837~1908 年)是日本近代农业教育的始祖。津田仙小时学业成绩优秀,年少有志,17 岁的时候曾经加入炮队抵抗美国炮舰强迫日本开关贸易的侵略,也正是这一场战役,使得津田仙更加关注西洋兵士操练以及船技炮术,立志要学习西洋先进的技术。1867 年,津田仙与福泽谕吉一同赴美,其间学习西方资本主义先进的思想,他尤其注意到西方在发达的农业基础上实现了发展。受到西方发展农业的启蒙,津田仙认为日本需要大力振兴农业,提高日本农民的地位和谋求农业发展是国家繁荣的必由之路。津田仙也辞去了政府官员工作,把全部的精力放在了革新日本农业上。他多次赴欧美学习先进的农学原理以及农业新技术,回国之后出版著作《农业三事》。《农业三事》的出版给农业界带来了极大的轰动,农民的务农技术水平有了极大的提升。1875 年他相继成立学农社、学农社农业学校,致力于培养新式农业人才。可以说,津田仙开启了农业教育的先河,为日本培养了大批的农业人才,极大促进了日本农业的发展。

井上毅(1844~1895 年)是日本实学思想的代表人物,也是日本职业教育体系构建的关键人物。井上毅一生追崇"实用实学",这与他接受的教育密不可分。井上毅幼时家境贫寒,但天资过人,聪明伶俐,深受师长冈监物喜爱,便师从冈监物在必由堂塾学习经世致用的实学。1857 年,井上毅从必由堂被推荐到木下塾学习,正是木下塾崇实致用的学风和鼓励学生率性发展的方法,使得井上毅"实用实学"的思想进一步发展。1871年,井上毅在司法省供职。次年,井上毅赴欧洲学习司法制度,学习了西方先进的教育制度。在这样的学习背景下,井上毅初步形成了自身的教育理念,提出要学习西方先进的制度文化,提倡构建完整的职业教育体系,大力发展职业技术教育。井上毅认为发展职业教育是日本资本主义生产力发展的必由之路,职业教育是富国的根本,是国民无形的财富,要先振兴职业教育,才能改革和发展实业,最后才能发展国家的富力。井上毅还认为参考军队机构的建设,构建完整的职业教育体系。他主张构建三个层次的职业教育机构,如在职业教育中,工科大学和东京的高等学校相当于培养将军和高级军官的场所,大阪工业大学相当于培养中下级军官的场所,工业补习学校相当于培养普通士兵的场所。他主持制定的《实业补习学校规程》《徒弟学校规程》《简易农学校规程》对日本中等职业教育培养实用型、应用型人才起到重要的指导作用。

森有礼(1847~1889年)是日本近代教育家,也是把德国的国家主义思想吸收引进日本的主要代表人物。森有礼主张国家主义,推崇国家至上,教育要以国家富强为目标,服务于国家。在一次直辖学校会议上,他曾明确地指出:学政的目的归根到底是为国家,并非为了个人利益,凡是涉及学术利益和国家利益时,应以国家利益为重。[1] 随着资本主义的发展,森有礼认为职业技术教育是资本主义国家教育甚至是近代教育中的一个重要组成部分,日本只有做好职业技术教育,才能实现国家富强,才能与西方国家抗衡。他创办商业讲习所,后来发展为东京商业学校,旨在培养具有实际能力的人才。1889年森有礼颁布《实业学校令》,1894年日本颁布《实业教育费国库补助法》,兴办实业学校,为日本培养了大量的技术人员和工人,有效地促进了日本经济的发展,为日本国际地位的提高奠定了经济基础。

手岛精一(1849~1918年)是日本工业教育的始祖,被誉为"工业教育之父"。手岛精一工业教育思想的提出与其专业学习和游历经验密不可分。手

---

[1]　参见王川:《西方近代职业教育史稿》,广东教育出版社2011年版,第230页。

岛精一1870年在美国拉菲特大学学习建筑学专业,此时对美国的产业和社会发展有了一定的了解。1872年赴欧美考察,对英国的农业、铁道以及工商行政方面有深刻的认识。两年后,手岛精一回国致力于发展日本的工业教育。1886年,手岛精一在《振兴实业教育》一文中提道:"欧美各国取得如今日开明富强的成果,原因不一,主要原因在于工业技术之发达,而工业技术之发达,主要原因在于实业教育,我国之学校适于富人者多,但未闻为穷人子弟开设传授职业技术之学校,他日将有许多人从事农工商业生产,因此对于这些人他们在接受普通教育之同时,接受对日后所从事工作有用的教育,所谓有用的教育及职业教育。"①手岛精一的工业教育思想促进了日本职业教育的改革,一改明治初期职业教育落后的局面。1890年,手岛精一任东京职工学校校长,1893年至1894年担任文部省实业教育局局长,其间协助井上毅制定了《实业补习学校规程》《实业教育费国库补助法》,1901年担任东京高等工业学校校长。手岛精一将其一生奉献给日本工业教育,培养了大量的与工业社会发展相适应的人才,为日本经济的发展作出了极大的贡献。

平贺义美(1867~1943年)也是日本近代著名的工业教育家,早年留学英国,学习了西方先进的工业教育思想。1882年,平贺义美就职于日本当时唯一的工业学校——东京职工学校,在此期间出版了《染色术摘要》《物理学初步》《日本工业教育论》等著作,其中《日本工业教育论》体现了平贺义美的职业教育思想。平贺义美认为在日本,低层次的工业教育通过小学的实科课程实现,主要面向小学生,高层次的工业教育由帝国工科大学负责,主要面向富家子弟,而中等层次的工业教育则是缺乏的。因此,平贺义美认为面向中产阶级以下的阶层的子弟,建立中等层次的工业学校是日本当时最急需的职业教育培训机构。平贺义美的职业教育思想对日本中等职业教育的发展起到重要的推动作用。

---

① 王桂:《论日本职业教育体系的变革》,载《生产劳动教育与职业教育》,人民教育出版社1984年版,第64页。

（二）日本职业教育发展历程

1.19 世纪日本的职业教育

19 世纪是处于日本明治维新时代，为了赶上西方发达国家的步伐，融入新世界当中，日本在各个方面作出了巨大的改革，其中职业教育改革在其中发挥了重要的作用。受到西方发达国家的工业发展的影响，日本开始吸收学习西方发达国家先进的生产技术，提出"富国强兵、殖产兴业、文明开化"的基本国策，尝试通过振兴产业促进资本主义的发展。日本的产业革命在时间上是一种压缩式的大规模技术转移，技术发明与商业网络发生紧密联系，使得资本主义的发展有了动力，封建制度等级身份的崩溃也吸引更多人才投入技术文明和实业教育行业。在科学技术的发展以及封建传统制度的没落两重因素之下，传统的手工业技术及学徒制职业教育形式，已远远不能培养出掌握现代劳动技能的技术工人，不能满足现代大机器工业发展的需要。因此，有组织有计划地培养能够熟悉掌握现代化产业生产技术的中下级技能劳动者，也成为当时产业界、教育界所面临的重大课题，社会各界要求政府发展职业教育的呼声越来越高。① 在这样的社会背景下，日本职业教育开始发生了重大的改变，各式各样的职业教育机构开始涌现，各个领域的职业教育开始有了质的发展，职业教育制度开始建立并逐步完善。

日本最早的职业教育机构是附属于大企业开办的，这与日本企业的发展有一定的联系。在明治维新时期，日本以官办企业为主，并通过官办企业去引导民办企业的发展。当时日本官办企业聘请了许多西方技术专家来指导生产，为了更加快速便捷地使劳动工人学习到技术，许多日本官办企业直接在企业里面开办技术传习所，因此这种直接在企业里开办技术传习所的职业教育机构是日本最早的职业教育机构形式。这种职业教育机构在日本颇受欢迎，被许多行业纷纷采纳，包括纺织业、造船业、矿业等。虽然有企业主导的职业

① 参见王川：《西方近代职业教育史稿》，广东教育出版社 2011 年版，第 318 页。

教育方式极大方便了劳动技术工人的培养,但是也存在许多弊端。其一是技术传习所往往是附属于企业的,其后续发展并未得到企业的高度重视;其二是技术传习所的人才培养范围仅仅局限于本企业内部员工,教育对象的范围较小,不能普及到更多劳动者的技术培养;其三是技术传习所的师傅更多是技术方面的专家,缺乏专业的教育教学知识,难以保障技术传习所的教学质量。

由于通过技术传习所培养技术劳动者的教育方式发展并不长远,日本政府开始创办独立的、专业的职业教育机构,旨在培养大规模、专业性强、高质量的技术人才。这种独立的职业教育机构一般有两个主体创办,一个主体是文部省,另一个是文部省之外的政府各部门。文部省是主管全国教育的机关,但是在明治初期的职业教育机构不在文部省管辖之列,而是由承担殖产兴业任务的工部省、内部省和农商务省管理。所以由文部省颁布的教育政策中都很少涉及职业技术教育的内容。尤其在 1879 年颁布的《教育令》中提到"学校的种类有小学,中学,大学,师范学校,专门学校及其他各种学校",对"专门学校"的解释模棱两可,导致社会议论纷纷。直到 1880 年 12 月,文部省在《改正教育令》部告中正式规定"学校种类有小学,中学,大学,师范学校,专门学校,农校,商校,职工学校,及其他各种学校",并规定了农校、商校和职业学校的目的,这也是文部省首次正式明确职业教育的法律地位。东京职工学校是由文部省独立筹划建立的第一个正式的职业技术教育机构,学校以"培养职工学校的师资、工长、厂长"为办学目的,但是由于日本缺少适合于工业学校程度的初级技术员的培训机构,因此东京职工学校预期的培养目标并没有达到,反而是成为输送初级技术员的场所。后来东京职工学校经过多次的升格与改名,最终成为了具有高等专科性质的东京高等工业学校。

日本职业教育机构得到快速的发展之外,日本的职业教育制度也应运而生。《农业学校通则》是日本第一部与职业教育相关的正式法规,其对农业学校的目的、种类和课程设置作了详细的规定;《商业学校通则》指出日本的商业学校主要以培养商业经营者和培养商业管理者为目的;1893 年,《实业补习学校规程》《徒工学校规程》《简易农学校规程》等教育法律陆续出台,其对实业补习学校、徒工学校、简易农学校等初级职业学校的目的、入学条件、课程设置及修业年限都作了详细的规定;1894 年《职业教育费国库补助法》出台,对职业教育的补助金额作了详细的规定,该文件极大推动了初等职业学校的迅速普及与发展;1899 年《实业学校令》颁布,该文件是将过去分散的法律法规统整起来,从根本上使日本职业教育向制度化、义务化、体系化方向前进。[①]

2.20 世纪日本的职业教育

20 世纪初,日本基本形成了初等和中等职业教育体系。初等职业教育主要以实业补习学校、徒弟学校为代表,主要培养初级技术人才和一般技工。中等职业教育以实业学校为代表,主要培养中、高级技术人才。[②] 随着产业的极速发展,产业界对人才质量的需求越来越高,培养高层次的高素质的技术技能人才呼声越来越高。加上部分中等职业学校毕业的学生有强烈的升学愿望,于是发展更高层次的职业教育成为了当务之急。于是在 1901 年至 1910 年间,日本大批的官立工业专门学校和私立工业专门学校陆陆续续升格和成立。

表附录-3　日本部分专门学校的升格与成立情况(1901—1910 年)

时间	学校情况
1901 年	东京工业学校升格为东京高等工业学校 大阪工业学校升格为大阪高等工业学校
1902 年	京都高等工业学校、盛冈高等农林学校、神户高等商业学校成立
1903 年	东京高等农业学校升格为专门学校
1905 年	名古屋高等工业学校、长崎高等商业学校成立
1906 年	仙台高等工业学校、熊本高等工业学校成立
1907 年	安川井一郎、松本健次郎创办明治专门学校
1908 年	鹿儿岛高等农林学校成立

---

① 参见王川:《西方近代职业教育史稿》,广东教育出版社 2011 年版,第 335 页。

② 参见王川:《西方近代职业教育史稿》,广东教育出版社 2011 年版,第 451 页。

续表

时间	学校情况
1909 年	千叶县县立园艺专门学校成立
1910 年	米泽高等工业学校、秋天矿山专门学校、上田蚕丝专门学校、小樽高等商业学校成立

与此同时,企业内的职业教育也得到快速的发展,一方面是因为工业学校培养的人才数量不足,难以满足产业技术发展后对人才的大量需求,另一方面,一战后产业技术发展,对工人的技术水平要求越来越高,学校培养的工人难以胜任岗位需求,所以企业设法通过设校办学来培育自己所需要的技术人才。这个时期最为普遍的企业主导的职业教育机构有幼年职工养成所、徒工学校以及工业补习学校。幼年职工养成所创办之始主要针对新进企业的见习员工传授简单的职业技能,随着员工技术的不断成熟,幼年职工养成所转变培养目标,开始培养优秀职工。徒工学校主要是通过师傅带徒工的教育形式开展教学,但是容易出现学徒学成之后离岗的现象。工业补习学校主要以"适材教育"为办学特色。"适材教育"主要是学校根据企业的委托,为其工厂的适材者传授业务上所需的知识和技能,这一教育方式为日本企业培养了大批的技术人才,有效地保证了人才与产业的精准对接。

1927 年至 1929 年间,日本爆发金融危机,经济受到了巨大的冲击,产业发展需求有所降低,职业教育也受到一定程度的影响。1931 年,日本发动侵华战争,职业教育向军事化方向发展,为日本军事服务,其间创办了许多青年训练所和青年学校,颁布了《青年训练所令》和《青年学校令》。青年训练所以兵役训练为中心,《青年训练所令》规定凡是年满 16—20 周岁的青年必须入所接受训练,训练课程修完后可以在往后的征兵入伍中缩短服役年限。青年学校以产业或者职业教育为主,接收寻常小学校毕业生、普通科毕业生或者高等小学校毕业生。由于青年学校还是继承了青年训练所的影响,普通职业教育质量不高,为军事服务的倾向越来越严重。但是金融危机还是给日本职业教育带来了极大的冲击,尤其是侵华战争使得职业教育开始偏离社会产业需求,使其办学宗旨发生了质的变化。1945 年日本宣布投降,随之带来的便是职业学校的瘫痪。随着日本经济的复苏,日本职业教育也开始逐渐发展起来。到 20 世纪 70 年代末期,日本职业教育形成了包括职业高中、实业学校、高等专科学校、技术科技大学在内的完整职教体系。①

（三）东京湾区职业教育发展的概况

东京湾区是产业集聚和人口集中的区域,拥有丰富的教育资源和产业资源,这也促进了日本东京湾区职业教育的多样化发展。根据办学性质,有国立、公立和私立三类;根据办学层次,可以把职业教育划分为初等职业教育、高等职业教育、技术科学大学专业、研究生院,覆盖从高中到博士阶段各个层次的学历;根据办学类型,东京湾区内有开展学校职业教育和企业教育,尤其企业教育更成为了日本职业教育的一大特色。专门学校是目前东京湾区最为典型的职业学校,其以就业为主导,培养学生实际生活所需要的职业能力,与我国职业学校的性质较为相似,以下将对日本三所具有代表性的东京湾区专门学校做一介绍。

东京工业高等专门学校始建于 1965 年,学校主要特点是持续 5 年的工程教育,学校认为学习工程学的最佳方式是将实践教学与课堂教学有效地结合起来。实验室是教育的重要组成部分,从第一年的常规课程到第二年的高级课程都使用实验室。此外,特别重视实习、毕业研究和专题研究。高级课程的学生还可以参加海外公司和大学的国际实习。正规课程的五年级学生进行 1 年的毕业研究,高级课程的学生在 2 年的时间内进行专题研究,其间要求学生完成一篇论文。通过实习和研究,学生面对现实世界的问题,获得宝贵的工程知识和技能。

日本电子专门学校创建于 1951 年,学校以培养电子学领域的专业技术人

---

① 参见丁宁:《日本职业教育发展历程、特点及启示》,《教育与职业》2019 年第 4 期。

员为主,以培养行业精英的"职业教育"和"经验教育"这两大支柱为教育方针。在"职业教育"方面,该校拥有由常年教育技术秘诀累积而成的"原创教材",并拥有在业界所使用的"专业设备齐全的实践环境",还有"产业与学术共同开发的教育课程"等,培养学生更多的专业能力。在"经验教育"方面,通过学校生活、社团活动以及各种项目,为大家提供众多主动学习的机会,以此来养成企业所需要的作为社会人应具备的交流能力以及解决问题的能力。

东京医学技术专门学校始建于1971年,是一所以医学技术为特色的专门学校,旨在通过医疗培养能够对社会作出贡献的人才。学校通过实习系统地学习医学技术的基本原理,指导和教育学生积累高级医疗技术和知识。除了专业的知识技术以外,学校还重视培养学生丰富的人格和教养。

二、东京湾区职业教育的特点

(一)重视企业参与职业教育

日本的学校职业教育主要是效仿欧美等国家的职业教育方式,因此在学校职业教育方面的特色并不十分鲜明,而企业参与的职业教育是东京湾区乃至日本主要的职业教育特色。日本政府意识到,学校职业教育体系所培养的人才有一定的滞后性,而企业作为技术技能更新速度最快的机构,如果能以企业为主导,开办企业职业教育,能够最大限度地保障劳动者技术技能更新与企业需求相匹配,因此日本政府开始重视构建企业教育制度。日本政府通过经费补贴、校企联合办学、出台企业税收减免政策,鼓励企业参与举办职业教育。同时为了保障企业教育制度的持续性,日本政府还出台了薪资与职业资格、教育年限挂钩政策;就业准入、职业资格获取与职业培训挂钩制度;企业教育师资与学校职业教育师资交流制度等。为鼓励企业员工积极参与职业训练,在企业方面实行岗位轮换制度,以提高员工通用技术能力以及岗位适应能力,从而扩大企业员工对职业培训的需求。

（二）职业教育衔接渠道丰富

日本职业教育衔接的渠道十分丰富，这为日本接受职业教育的学生提供了更多选择的可能。由上文可以知道，日本职业教育包括初等职业教育、高等职业教育、技术科学大学专业、研究生院，覆盖从高中到博士阶段各个层次的学历。对于有就业需求的毕业生来说，除了初等职业教育毕业的学生以外，其他教育层次毕业的学生均可以直接进入企业工作，其薪资待遇与通过企业职业教育培养的学生的薪资待遇相同。而对于有升学需求的学生来说，接受职业教育的学生可以选择转入技术科学大学或者普通大学深造，而接受普通教育的学生也可以进入职业学校学习。这种灵活的职业教育衔接渠道大大满足了学生升学与就业的需求。

（三）大力扶持私立职业教育

东京湾区的职业教育主要是以公立和国立的职业学校为主，但是私立学校在东京湾区职业教育当中依然有不可忽视的地位。对于日本私立职业学校来说，办学定位与学校认同、经费支撑、办学自主性是迫切需要解决的问题。1949年日本政府出台《私立学校法》，1991年修订后，该法例的内容得到了较大的充实与完善。该法例明确了私立学校与公立国立学校一样，是担负有同样任务的教育机构，而不是公立国立学校的补助机构。这也在一定程度上确定了日本私立职业学校的重要地位。日本政府关注日本私立职业学校的发展，赋予日本私立职业学校较大的办学自主权。在行政管理方面，日本政府针对私立学校专门设置了监督委员会负责监督，以确保私立职业学校的规范运行。在经费管理方面，日本政府赋予私立职业学校更多的经费利用权利，规定其在不妨碍正常教学的情况下，可以自主决定开展多种性质的营利活动。日本政府对私立职业学校的举措极大程度上解决了日本私立职业学校面临的重大难题。

主要参考文献

一、著作类

[1]俞可平:《治理与善治》,社会科学文献出版社 2000 年版。

[2]余文森、王晞:《教育学》,北京大学出版社 2019 年版。

[3]徐静波:《日本如何转型创新:徐静波演讲录》,华文出版社 2020 年版。

[4]吴鼎福、诸文蔚:《教育生态学》,江苏教育出版社 1990 年版。

[5]王川:《西方近代职业教育史稿》,广东教育出版社 2011 年版。

[6]滕宏庆、张亮:《粤港澳大湾区的法治环境研究》,华南理工大学出版社 2019 年版。

[7]靳希斌:《教育经济学》,人民教育出版社 2009 年版。

[8]黄志球:《中国海上搜救管理体制创新研究——基于治理理论的视角》,武汉大学出版社 2016 年版。

[9]广东省社会科学院:《粤港澳大湾区建设报告(2021)》,社会科学文献出版社 2021 年版。

[10]广东省社会科学院:《粤港澳大湾区建设报告(2018)》,社会科学文献出版社 2018 年版。

[11]樊纲、许永发:《改革开放四十年与粤港澳大湾区发展》,中国经济出版社 2020 年版。

[12]曾志敏:《粤港澳大湾区论纲》,华南理工大学出版社 2021 年版。

[13]曾伟玉、吴业春:《粤港澳大湾区建设与广州发展报告(2021)》,社会科学文献出版社 2019 年版。

[14][古希腊]亚里士多德:《政治学》,吴寿彭译,商务印书馆 2014 年版。

二、期刊论文类

[15]吴世勇、王锐娇:《粤港澳大湾区职业教育的需求分析及整合策略》,《广东技

术师范大学学报》2020 年第 1 期。

[16]周全华：《岭南文化的"变"与"不变"》，《人民论坛》2019 年第 19 期。

[17]梁勇、谢惠芝：《香港职业教育的历史变革初探》，《职业教育研究》2017 年第 10 期。

[18]黄璞：《澳门职业技术教育发展现状与政策建议》，《中国职业技术教育》2017 年第 24 期。

[19]熊鸿儒：《全球科技创新中心的形成与发展》，《学习与探索》2015 年第 9 期。

[20]石岩凤：《粤港澳大湾区背景下的广东职业教育的发展及创新》，《智库时代》2020 年第 9 期。

[21]陈基纯：《供给侧改革下高职专业设置与产业发展匹配研究——基于广东地市面板数据的实证分析》，《中国职业技术教育》2020 年第 5 期。

[22]李海东、欧阳翠婷：《粤港澳大湾区职业教育发展的机遇挑战及策略研究》，《广东教育：职教》2021 年第 7 期。

[23]邓向荣、郭孝纯：《新科技革命视角下中国产业升级与创新跨越》，《理论与现代化》2021 年第 1 期。

[24]张茉楠.：《欧美"再工业化"与中国突围》，《社会科学文摘》2013 年第 2 期。

[25]唐高华：《粤港澳大湾区职业教育合作的价值、基础与推进方略》，《职业教育研究》2019 年第 11 期。

[26]覃成林、刘丽玲、覃文昊：《粤港澳大湾区城市群发展战略思考》，《区域经济评论》2017 年第 5 期。

[27]滕世华：《公共治理理论及其印发的变革》，《国家行政学院学报》2003 年第 1 期。

[28]朱德米：《网络状公共治理：合作与共治》，《华中师范大学学报（人文社会科学版）》2014 年第 2 期。

[29]顾建光：《从公共服务到公共治理》，《上海交通大学学报（哲学社会科学版）》2007 年第 3 期。

[30]王家强、梁元星：《我国教育生态研究的进展与问题》，《当代教育科学》2008 年第 19 期。

[31]张文静、储著斌：《现代教育体系下的高职院校共同治理探析——基于利益相关者理论的视角》，《连云港职业技术学院学报》2019 年第 23 期。

[32]辛斐斐、范跃进：《香港职业教育变革走向及启示》，《高等职业教育探索》

2019 年第 2 期。

　　[33]黄亚武:《大湾区规划下澳门职业教育发展现状与策略分析》,《湖北开放职业学院学报》2019 年第 14 期。

　　[34]孔彤:《大湾区背景下香港职业教育对内地的启示》,《教育现代化》2019 年第 91 期。

　　[35]查吉德:《香港职业训练局法人团体治理结构述评及启示——基于香港〈职业训练局条例〉的分析》,《职教论坛》2020 年第 2 期。

　　[36]郑翠香:《新形势下广东中高职三二分段试点改革工作思考》,《广东职业技术教育与研究》2020 年第 2 期。

　　[37]陈丽君、田佩:《生态位视角下高职生优质就业研究》,《教育与职业》2019 年第 18 期。

　　[38]张等菊、江洧:《高职院校专业设置与区域经济发展的适切性研究——以广东省为例》,《高教探索》2017 年第 3 期。

　　[39]沈陆娟:《供给侧改革背景下高职专业结构与产业结构的适配分析——以浙江省为例》,《职业技术教育》2017 年第 17 期。

　　[40]李海东、杜怡萍、刘慧慧:《高等职业教育专业设置与经济发展的适应性研究》,《中国职业技术教育》2013 年第 2 期。

　　[41]吴显嵘:《基于产教融合的高职产业学院建设机理及路径研究》,《中国职业技术教育》2021 年第 29 期。

　　[42]李海东、黄文伟:《粤港澳大湾区视阈下区域产业学院发展的若干思考》,《高教探索》2020 年第 3 期。

　　[43]刘富才:《产教融合背景下高职院校产业学院建设途径探析》,《高教学刊》2019 年第 23 期。

　　[44]吴婷、谢杭锋:《粤港澳大湾区高等职业教育协同创新发展的路径研究》,《职业教育研究》2020 年第 7 期。

　　[45]陈伟、郑文:《粤港澳大湾区教育合作的现实基础和实践理路》,《华南师范大学学报(社会科学版)》2019 年第 6 期。

　　[46]安冬平:《粤港澳大湾区职业教育合作发展的理论逻辑构建》,《职教论坛》2019 年第 9 期。

　　[47]周仲高、游霭琼、徐渊:《粤港澳大湾区人才协同发展的理论构建与推进策略》,《广东社会科学》2019 年第 6 期。

［48］龙建辉:《粤港澳大湾区协同创新的合作机制及其政策建议》,《广东经济》2021 年第 2 期。

［49］郭芳燕:《粤港澳大湾区高教协同发展的问题与出路》,《东莞理工学院学报》2020 年第 4 期。

［50］杨移贻:《互补与对接:21 世纪粤港澳高等教育合作展望》,《高教探索》1996 年第 3 期。

［51］卢建红:《粤港高校人才培养深度合作路径探析》,《现代教育论丛》2017 年第 4 期。

［52］曹细玉:《粤港澳大湾区城市群协同创新发展机制研究》,《统计与咨询》2021 年第 6 期。

［53］毛艳华:《粤港澳大湾区协调发展的体制机制创新研究》,《南方经济》2021 年第 12 期。

［54］朱浩、廖煜:《美国社区学院办学定位转变的历史沿革与特征分析》,《职业教育研究》2017 年第 6 期。

［55］詹瞻远:《高职院校落实百万扩招任务的路径研究——基于美国社区学院发展历程启示》,《继续教育研究》2020 年第 1 期。

［56］郭德红:《美国社区学院与大学学制衔接分析》,《教育与职业》2004 年第 9 期。

［57］黄海燕、郑永进:《美国社区学院何以保持学生数的稳步增长》,《中国职业技术教育》2019 年第 30 期。

［58］丁宁:《日本职业教育发展历程、特点及启示》,《教育与职业》2019 年第 4 期。

［59］何才:《基于产教融合、校企合作的职业院校课程开发实践与探索——以上汽通用 ASEP 校企合作项目为例》,《职业教育(中旬刊)》2019 年第 7 期。

［60］尹婷婷:《基于产业园区"产教融合"育人模式的实践——以广州科技贸易职业学院为例》,《湖北开放职业学院学报》2020 年第 13 期。

［61］刘福英、程时用:《校企文化融合研究与实践——以广东轻工职业技术学院为例》,《中国轻工教育》2017 年第 5 期。

［62］郭翠敏:《以"立德树人"四维模式培养建工人才——以广州番禺职业技术学院建筑工程学院为例》,《产业与科技论坛》2019 年第 1 期。

［63］冼碧霞:《实习管理机制创新　助力校企合作人才培养质量提升——以广州市商贸职业学校实习管理机制的构建与实施为例》,《中国商论》2021 年第 4 期。

［64］王新涛、韩晓洁：《项目孵化与人才培养并行的"双轨制"创客教育模型构建与实践——以深圳职业技术学院创新创客班为例》，《中国培训》2020年第7期。

［65］邓莎莎：《基于"校企合作、立德树人"的探索与实践研究——以广东省理工职业技术学校为例》，《现代营销（经营版）》2020年第5期。

［66］刘慧：《推进粤港澳大湾区职业教育合作研究》，《高等职业教育探索》2021年第1期。

［67］杜怡萍：《粤港澳大湾区背景下职业教育的发展转型》，《高等职业教育探索》2021年第4期。

［68］钟韵、胡晓华：《粤港澳大湾区的构建与制度创新：理论基础与实施机制》，《经济学家》2017年第12期。

［69］黄崴：《建立粤港澳大学联盟：打造世界高水平科研和人才培养高地》，《高教探索》2016年第10期。

［70］陈杰、刘佐菁、陈敏等：《人才环境感知对海外高层次人才流动意愿的影响实证：以广东省为例》，《科技管理研究》2021年第1期。

［71］陈杰、刘佐菁、苏榕：《粤港澳大湾区人才协同发展机制研究——基于粤港澳人才合作示范区的经验推广》，《科技管理研究》2019年第4期。

［72］张宇萌、谢薇：《建设世界一流湾区需打造一流湾区教育——首届粤港澳大湾区发展与教育创新高端论坛会议综述》，《现代教育论丛》2019年第1期。

［73］吴婷、谢杭锋：《粤港澳大湾区高等职业教育协同创新发展的路径研究》，《职业教育研究》2020年第7期。

［74］许长青、卢晓中：《粤港澳大湾区高等教育融合发展：理念、现实与制度同构》，《高等教育研究》2019年第1期。

［75］安冬平：《国际经验追踪下的粤港澳大湾区职业教育精准发展路径创新探寻》，《职教论坛》2019年第5期。

［76］李浩泉、陈岸涛：《我国职业资格制度框架的困境、借鉴与展望》，《职教论坛》2019年第8期。

［77］Andrew S. A., Regional Integration Through Contracting Networks: An Empirical Analysis of Institutional Collection Action Framework, *Urban Affairs Review*, 2009.

［78］Feiock R. C., Regional Choice and Regional Governance, *Journal of Urban Affairs*, 2007.

三、硕博士学位论文类

[79]孙朝霞:《改革开放以来广东高等职业技术教育发展历史述评》,华南师范大学硕士学位论文,2004年。

[80]陈伟:《粤港澳大湾区背景下广州港集装箱业务发展战略研究》,华南理工大学硕士学位论文,2021年。

[81]李政道:《粤港澳大湾区海陆经济一体化发展研究》,辽宁大学博士学位论文,2019年。

[82]柯婧秋:《乡村振兴战略背景下县级职教中心的办学功能定位研究》,华东师范大学硕士学位论文,2019年。

后　记

　　粤港澳大湾区建设亟需湾区高职院校提供高素质的技术技能型人才支撑,因此,探究湾区职业发展的应有之义与实然状态,提出解决之道是全方位促进湾区职业教育发展,提高人才培养质量的必由之路。本书聚焦于粤港澳大湾区职业教育发展现状,借鉴国际三大湾区职业教育发展先进经验与分析湾区职业学校典型发展案例,探究湾区职业教育应如何进行调整,以便更好地适应粤港澳大湾区产业发展对人才的需求,促进高职院校内涵建设,发挥职业教育在粤港澳大湾区建设中的积极作用。

　　全书共分为绪论和七章。绪论对粤港澳大湾区职业教育发展的政治、经济、文化背景进行梳理与介绍,并就粤港澳大湾区职业教育发展的意义进行阐述。第一章主要是介绍粤港澳大湾区的概况、基本内涵,介绍湾区的区域范围及发展特征,再从"9+2"湾区城市的经济、教育、文化、法律、制度等基本情况进行分析,并指出粤港澳大湾区的战略定位。第二章介绍粤港澳大湾区职业教育发展的理论依据,从治理理论、人力资本理论、教育生态理论等相关理论展开论述,为粤港澳大湾区职业教育发展奠定理论基础,并从原则及要求指出粤港澳大湾区发展的理论方向,从政策及法规方面对粤港澳大湾区职业教育发展提供法理保障。第三章主要从粤港澳大湾区中等职业教育与高等职业教育两个教育层次的发展诉求进行论述,分别介绍粤港澳大湾区中、高等职业教育的基本情况以及发展的应有之义。第四章与第五章是探讨粤港澳大湾区职业教育发展现状与存在的问题,分别从学校发展、学生发展、专业设置、教师队伍、教育教学、培养机制、教育合作、社会服务等出发,对中、高等职业教育现状与存在的问题进行综合性分析。第六章是粤港澳大湾区职业学校典型案例分析，主要分享湾区职业发展的优秀案例。第七章是结合粤港澳大湾区职业教育发展的现状与存在的问题以及粤港澳大湾区职业学校典型发展案例，提出粤港澳大湾区职业教育发展的对策与建议。

2024 年 12 月于广州

责任编辑：张　立

封面设计：姚　菲

图书在版编目（CIP）数据

粤港澳大湾区职业教育发展对策研究 ／ 陶红著．

北京：人民出版社，2025.6. -- ISBN 978 - 7 - 01 - 027088 - 3

Ⅰ．G719.2

中国国家版本馆 CIP 数据核字第 2025VU5130 号

粤港澳大湾区职业教育发展对策研究

YUEGANG'AO DAWANQU ZHIYE JIAOYU FAZHAN DUICE YANJIU

陶 红　著

人民出版社 出版发行

（100706　北京市东城区隆福寺街 99 号）

北京九州迅驰传媒文化有限公司印刷　新华书店经销

2025 年 6 月第 1 版　2025 年 6 月北京第 1 次印刷

开本：710 毫米×1000 毫米 1/16　印张：18.5

字数：270 千字

ISBN 978 - 7 - 01 - 027088 - 3　定价：98.00 元

邮购地址 100706　北京市东城区隆福寺街 99 号

人民东方图书销售中心　电话（010）65250042　65289539